北 平 抗 日 斗 争 历 史 丛 书

北平抗日斗争文物故事

中 共 北 京 市 委 党 史 研 究 室
北京市地方志编纂委员会办公室　组织编写

杨胜群　李良　主编

中国人民抗日战争纪念馆　编著

北京出版集团
北京人民出版社

图书在版编目（CIP）数据

北平抗日斗争文物故事 / 中共北京市委党史研究室，
北京市地方志编纂委员会办公室组织编写；中国人民抗日
战争纪念馆编著. — 北京：北京人民出版社，2023.8
（北平抗日斗争历史丛书／杨胜群，李良主编）
ISBN 978 - 7 - 5300 - 0583 - 5

Ⅰ．①北… Ⅱ．①中… ②北… ③中… Ⅲ．①抗日斗
争—革命文物—北京 Ⅳ．①K871.6

中国国家版本馆 CIP 数据核字（2023）第 029116 号

北平抗日斗争历史丛书

北平抗日斗争文物故事
BEIPING KANG RI DOUZHENG WENWU GUSHI

中共北京市委党史研究室
北京市地方志编纂委员会办公室　组织编写
杨胜群　李　良　主编
中国人民抗日战争纪念馆　编著

*

北 京 出 版 集 团
北 京 人 民 出 版 社　出版
（北京北三环中路 6 号）
邮政编码：100120

网　　　址：www . bph . com . cn
北 京 出 版 集 团 总 发 行
新 华 书 店 经 销
河北宝昌佳彩印刷有限公司印刷

*

787 毫米×1092 毫米　16 开本　19.375 印张　278 千字
2023 年 8 月第 1 版　2023 年 8 月第 1 次印刷
ISBN 978 - 7 - 5300 - 0583 - 5
定价：78.00 元
如有印装质量问题，由本社负责调换
质量监督电话：010 - 58572393
编辑部电话：010 - 58572798；发行部电话：010 - 58572371

序 言

中国人民抗日战争，是近代以来中国人民反抗外敌入侵持续时间最长、规模最大、牺牲最多，并第一次取得完全胜利的民族解放斗争。中国人民以顽强的意志和英勇的斗争，彻底打败了法西斯主义，取得了正义战胜邪恶、光明战胜黑暗、进步战胜反动的伟大胜利。这个伟大胜利，是中华民族从近代以来陷入深重危机走向伟大复兴的历史转折点，也是世界反法西斯战争胜利的重要组成部分，是中国人民的胜利，也是世界人民的胜利，将永远铭刻在中华民族史册上，永远铭刻在人类正义事业史册上。

在中华民族生死存亡的历史关头，中国共产党秉持民族大义，高举抗日旗帜，积极倡导、有力推动以国共合作为基础的抗日民族统一战线，同日本侵略者进行了最英勇、最坚决的斗争，成为全民族抗战的中流砥柱。全体中华儿女共赴国难、浴血奋战，彰显了中华民族威武不屈的脊梁和精神。

北平抗日斗争是中国人民抗日斗争的重要组成部分，在全国抗战中具有独特地位和作用。这里是一二·九运动的策源地，由此掀起抗日救亡运动新高潮；这里是全民族抗战的爆发地，由此拉开全民族抗战帷幕；这里是华北抗战的前沿阵地，由此成为晋察冀抗日根据地重要组成部分。在这片红色沃土上，北平军民为国家生存而战、为民族复兴而战、为人类正义而战，涌现出许多可歌可泣的英雄人物，书写了许多感天动地的英雄壮举，他们血染的风采成为伟大抗战精神的生动写照。

为继承和弘扬伟大抗战精神，配合以卢沟桥、宛平城为代表的抗日斗争主题片区保护利用，深入挖掘北平抗日斗争历史内涵，经报请中共北京市委批准，我们策划编写了"北平抗日斗争历史丛书"。丛书由《抗日救亡运动新高潮》《全民族抗战起点》《到前线去 到根据地去》《故宫文物南迁》《平津高校外迁》《北平沦陷区的抗日斗争》《平郊抗日根据地》《北平抗日秘密交通线》《迎接抗战最后胜利》《北平抗日斗争群英荟》《北平抗日斗争遗址遗迹纪念设施》《北平抗日斗争文物故事》12种书构成。

丛书重点聚焦一二·九抗日救亡运动兴起、全民族抗战爆发、北平城内地下斗争、平郊抗日根据地的开辟和敌后游击战争等重大历史事件，全面回顾了北平抗日斗争波澜壮阔的历史进程，全景展现了北平军民不屈斗争的历史画卷，深刻诠释了北平军民以铮铮铁骨战强敌、以血肉之躯筑长城、以前仆后继赴国难的英雄气概和重要贡献。

丛书定位于学术研究基础上的专题历史著作，面向广大党员干部和社会大众，兼具思想性、政治性、通俗性和原创性，努力将之打造成权威可信、可读可学的精品力作。丛书总体呈现以下几个显著特点：

一是导向正确。坚持以党的三个历史问题决议精神和习近平总书记关于党的历史和党史工作重要论述为遵循，坚持以马克思主义立场、观点和方法为指导，牢牢把握抗战历史的主题和主线、主流和本质，坚决反对任何否认日本军国主义侵略历史甚至美化侵略战争和殖民统治等谬论。

二是权威科学。坚持党性和科学性相统一，实事求是反映历史的真实。编撰组织上，邀请党史、军史、抗战史相关领域权威专家担任编委或作者。资料运用上，坚持以原始档案、权威文献著作为依据，在全面收集相关资料基础上，注重发掘新史料，吸收新成果，确保内容的准确性和科学性。

三是主题鲜明。紧紧扭住北平作为一二·九运动策源地、全民族抗战爆发地、华北抗战前沿阵地等关键点，深刻揭示北平在全国抗日斗争中的地位和作用，深刻揭示中国共产党的中流砥柱作用是抗战胜利的关键、全民族抗战是抗战胜利的法宝、伟大抗战精神是抗战胜利的决定因素。

四是可读可学。布局上坚持统分结合、融为一体，叙事上注重条理清晰、逻辑严谨，语言上力求通俗易懂、生动活泼，设计上做到图文并茂、相得益彰，努力使丛书成为激励广大党员干部和人民群众在新时代奋发有为的教科书、营养剂与清醒剂。

中国人民在抗日战争的壮阔进程中孕育出伟大抗战精神，向世界展示了天下兴亡、匹夫有责的爱国情怀，视死如归、宁死不屈的民族气节，不畏强暴、血战到底的英雄气概，百折不挠、坚韧不拔的必胜信念。这一伟大精神，始终熔铸于北平抗日军民血液之中，并得到充分释放和展现，今天依然是我们书写实现中华民族伟大复兴中国梦北京篇章的重要力量源泉。奋进新征程、建功新时代，我们必须大力传承和弘扬伟大抗战精神，坚定不移坚持党的领导，自觉拥护"两个确立"、增强"四个意识"、坚定"四个自信"、做到"两个维护"，筑牢历史记忆，担当历史使命，锲而不舍为实现中华民族伟大复兴而奋斗。

目 录

◎ 第三部分 / 157

前　言

在艰苦卓绝的抗日战争中，全体中华儿女为国家生存而战、为民族复兴而战、为人类正义而战，社会动员之广泛，民族觉醒之深刻，战斗意志之顽强，必胜信念之坚定，都达到了空前的高度。中国人民在抗日战争的壮阔进程中所孕育出的伟大抗战精神，成为弥足珍贵的精神财富。

北平人民始终站在抗日斗争最前线。从九一八事变后声援东北同胞，到一二·九抗日救亡运动兴起；从长城阻敌，到平津抗战；从中国共产党领导下的平西、平北、冀东等抗日根据地的开辟，到根据地军民和北平学生、市民的持久斗争；从战场正面搏杀，到城内地下抗日活动……北平人民奏响了气吞山河的爱国主义壮歌，用热血与铁骨铸就了一个不屈的北平！

革命文物承载党和人民英勇奋斗的光荣历史，记载中国革命的伟大历程和感人事迹，是弘扬革命传统和革命文化、加强社会主义精神文明建设、激发爱国热情、振奋民族精神的生动教材，是实现中华民族伟大复兴的宝贵精神财富。北平人民抗日斗争各阶段都留下许多珍贵文物，每件文物背后都有一段鲜为人知的感人故事，催人奋进，促人深思。

为用好红色资源、传承红色基因、赓续红色血脉，深入挖掘革命文物的历史价值和文化内涵，以物证史，"让文物活起来"，进一步弘扬伟大抗战精神，讲好全民族抗战故事，我们从中国人民抗日战争纪念馆及北京市相关纪念馆、档案馆、校史馆、史志办等的馆藏文物中，遴选了80余件代表性文物（大部分为国家一级文物），组织专人悉心研究撰写了《北平抗日斗争文物故事》。本书重点解读了驰骋在平西、平北、冀东等抗日根据地的中国共产党将领使用过的装备、优秀共产党员代表使用过的物品、抗日根据地军民创造性生产的工具器械，广大爱国民众积极支援抗战的实物、各界爱国人士记录北平抗战的珍贵文献与鼓舞抗战的宣传品，同时也如实介绍了战斗在长城、卢沟桥、宛平城、南苑等战场的国民党爱国官兵使用过的装备、日用品等，用文物背后的故事展示发生在京华大地的全民族抗战的感人故事。

本书编写过程中，我们以具体文物为切入点，抽丝剥茧、循线追踪，力图用生动的故事、通俗的语言、准确的表述，深层次、多角度记述北平人民可歌可泣的抗战历史，生动展示北平人民的抗战精神、抗战意志、抗战业绩。

"天地英雄气，千秋尚凛然。"包括北平抗战英雄在内的一切民族英雄，都是中华民族的脊梁，他们的事迹和精神都是激励我们前行的强大力量。我们衷心期望，以《北平抗日斗争文物故事》出版为契机，在社会各界大力支持下，不断加强革命文物征集、保护与研究，今后推出更多高质量成果，以此告慰抗战前辈和英烈！激励我们在实现民族复兴之路上勇毅前行！

第一部分

吉鸿昌夫人的皮箱

在中国人民抗日战争纪念馆馆藏文物中，有一个长51厘米、宽31厘米、高15厘米的小皮箱。1933年，吉鸿昌的夫人胡红霞曾用这个小皮箱给察哈尔民众抗日同盟军运送过武器，小皮箱见证了察哈尔抗日同盟军的抗战历程，也见证了吉鸿昌夫妻间的深厚感情。1986年9月24日，吉鸿昌的女儿、天津市政协委员吉瑞芝把小皮箱捐赠给筹建中的中国人民抗日战争纪念馆。

吉鸿昌（1895—1934年），原名吉恒立，字世五，河南扶沟人。吉鸿昌家境贫寒，青少年时期曾在一家杂货行做过学徒，饱受欺压，深悉民间疾苦，很早就立下了救国救民的决心。1913年入冯玉祥的西北军，在军中逐步由士兵升到师长。西北军改编为国民革命军后，任第21军军长和宁夏省政府主席。

1930年4月，蒋介石与冯玉祥、阎锡山、李宗仁等之间的中原大战爆发。冯玉祥急调吉鸿昌率部进入潼关，参加讨蒋战争。9月，冯玉祥的西北军战败，吉鸿昌接受蒋介石改编，就任第22路军总指挥兼第30师师长。不久，他被蒋介石派往潢川、光山一带，进攻鄂豫皖苏区。

1931年，因反对国民党"围剿"中国工农红军，吉鸿昌被蒋介石革除军职，强令出国"考察实业"。他与夫人胡红霞准备启程之际，突然接到九一八事变的消息，顿时怒火中烧，致电蒋介石，要求留在国内率军抗日，但遭到拒绝。无奈之下，吉鸿昌于9月23日携夫人一起离开祖国。临行前，他眼含热泪对送行的部下说："我是个军人，国难当头，不能打日本，却要远走高飞，心里非常难过。"

1932年1月，日军进攻上海，吉鸿昌闻讯，立即结束5个月的欧美"考察"，回到祖国，积极参与冯玉祥等组织的抗日活动，准备收复失地。经过精心筹划，1933年5月26日，察哈尔民众抗日同盟军在张家口成立，冯玉祥任总司令。抗日同盟军于6月中旬在张家口召开军民代表大会，通过关于同盟军的纲领等决议案。会后，冯玉祥任命方振武为抗日同盟军北路前敌总司令，吉鸿昌任北路前敌总指挥，率部北上迎击日、伪军。

抗日同盟军成立初期，为了解决人多枪少、武器弹药缺乏的问题，吉鸿昌变卖天津的家产，买到200多支枪。这些枪支怎样才能运到张家口呢？他同旧部多方联络，用"满洲铁路汽车公司"的汽车将枪支运到张家口。长枪运到了，还有几支短枪藏在家中，吉鸿昌联络在天津的夫人，让她想尽一切办法将这几支短枪亲自送到张家口。

胡红霞把几支短枪装进小皮箱，上面盖上吉鸿昌经常用的毛毯。为保证安全，胡红霞便请妹夫当保护人，她还随身带了些金条，以防不测。

一路还算顺利，但到河北宣化一个关卡时，检查人员提了提箱子发现很重，要求开箱检查。胡红霞推说箱子里全是书籍，开箱之后怕搞乱了。关卡人员见他们迟迟不肯开箱，试图用刺刀撬开皮箱的盖子，胡红霞立刻把早已准备好的金条塞了过去。关卡检查人员看到金条，立刻放行。箱子被敌人用刺刀撬过的痕迹至今犹在。胡红霞过关后，吉鸿昌派人接应，顺利抵达张家口。

抗日同盟军得到共产党人的大力帮助和人民群众的广泛支持，发展很快，一度发展到10万人，收复康保、宝昌、沽源、多伦等地，在长城抗战中立下不朽功勋，极大地鼓舞了全国人民的抗日信心，赢得社会各界的热烈赞誉。但是，国民党政府对抗日同盟军采取软硬兼施的破坏政策，军事上调集大量兵力进行"围剿"，政治上对冯玉祥部下拉拢和分化。冯玉祥在内外交困、腹背受敌的情况下，被迫撤销抗日同盟军总部，离开部队。方振武、吉鸿昌率领受中共影响的一部分部队继续斗争，在北平近郊遭到日军和国民党军队的联合进攻，因众寡悬殊、伤亡惨重、弹尽粮绝而失败。

察哈尔抗日同盟军活动期间，中国共产党在张家口等地的党组织密切联系吉鸿昌等人，共同推动群众性抗日运动的发展。吉鸿昌在与中国共产党来往的过程中，逐渐认同中共的抗日主张与政治理念，提出入党请求。

1934年初，党组织经过考察，正式批准吉鸿昌加入中国共产党。

1934年5月，吉鸿昌在天津组织成立中国人民反法西斯大同盟，他被推为主任委员，开展抗日民族统一战线工作。他家设立了一个秘密印刷所，专门出版机关刊物《民族战旗报》。他的住宅成为党组织的地下联络站，被党内同志称为"红楼"。

吉鸿昌的抗日活动引起敌人密切关注。1934年11月9日，吉鸿昌突遭国民党特务暗杀受伤，被天津法租界工部局逮捕，11月22日被国民党重兵押解到北平。11月23日，国民党北平军分会组织所谓"军法会审"。吉鸿昌在法庭上义正词严地说："我是中国共产党党员，我为我们党的主义和纲领而奋斗。我摆脱了旧军阀的生活，而转到为工人、为劳动群众、为全国国民、为全人类的正义进步而奋斗的阵营里，这是我毕生最大的光荣。"

1934年11月24日，吉鸿昌在国民党北平陆军监狱英勇就义。临刑前，他身披斗篷，从容走向刑场。他用树枝做笔，以大地为纸，写下了正气浩然的就义诗："恨不抗日死，留作今日羞。国破尚如此，我何惜此头！"他对国民党特务喝道："我为抗日而死，为革命而死，不能跪下挨枪，死后也不能！共产党员要死得光明正大，决不能在背后挨枪，我要亲眼看着蒋介石的子弹是怎样打死我的！"当特务在吉鸿昌面前颤抖着举起枪时，他振臂高呼："中国共产党万岁！""打倒日本帝国主义！""中国革命万岁！"随即倒在殷红的血泊中……年仅39岁。

吉鸿昌夫人的皮箱（中国人民抗日战争纪念馆供图）

　　吉鸿昌牺牲后，胡红霞为纪念丈夫，将夫姓冠在自己姓的前面，称作"吉胡红霞"。那只凝结着吉鸿昌夫妇深厚情谊的皮箱，也被胡红霞精心保存了50多个春秋。2009年9月，吉鸿昌被评为100位为新中国成立做出突出贡献的英雄模范人物之一。2014年9月1日，吉鸿昌被列入国家民政部公布的第一批300名著名抗日英烈和英雄群体名录。

（执笔：李文华）

档案记录的民先队西山培训

　　民先队，全称中华民族解放先锋队，1936年2月1日成立于北平。这是一个由中国共产党创建和领导、由进步青年组成的抗日组织，是一二·九运动的重要成果。北京市档案馆馆藏的多份档案，为我们揭开了民先队抗日救国斗争的诸多细节。

　　民先队的前身为一二·九运动中出现的平津学生南下扩大宣传团。1935年底，根据党组织指示，为将一二·九运动引向深入，平津学生联合会组织平津学生南下扩大宣传团，沿平汉铁路南下，到农村进行抗日宣传。宣传团由董毓华、宋黎、江明任总指挥，彭涛任党团书记，成员共计500多人。1936年1月初，团员们冒着凛冽的寒风，从北平出发，奔赴河北农村宣传抗日。团员所到之处，开展演讲、张贴传单、排演戏剧等丰富多彩的宣传工作，将抗日救亡的火种播撒到更加广泛的民众中间，深受广大学生、教员、工人和农民欢迎。在宣传过程中，团员们对抗日救国的主张和共产党的革命理论有了进一步认识，许多学生从此真正觉悟起来，决心走上革命道路。

　　1936年2月1日，在北平师范大学校园，南下扩大宣传团团员代表大会召开，正式成立民族解放先锋队（1937年2月改名为中华民族解放先锋队）。会议讨论通过了《斗争纲领》《工作纲要》《组织系统》等文件，还产生了领导机关——民族解放先锋队总队部，由敖白枫任总队长，刘导生任秘书，萧敏颂任组织部部长，王仁忱任宣传部部长。

　　民先队刚成立时在北平设4个区队，下设26个分队，队员有300余人，后逐步从平津两地向全国各地乃至国外发展起来，成为全国性的先进青年组织。

　　1936年夏天，民先队联合北平学联，通过组织西山暑期夏令营的方式开展军事训练，对其成员进行理论与实践综合培训。

　　根据档案记载，西山暑期学生夏令营共分三批，每批训练一星期。第一批由7月11日起至17日晚间止，第二批由18日起至23日止。由于受到西郊警察及侦缉队的监视，受训成员内部的交通人员不能照常执行联络任务，因此，第三批培训在尚未期满的情况下，于7月30日提前结束。北平市公安局在给市政府的报告中指出，此种培训方式"表面虽系标榜校外训练，实际乃共党暗中操纵"。

　　尽管面临着白色恐怖的巨大险境，但是觉醒了的青年是无所畏惧的。在西山夏令营中，青年学生接受军事训练，住帐篷、轮流站岗放哨、夜行军、夜袭、打游击等，按军号指挥行动，紧张而有序。为锻炼学生们的吃苦精神，夏令营中还安排长途行军拉练，伙食主要是棒子面窝头和咸菜。

　　他们还学习抗日救国理论，听进步教授讲演，学唱《国际歌》，接受国际主义、爱国主义和革命气节教育。档案中记录：培训中"曾有由沪来平带共党色彩社会科学教授施存统到西山暑期学生夏令营讲'救亡

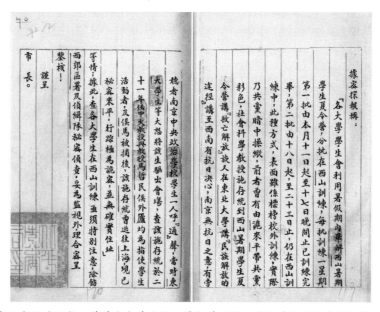

北平市公安局关于各大学学生会举办西山暑期学生夏令营的呈文（北京市档案馆供图）

解放'……亟须特别注意"。此外，黄松龄、许德珩等教授都曾来做报告，讲马列主义基础知识。

第一期夏令营期间，清华大学学生赵德尊和北京大学学生陆平，共同在当时夏令营活动中心地——香山樱桃沟的一块巨石上，镌刻了"保卫华北"4个大字，抒发了北平青年抗日救亡的坚定决心和必胜信念。夏令营团员——贝锦玉曾满怀深情地回忆这段经历："这次活动规模很大，有数千名学生参加。崔嵬、张瑞芳演出《放下你的鞭子》，中国大学的学生演出《七君子受审》活报剧。最激动人心的是数千人齐唱救亡歌曲，歌声响彻云霄，有《大刀进行曲》《五月的鲜花》《救亡进行曲》，苏联的《工人歌》《船夫曲》，还有《保卫马德里》。"

暑期夏令营培养训练了大批准备投身抗日斗争的爱国学生。民先队宣传抗日道理，在各个救国团中起骨干模范作用。1936年7月16日北平市公安局致市政府的报告提到，根据密探报称"自华北共产党开干部会议以来，共党所属各支部均积极活动，其方式：……（二）在民族解放先锋队领导下的各团体，须确实信仰目前中国民族解放只有共产党来领导，在短期内完

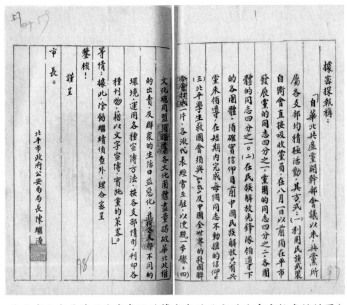

北平市公安局关于共产党活动等内容的呈文（北京市档案馆供图）

成每个同志不动摇的信仰……"可见，民先队带领各团体坚决拥护共产党的领导，信仰坚定，矢志不渝，从思想上为组织的发展和斗争的开展打下良好基础。

民先队总队专门编制了《暑期工作大纲》，提出"我们在此暑假内首先要把天津、上海、广州……十一地的民先队建立起来"，以及"与爱国的知识分子特别是中小学教员取得联系"，又要"在工农小市民间设法开展组织"，明确了工作的重点地域和社会阶层。

由于队员放假回乡的宣传发展，以及各地青年的积极靠拢，民先队队伍迅速扩大，队员成分极为广泛，不仅有青年学生、教师、工人、农民，甚至有国民党军队中的人员。根据1936年7月底北平市公安局的报告，"查得民族解放先锋队……北平队在六月间有一千三百余人，现在约达二千余人"。可以看出，短短一个多月时间，北平队即吸纳近千名队员，发展非常迅速。

随着各地抗日救亡运动高涨，经民先队队员联络和工作，截至1936年底，不仅上海、武汉、广州、成都、济南、香港等地有了民先队组织，而

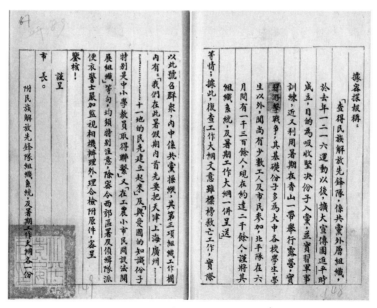

北平市公安局关于民族解放先锋队活动的呈文（北京市档案馆供图）

且法国的巴黎、里昂，日本的东京等地也建立了民先队组织。到1937年2月份，中华民族解放先锋队第一次全国代表大会在北平召开时，民先队的总人数已达到6000多人。到全民族抗战爆发前，仅北平就有队员3000余人。

中华民族解放先锋队的诞生和发展，推动了一二·九运动的深入，使这一爱国运动扩展到全国各大城市。它构建了一张庞大而严密的组织网络，成为中国共产党建立抗日民族统一战线的助手和团结各界青年群众的纽带，为抗日战争做出不可磨灭的贡献。

（执笔：刘静）

宋时轮率部挺进平西用过的手枪

全民族抗战初期，时任八路军第120师雁北支队（亦称"宋支队"）支队长的宋时轮，带领刚组建不久的雁北支队，成功伏击了同蒲铁路大同至朔县段的日军运输队，毙伤日、伪军数十人，缴获大量武器和军用物资，取得重大战果。此战缴获的一支手枪由宋时轮佩带，后随他开辟雁北、挺进平西，见证了"宋支队"在晋西北和平西抗日的艰苦岁月。

宋时轮（1907—1991年），湖南醴陵人，1925年加入共青团，1926年入黄埔军校学习，同年转入中国共产党。曾参加中央苏区历次反"围剿"斗争和长征。全民族抗战期间，先后任八路军第120师358旅716团团长、八路军第120师雁北支队支队长、八路军第4纵队司令员、冀察热辽军区司令员等。

卢沟桥事变爆发后，日军大举增兵展开全面侵华，迅速侵占平津地区。国共合作抗战后，在华北战局严重危急的形势下，中国共产党领导的中国工农红军改编为八路军，从陕西三原和富平东渡黄河，奔赴山西抗日前线。

晋西北位于同蒲铁路以西、黄河以东、平绥铁路以南、汾（阳）离（石）公路以北，是陕甘宁边区的重要屏障。创建晋西北抗日根据地，对坚持华北敌后抗战有着重要的战略意义。1937年9月，毛泽东和八路军总部指示"第120师主力以灵活的游击战袭击左云方向之敌，并发动及组织晋西北及绥东群众，首先是在宁武、朔县、神池、五寨、平鲁、右玉、和林格尔、清水河、偏关、河曲、保德地域组织游击队，并派得力干部领导"。第120师358旅于9月28日开抵神池，立即组建雁北支队，开展雁北地区敌后抗日游击战争。

据宋时轮回忆，1937年9月的一天，朱德对他说，根据毛泽东指示，八路军总部决定让他带一部分人员深入雁北敌后，创建根据地，开展抗日游击战争。

宋时轮立即贯彻组织决定，率部开赴雁北地区。当时，平型关大捷的喜讯令全国军民无比振奋，宋时轮决定到雁北先打几个胜仗，鼓舞群众抗日热情，为发展抗日根据地做准备。

从神池出发后，宋时轮率领八路军雁北支队多次取得胜利。10月1日和4日，雁北支队相继收复井坪和平鲁县城，接着在同蒲铁路大同至朔县段展开破袭战；10日，在辛庄和周庄伏击了敌运输队；26日夜袭击了大同西南的口泉村，直接威胁到大同日军和同蒲路北段敌军的交通运输。此时正值忻口战役期间，雁北支队配合八路军第115师、第120师各部作战，使进攻忻口的日军与大同、张家口的交通中断，物资供应断绝。

近一个月的作战，宋时轮带领雁北支队初步打开了雁北地区的抗战局面，极大振奋了当地民心，为日后发动群众创造了有利条件。

1937年10月21日，毛泽东给朱德、周恩来发电报指示："宋时轮团全部（分割之部分应归还建制）准备长期活动于长城以北大同、雁门以西地区，东与杨成武、南与120师主力相呼应。"①宋时轮遵照指示率雁北支队进入洪涛山区，依靠地形地势建立抗日根据地。洪涛山因腹地十分落后，国民党反共宣传对这里的百姓影响很大，加之日军的野蛮残暴和当地土匪的抢劫骚扰，当地人民群众对军队存有恐惧，见到部队来，就立即外出躲避。对此，宋时轮在支队干部会议上说："失掉了群众就等于灭亡了自己，反侵略战争需要动员整个民族的力量，我们要用实际行动来感动人民群众。"宋时轮领导的雁北支队严格遵守执行"三大纪律八项注意"，不拿群众一针一线，剿除附近匪患，不断团结群众。经过努力，打破了百姓疑虑与恐惧，实现军民融洽共处。乡亲们亲切地称呼雁北支队为"宋支队"。

宋支队进驻洪涛山区的7个多月时间里，在人民群众的支持帮助下，队伍从最初的不到1000人发展成为一支总兵力达2000人的部队，编有3个步

---

① 《毛泽东军事文集（第2卷）》，军事科学出版社、中央文献出版社1993年版，第90页。

兵营、1个骑兵大队、8个挺进队（连）。八路军第120师师长贺龙给予宋支队很高评价："宋支队攻克井坪平鲁后，即进至大同附近黑流水一带积极活动，不停地破坏敌人的交通，迟滞敌人的运输与增援，大量的杀伤敌人……同时发动了广大群众的抗日斗争，组织了广大群众抗日武装游击队，开展了广泛的游击战争，创造了晋西北持久抗战的根据地……敌人还不能很快的南犯，宋支队是起到相当的作用。"宋支队在敌后雁北地区不断艰苦奋斗，为雁北地区抗日工作打开局面，为创建晋西北抗日根据地打下基础，对于保卫陕甘宁边区和坚持华北敌后抗战具有重要意义。

随着战局发展，鉴于山区抗日根据地已初步巩固，冀鲁平原游击战争亟待加强。而冀东作为华北向东北的咽喉地带，是华北地区战略要地，也是发展平原游击战争、打击并钳制日军的重要区域。1938年2月9日，毛泽东在给朱德、彭德怀的电报中指出："雾灵山为中心之区域，有扩大发展前途，但是独立作战区域，派去部队须较精干，且不宜过少，军政党领导人员须有独立应付新环境之能力，出发前须作充分准备。"①4月22日，八路军总部令第120师宋时轮支队动身前往平西，与晋察冀军区邓华支队合组为一

宋时轮在忻口战役中缴获的毛瑟手枪（中国人民抗日战争纪念馆供图）

---

① 《毛泽东军事文集（第2卷）》，军事科学出版社、中央文献出版社1993年版，第153页。

个纵队后再挺进冀东。此次抽调宋支队东进平西，也是鉴于其在雁北地区开展游击战争的优异表现。

1938年5月下旬，宋支队从雁北地区来到平西斋堂、杜家庄地区，与先期到达该地区的晋察冀军区邓华支队合编为八路军第4纵队，宋时轮任司令员，邓华任政治委员。经短期整训，6月8日出发向冀东挺进。此后，八路军第4纵队两次发动和领导冀东人民大规模抗日武装暴动，取得了一定成绩，为以后冀东抗日游击战争创造了条件，也为日后冀热辽抗日根据地的建立提供了可以借鉴的经验教训。1939年2月，以八路军第4纵队为基础，在平西地区成立冀热察挺进军，继续担负平西、冀东、平北地区抗日斗争任务。

1999年，宋时轮的夫人将珍藏多年、依旧锃亮的毛瑟手枪，捐赠给中国人民抗日战争纪念馆。2011年，这支毛瑟手枪被评为国家一级文物。

（执笔：徐源）

挎包见证宋邓支队跃马平西

在北京永定河文化博物馆《平西抗日斗争史陈列》展中，有一件长29厘米、宽21厘米、厚5.5厘米的皮制挎包。乍一看上去，挎包并无特别之处，然而它的主人却是赫赫有名的开国上将邓华。这只挎包见证了邓华纵横战场的戎马生涯。

1984年初，门头沟区博物馆筹办《门头沟区革命斗争史》展览时，向曾经战斗在门头沟地区的老将军、老战士征集抗战文物。邓华的夫人李玉芝收到信后，亲自将跟随邓华40余年的挎包捐给博物馆，并讲述了挎包的由来。

1937年9月，邓华作为八路军第115师343旅685团政训处主任，深入连队进行战斗动员，与团长杨得志指挥所部，在平型关战斗中迎战猖狂一时的日军板垣征四郎第5师团第21旅。

经过5个多小时拼杀，第685团歼灭辛庄及其以东的日军，后又协助第686团歼灭老爷庙附近敌人300余人。至27日，平型关战役共歼灭日军精锐第5师团第21旅和师团辎重部队各一部共1000余人、击毁汽车100余辆、马车200余辆，缴获步枪1000余支、机枪20余挺、火炮1门以及大批军用物资。邓华的挎包就是这次战斗中缴获的。平型关大捷粉碎了日军不可战胜的神话，成为八路军抗战史上光辉的一页，邓华格外珍惜这只挎包。

根据党中央、毛泽东创建冀热察地区抗日根据地的指示，1938年3月初，八路军晋察冀军区派邓华支队进入平西斋堂地区（现门头沟斋堂镇），在西斋堂村的聂家大院设立了司令部。之后，协助地方党组织筹建抗日政权。3月下旬，在东斋堂村公开成立了平郊第一个抗日民主政府——宛平县政府。

1938年3月31日至4月3日，邓华率部队打进门头沟，占领火车站，炸毁日军碉堡，给日、伪军以沉重打击，平西人民抗战热情更加高涨。

1938年5月，宋时轮率八路军第120师雁北支队与邓华支队在清水镇杜家庄会合，合编为八路军第4纵队，宋时轮任司令员，邓华任政委。随后，八路军第4纵队由平西挺进冀东，创建冀东抗日根据地。10月，八路军第4纵队返回平西，消灭反动民团，恢复4个抗日联合县政府，建立区、村党组织和抗日政权组织，扩大地方武装，扩编主力部队，恢复遭到破坏的抗日根据地。

邓华使用过的挎包（永定河文化博物馆供图）

1984年初，邓华夫人李玉芝将挎包捐给博物馆（永定河文化博物馆供图）

1939年2月7日，八路军冀热察挺进军正式成立，萧克任司令员，并成立冀热察军政委员会，萧克、马辉之、伍晋南、宋时轮和邓华为委员。这一时期，邓华和军政委员会的领导同志一起，负责领导平西、冀东、平北三个地区的军政工作，指挥部队向日军频频进攻。同时，发动群众组织自卫队，广泛开展游击战争，创建开辟了南至涞水、涿州，北至昌平、延庆、怀柔等地在内的冀热察抗日根据地，为完成"巩固平西、坚持冀东、开辟平北"三位一体总任务，创建冀热察抗日根据地做出巨大贡献。直到1940年初春，邓华离开平西，踏上新征程。

一个小小的挎包饱蒙烽火烟尘，成为八路军巩固平西、创建冀热察抗日根据地的历史见证。

（执笔：贺洋）

宛平县抗日民主政府印章

北京市门头沟区档案史志馆收藏有一枚铜制印章，为20世纪80年代征集所得，长宽均约为8厘米，印章底部刻有"宛平县人民政府印"8个字，保存完好，字迹清晰。这枚珍贵的印章，把我们拉回到抗日战争中那段艰苦的岁月。

1937年全民族抗战爆发，宛平县成为全国瞩目的地方。1938年3月下旬，八路军晋察冀军区邓华支队进入平西斋堂川，以原宛平县的第七、第八两区为基础，创建了平郊的第一块抗日根据地。同时，在平西东斋堂村建立了平郊第一个中国共产党领导的县级政权——宛平县抗日民主政府。之后，宛平县先后与昌平县、房山县等相邻县组建为联合县，行政区划变动频繁。

中共宛平县党组织成立后，一方面举办青年干部培训班和军政干部学校，培养抗日人才，发展党员，另一方面派出工作人员，结合发动群众，发展党员，70户以上的村庄都建立了党支部。1942年，党组织恢复和发展较快，自然村都建立了党支部。

从卢沟桥事变开始，宛平人民在县委、县政府领导下奋起抗战，同敌人进行了艰苦卓绝的斗争。据不完全统计，有8000多名热血儿女投身到打击侵略者、保卫家乡的战场，有3946名优秀青年参加了人民子弟兵，829名子弟兵和干部群众牺牲在抗日战场，850名子弟兵在战场负伤致残，宛平县是北京地区抗日烈士最多的县区。宛平人民饱受日本侵略者摧残抢掠，全县185个村有142个村18350间房子被日本侵略军烧毁，被抢走的牲畜计有牛、驴各3000多头，马2000多匹，羊50000多只，猪10000多头，鸡30000多只，直接经济损失折合成小米换算，价值在6890

万斤以上。①

1946年7月7日，宛平县抗日民主政府县长傅万睦及全体人民为纪念抗战为国牺牲的烈士，在东斋堂村斋堂中学院内建立"宛平县人民八年抗战为国牺牲烈士纪念碑"。纪念碑上铭刻着宛平县98个村472位烈士姓名及出生地。宛平县党、政、军、民各界万余人参加了庄严肃穆的揭幕仪式。每值清明、七七纪念日，当地均举行祭悼。

1945年8月，宛平县民主政府恢复独立建制。中华人民共和国成立后，宛平县人民政府建制（隶属河北省）、政区区划稍有变化。1952年9月，为了迎接大规模经济建设，经中央人民政府政务院、华北行政委员会批准，宛平县建制撤销，原河北省宛平县全部、房山县的两个区和良乡县的大灰厂划归北京市，与原第十六区合并，更名为北京市京西矿区。1958年5月，京西矿区建制撤销，门头沟区人民委员会建立，机构和人员大部分并入门头沟区人民委员会。

宛平县抗日民主政府是抗日烽火中诞生的平郊第一个抗日民主政府，经历了血与火的洗礼，党组织建设、民主政权建设、人民武装建设和人民

宛平县人民政府印
（北京市门头沟区档案史志馆供图）

---

① 《老区人民代表大会上的报告》（1951年9月21日），北京市门头沟区档案馆藏，档号3-53，第62页。

团体建设不断得到发展。宛平抗日斗争的历史充分证明：中国共产党的领导是历史的选择、人民的选择，是引领中华民族胜利前进的旗帜。

（执笔：康健）

房涞涿联合县委书记读过的毛泽东著作

在中国人民抗日战争纪念馆，陈列着一本颜色发黄，毛边已经破损的毛泽东著作《辩证法唯物论》和一个记账本。这是曾任中共房良、房涞涿联合县委书记的赵然生前读过、用过的。

赵然（1918—1944年），字学雍，今北京市房山区河北镇李各庄村人。13岁入房山长育高小读书，15岁入房山简易师范。18岁毕业后先后至今河北镇黄土坡村、晒台村任教。1944年5月，因积劳成疾，不幸病逝，年仅26岁。

1937年7月7日，卢沟桥事变爆发。卢沟桥失守后，国民党军队迅速撤退，良乡、房山平原和山区交界的边缘一带，到处是国民党的散兵。国民党将领孙连仲率领第26路军驻防房山，1937年8月19日至9月15日，与日军展开多次激战后，全线撤退。9月16日、17日，日军先后侵占房山县城、琉璃河、周口店地区，房山、良乡两县平原地区沦陷。

1938年初，按照中共中央要求，八路军晋察冀军区邓华支队成立。随后，挺进平西，开辟抗日根据地。3月，邓华支队派包森带领十几名战士从宛平经大安山瞧煤涧村到房山五区南窖村，宣传中国共产党的"抗日救国十大纲领"和抗日民族统一战线政策。在他们的宣传鼓动下，房山五区一大批有爱国思想和抗日热情的青年知识分子及爱国人士加入抗日行列。赵然毅然投笔从戎，离开家乡到房山五区参加抗日救亡活动。

1938年4月底，八路军第5支队派杜伯华、郭方、尚英、贾嵩明等到房山五区政府所在地南窖进行建县筹备工作。他们很重视在地方进步人士中，特别是进步知识分子、青年学生中发展党员。郭方介绍傅伯英入党，傅伯英介绍赵然入党，同时又发展了一批农村党员。5月8日，房（山）良（乡）

联合县抗日民主政府在长操村成立，赵然任组织部部长。不久，赵然回到四区河北村一带开辟革命工作，积极宣传党的"抗日救国十大纲领"和抗日民族统一战线政策，在各阶层人民群众中广泛宣传"抗战则胜，不抗战则亡""抗战光荣，不抗战耻辱"的道理，动员组织进步知识分子和有志青年参军抗日，筹粮送秣，支援前线。他领导的房山四区抗日运动轰轰烈烈，有力支援了前线，巩固和扩大了抗日根据地。

1938年6月到12月，赵然到五台山党校学习。通过学习《辩证法唯物论》，进一步提高了阶级觉悟和马列主义水平，增强了用唯物观点和辩证方法观察问题、处理问题的能力。

1939年5月，赵然被任命为中共房良联合县委书记，兼县大队政委。为巩固五区、稳定九区、开辟八区，他不辞辛苦、终日奔忙，进行抗日宣传，发动群众，组织抗日救国会、青抗先、妇救会、儿童团等抗日团体。为提高人民的文化水平、培养抗日骨干，房良联合县在十渡成立了抗日高小。他亲自到学校讲"抗日救国十大纲领"，讲抗战的持久性和中国必胜、日本必败的道理。

1940年6月，房良联合县参议会建立，赵然当选为县参议会议长和晋察冀边区参议员。经上级批准，在选举会上他公开亮明中共党员身份，是房良联合县第一位公开身份的共产党员。赵然任议长后，贯彻执行党的抗日民族统一战线政策，团结广大上层人士和知识分子，结成广泛的抗日民族统一战线，促成房良地区人民共同抗日。1940年秋，日、伪军对平西抗日根据地进行疯狂"扫荡"，先后进驻长操、大安山、塔照等地，使抗日根据地变成敌占区和游击区。抗日根据地丧失近半，赵然愤然挥毫赋诗："平原此去诛敌寇，誓与同胞雪宿仇。"

1941年6月，房良联合县与涞涿联合县合并，建立房涞涿联合县，赵然任县委副书记。在艰苦的斗争环境中，他染疾在身，仍坚持工作。1942年春季，赵然已经感染肺病，但他不顾病痛，执意带队夜袭张坊据点，战斗持续了一夜，同志们都劝他休息，但他一直坚持到黎明，后来累到吐血。

1942年3月，针对部分干部和群众对抗战前途迷惘，不愿到敌占区和游击区开辟工作等情况，赵然组织召开会议，根据毛泽东《论持久战》的观点，反复讲明内线与外线的关系、包围与反包围的关系等。他还指出，只有开展敌后工作，打到外线去，才能巩固内线，扩大抗日根据地，才能够争取时局的好转。赵然腿脚不好，但他不顾个人安危，带头深入游击区和敌占区开展工作。同年10月，赵然任房涞涿联合县

赵然读过的书籍和用过的账本（房山区档案馆供图）

县委书记。1943年是个灾荒年，他带领全县人民开展生产自救，开荒种粮、种瓜、种菜、烧炭、采药、养猪、养鸡、搞运输等，和干部、群众一起，啃树皮、吃野菜，用账本记录下收获的各种粮食，把节约下来的粮食捐献给贫困群众。

　　由于积劳成疾，病情日益严重，赵然于1944年5月不幸逝世。察哈尔省《黎明报》发表题为"泪水，怎能忍住不外流"的通讯，深切悼念赵然。6月1日，赵然追悼会上，房涞涿县政府的挽联上写道：开辟房良，发展涞涿，英风不愧燕赵；创建民主，巩固政权，功绩可谓卓然。人们将赵然的遗体安葬在他生前战斗过的地方——西庄村南幽静的山脚下。

　　　　　　　　　　　　　　　　　　　　　　　（执笔：王桂春）

小铝碗见证八路军战士击落日机

抗日战争时期，门头沟曾发生过王家河滩战斗，以及华北抗日联军伏击日军的沿河城伏击战和青白口阻击战等著名战斗。如今，坐落于门头沟区的永定河文化博物馆，设有平西抗日斗争史陈列展，记载了这些战斗。展陈文物中有一个直径10厘米、高8厘米的铝碗，看起来很平常，来历却不简单。

1939年，日军对以斋堂川为中心的平西抗日根据地发动多路围攻，企图消灭刚刚成立不久的冀热察挺进军，减轻其对华北"占领区"统治中心北平的压力。秋初，门头沟和阳坊等地的日、伪军奔袭斋堂，在青白口一线受到八路军冀热察挺进军第10团的顽强阻击。

一次，八路军冀热察挺进军第10团第8连指战员在青白口河边上，击毙了10多个日本兵。敌人几次试图抢回尸体，均遭第8连火力阻击。当日下午，日军增派大股部队与第8连展开激战。为减少伤亡，第8连战士们迅速占据有利位置，撤到青白口村旁山林中，双方隔河对峙。第8连的战士们隐藏在树林中、石头旁，向敌人不停射击。交战中日军伤亡很大，不但抢不回尸体，还有不少被击毙。他们在机枪、小炮的掩护下，又三个一伙、五个一群地上了皮筏子企图过河。第8连指战员抓住这个战机，指挥集中火力猛打河中的皮筏子，敌人人仰马翻掉进深深的永定河里，余者不敢过河。

双方僵持到太阳快落山时，忽然远处传来飞机声，第8连指战员万峰立即告诉战士们："敌人派飞机增援来了，注意敌人飞机轰炸，隐蔽好！"不一会儿，敌机飞到第8连阵地上空，由于山高林密，不易发现目标，飞机扔下炸弹就走，向塔岭沟南的方向飞去。

敌机在山谷中低飞时，正遇上第10团派往青白口村支援第8连的徐存洋等20名战士。通过观察敌机飞行方向和高度，徐存洋发现敌机瞄准射击时会降低飞行速度和高度，突然产生了能不能打下敌机的想法。连长曾下令，不许使用单兵武器进行对空射击，因为这样做有可能暴露大部队的行踪。而且，如果不能击中关键部位，比如油箱、发动机等，单兵武器对飞机的伤害可以忽略不计。

徐存洋还在犹豫时，日军飞行员却给他制造了机会。一架敌机低飞过来，早就持枪等着的徐存洋抓住机会端起枪"当"的一响打出去。这时，敌机一抖翅膀向大树俯冲下来，一梭机关炮打得石头直冒火星。徐存洋迅速躲在一块巨石后，再次沉心静气，瞄准飞机的油箱抬手又是一枪，只见敌机左右摆动急剧下落，一头栽在塔岭沟中。

听说日军飞机被打下后，塔岭沟邻村的群众纷纷前来观看，无不拍手称快。这件事给抗日根据地军民以莫大鼓舞。很快，挺进军第10团的战士们将飞机上完好的双管机关枪卸下来，改装成两挺机枪。这两挺机枪在以后的战斗中发挥了很大作用，为第10团立下汗马功劳。后来，战士们把飞机零部件拆解送到百花山马家铺平西抗日根据地兵工厂。

2012年，斋堂镇军响村村民李福臣将一只保存了近40年的铝碗无偿捐献给永定河文化博物馆，并讲述了这只铝碗的来历。据他回忆，少年时父亲李春印告诉他，这个碗是他伯父李春祥的。全民族抗战初期李春祥参加

用在塔岭沟打下来的日军战斗机外壳铸成的铝碗（永定河文化博物馆供图）

革命工作，在平西抗日根据地兵工厂做木工，以制造手榴弹木柄为主。1954年李春祥复转回到军响村，带了一套木工工具、180斤小米、两只铝碗。这对铝碗就是用在塔岭沟打下来的日军战斗机外壳铝铸成的。当年在兵工厂工作的李春祥用铝壳做了两只碗，一只吃饭用，一只熬胶用。1977年他去世后，一只碗给了李福臣的妹妹，另一只给了李福臣让他妥善保存。

后来，李福臣在电视新闻里看到日本右翼势力挑起钓鱼岛争端，同时从网络上看到歼–15战机在辽宁号航母降落成功，他万分激动。他说："抗战时期我们没有制空权，中国军民伤亡惨重，这段历史不能忘记。"为此，将自己保存近40年的特殊铝碗无偿捐给博物馆，时刻提醒每位参观者莫忘国耻。

（执笔：贺洋）

晋察冀兵工厂的石碾子

石碾子是过去农村加工粮食的主要工具，由碾盘、碾碌子、碾架等部分组成，碾盘、碾碌子一般都是就地取材，用当地的石料制作而成。在房山芦子水村也有一盘石碾子，它的命运和一段抗日战争的光辉历史交融在了一起。

1937年8月22日，八路军第115师由陕西东进，开赴抗日战场。11月7日，根据中共中央决定，以阜平、五台为中心成立晋察冀军区，聂荣臻为司令员兼政治委员。在他领导下，开展游击战争、发动广大群众，创建了敌后第一个抗日根据地——晋察冀抗日根据地。

1938年春，根据中共中央、毛泽东关于创建冀热察边区抗日根据地的指示，晋察冀军区先后派邓华支队、宋时轮支队进入平西，建立平西抗日根据地，根据地得到日益壮大，直接震慑着日本帝国主义对北平和平汉、平绥铁路的控制权，也成为八路军向冀东、热河、察哈尔、辽宁挺进的前沿基地和晋察冀边区的东北屏障。日军对平西抗日根据地进行疯狂"扫荡"和经济封锁，根据地的物资越来越少，尤其是一些战略物资更是得不到补充，给前线作战带来不利影响。

毛泽东在中共中央六届六中全会上指出："游击战争的军火接济问题是一个极重要问题，一方面，大后方尽可能地接济他们；又一方面，每个游击战争根据地都必须尽量设法建立小的兵工厂，办到自制弹药、步枪、手榴弹等的程度，使游击战争无军火缺乏之虞。"[1]根据中共中央指示精神，

---

[1]　毛泽东:《论新阶段》，中央档案馆编:《中共中央文件选集（第11册）》，中共中央党校出版社1991年版，第610页。

为了打退日军的进攻，保证抗战前线武器供应，聂荣臻根据晋察冀边区实际情况，制定了"集中领导，分散生产，小型配套，就地取材"的发展军事工业方针，提出建立军火工厂，研制抗战时期所需的武器弹药。

军火工厂有一处选在了房山县的芦子水村。芦子水村是房山深山区比较隐蔽的小山村，位于平西抗日根据地的中心地带，南面、西面与河北省涞水县接壤，东、南、西三个方向交通便利，再加上群众基础良好，兵工厂选址在这里，直接由八路军晋察冀军区生产管理处管理。

1939年初，八路军晋察冀军区生产管理处派何铭岐等十几个人到芦子水村勘察，选中了村里的一座四合院。院子有8间房子，面积600平方米左右。这个位置可以看到村中的情况，院后坡脊处可以观察到向东进入村中道路的情况，向南可以眺望涞水方向的情况，地形对兵工厂安全能起到保障作用。同年3月，何铭岐带领20多名干部、战士，在芦子水村这个小院里建立起兵工厂。

兵工厂设有翻砂、炸药、木工、组装4个车间，主要制造手榴弹和地雷等，也制造短枪以及修理各种枪支，出产的武器主要供给平西、平北、冀中、冀东的八路军部队，有时也供给地方武装。兵工厂为部队编制，每天出操、开会、活动等作息和部队一样。人员除从老区带来的20多名骨干外，还从周边地区招聘了一部分有技术特长的工人，最多时达到200多人。

当时战斗频繁，弹药需求量大，而工厂生产工艺落后，山区物资缺乏，原料来源成为一个大问题。工厂经常派人外出收购木材、铜铁、煤炭、硝土等。战斗中缴获的大量爆破器材，收集到的残枪破炮、子弹壳和过久受潮不响的手榴弹等，都由兵工厂进行重新改装，但依然满足不了战场需求。

1939年下半年，兵工厂开始自己研制炸药，原料就是通常所说的"一硝二磺三木炭"，把买来的硝经过熬制，去盐去卤，磺经过熬制去石头，木炭自己烧。在烧木炭过程中，经过反复试验、比较，认定用栾荆木烧制的炭最理想。制药采用土办法，为了提高产量，采用驴拉石碾子轧，将烧好的木炭洒水渍匀加上硝、硫黄，稍凉时趁潮湿上碾。碾轧是石头碰石头，稍有不慎，就有燃烧的危险，碾制过程中曾出现炸药起火事故。经研究分析，当地的石碾子多含石英等矿物质，碾到一定程度温度上升就容易起火

晋察冀兵工厂用过的石碾子（房山区史志办公室供图）

燃烧。后经多次试验，改用灰石碾子作为炸药碾制工具。用这三种原料做成的炸药，再加上用赤磷、硫化锌、盐铂配制的拉火药，制出的手榴弹爆炸威力大，弹片大小适中，极大提高了手榴弹的杀伤力。

刚开始由于工作人员技术不熟练，兵工厂一昼夜只能生产二三百枚手榴弹、地雷，后经过大家的努力提高到500枚。随着技术改进和人员操作水平提高，一昼夜可生产1000枚，有力保证了部队的作战需要。

1940年日军对平西根据地进行秋季"扫荡"时，兵工厂奉命向陕北延安转移，到达陕西枣树台时，接到朱德发布的命令："打回老家去，进行反'扫荡'。"兵工厂搬迁人员与设备原路返回。经过几个月的长途跋涉，1941年春节回到芦子水村，但转移时坚壁清野藏在山里的设备和材料都被敌人破坏了。兵工厂恢复重建时，把翻砂、木工车间留在芦子水村，其余两个车间迁到了河北省涞水县刘家河村作为分厂。

短短的几年里，侵华日军不断破坏兵工厂，先后"扫荡"过十几次，但兵工厂一次次重建，不断发展壮大。随着技术不断发展，晋察冀兵工厂的石碾子也完成了历史使命。

（执笔：赵茂义）

晋察冀军工部的几件家什

1937年11月7日，根据中共中央开展敌后抗日游击战争的指示，晋察冀军区在山西五台山地区成立。为发动群众、歼灭敌寇，巩固发展抗日根据地，军区司令部决定发展自己的军事工业。

中国人民抗日战争纪念馆珍藏着一组反映晋察冀军区军工事业创建和发展的文物，有技术人员穿过的衣服，使用过的手摇钻、游标卡尺、弹药箱工具等。

开辟晋察冀抗日根据地初期，所用枪支弹药多是平型关大捷的战利品，以及通过民运工作人员等收集国民党军溃退时丢弃的武器，数量相当有限，且多数零件不全，而军区原有的修械所只能搞修理、装配。曾任军区工业部部长的刘再生回忆，当时国民党政府从未发过任何武器，"我们的战士因弹药缺乏，只能领到四五粒子弹，手榴弹只能投出三四十米远，敌人冲上

张方穿过的上衣（中国人民抗日战争纪念馆供图）

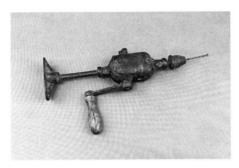

张奎元使用过的手摇钻
（中国人民抗日战争纪念馆供图）

张奎元使用过的游标卡尺
（中国人民抗日战争纪念馆供图）

韦彬使用过的水舀
（中国人民抗日战争纪念馆供图）

韦彬使用过的铜勺
（中国人民抗日战争纪念馆供图）

高霭亭使用过的缴获日军弹药箱
（中国人民抗日战争纪念馆供图）

来就拼刺刀，这种近距离作战我军伤亡较大"。因此，建立抗日根据地的军工事业迫在眉睫。

1939年4月，晋察冀军区工业部在河北省完县神南镇成立，刘再生任部长。创建之初，由北岳、冀中各分区的几个修械所合并到军工部，并增编一部分工人，建成7个军工连，1940年和1941年相继建立了2个化学厂和1个矿工队。1940年，为适应反"扫荡"需要，在平山县设立总厂（当时叫"南厂"），下设枪炮、枪弹、手榴弹、翻砂等五六个厂（当时叫"连"），每个厂约200人。1942年10月，接收晋察冀边区工矿局的磁厂、玻璃厂、炼油厂、肥皂厂，成立了化学三厂。1943年，军区工业部和边区政府工矿管理局合并，工矿管理局局长张珍兼任军工部副部长，工矿管理局的技术干部也大部分到军工部工作。1944年至1945年，抗战进入战略反攻阶段，根据地扩大，晋察冀军区下设冀晋、冀察、冀中和冀热辽4个二级军区，此时全军区军工人员总数达5000人。

毛泽东在《大量吸收知识分子》一文中指出："在长期的和残酷的民族解放战争中，在建立新中国的伟大斗争中，共产党必须善于吸收知识分子，才能组织伟大的抗战力量，组织千百万农民群众，发展革命的文化运动，发展革命统一战线，没有知识分子的参加，革命的胜利是不可能的。"按照毛泽东指示，晋察冀军区十分重视吸收军工方面的知识分子。

1939年冬，军工部成立了研究室。技术员任一宇回忆："聂司令员对我们的工作很重视，不但从经济上支持，而且在人才上也很支持。只要有科技方面的知识分子，他就送到军工部研究室来。"研究室由刘再生兼主任，张方为副主任，并陆续调来20多名科技人员。晋察冀边区距离北平近，所以从北平过来的知识分子多。大部分是从清华、北大、燕京大学动员来的。从清华大学来的有胡大佛、熊大正、汪怀常、李广信、门本中、汪德熙、陶军瑞、郎林等，从北京大学来的有蔡鸣歧、丁世超，从燕京大学来的有张方和高霭亭等。胡大佛是留法勤工俭学学机工的，手艺很好，回国后在清华大学一个附属工厂当管理员；张方是燕京大学研究生，学物理的；韦彬毕业于北平师范大学，学化学的；任一宇是北平大学工学院学电力的。这些人在学校就是高才生，有的是研究生，有的是助教，有的是工程师等。

曾任晋察冀军区工业部部长刘再生回忆，各项科研工作，都是由从北平高校来的技术人员和学生等承担的。"如韦彬、张珍、黄锡川、张奎元、李广信、何振廉、高霭亭、任一宇、张温如、张方、傅江等人从事硫酸、硝酸、炸药和火工品的研制；胡大佛、丁木等人从事机械设计工作；傅江、孙艳青、王裕、孟辑堂等人从事冶炼工作；任一宇、佟郎等人从事电解工作；张奎元、李广信、傅江等人同时还搞弹药的改进研究工作……"他们多数是受过高等教育的知识分子，但从不抱怨根据地条件的艰苦，毅然扛起建设根据地军工事业的责任。党组织和军队也很照顾他们，每到敌人"扫荡"时，司令员聂荣臻总是先通知安排和保护技术人员撤离，在条件艰苦的环境中，也总是想方设法为技术人员找一些细粮吃。

当时，根据地生产的手榴弹只能投三四十米远，聂荣臻曾就此向刘再生提出研究解决办法。军工部便想研制一种可以在步枪上使用的射程较远的枪榴弹，当时日本人有这种武器，我们想仿制但没有样品。对此，刘再生感慨地回忆道："群众支援我们的事例很多，其中给我印象最深的还是曲阳县的那个铁匠，日本鬼子强迫他打制枪榴弹筒，他偷偷地多打制了一个，冒着生命危险送到我们手里来，使我们仿制枪榴弹有了样品。"军工部就这样成功仿制了枪榴弹，射程可达200多米。

钢铁和硫酸是军工生产重要的原料。由于生产条件有限，军工使用的钢主要通过扒铁轨获得，尤其是小型铁路的铁轨质量较好，门头沟煤矿的许多小铁轨都被军工部弄来作钢材使用了，这也是破坏敌人交通线的重要方式。铁材料的获取主要靠收集老百姓的碎旧铁、破锅，日军"扫荡"一次，就砸毁老百姓很多锅。为了试制硫酸，在唐县大安沟建起第一个正式生产硫酸的工厂。硫酸厂生产条件非常恶劣，很多人得了气管炎，衣服和手被烧坏更是常有的事。后又在阜平县马兰村附近的通天寺、阜平县齐家庄户村，开办了硫酸二厂、三厂。

在一次反"扫荡"中，傅江、张奎元来到平西军分区，平西军分区领导请他们设法研制一种武器，可将3至5公斤炸药打出30至50米远。他们领了任务，加紧进行研究，终于制出"飞雷"。"飞雷"制好后，送到平西军分区司令部，先试放了一个，威力巨大。随后向张坊附近一个日伪顽固炮楼进行发射，使楼上10多个伪军全部投降。

1943年，高霭亭和张奎元等人，按照研制雷汞的方法，将银圆放在硝酸加酒精的混合液中溶解，形成针状晶体，即雷银，随后研制出雷银纸雷管。1943年下半年，晋察冀军区工业部所属火工厂开始大批量生产雷银纸雷管。雷银比雷汞敏感性更高，由此大大提高了军区武器尤其是弹药引燃的灵敏度。

军工部研究室技师韦彬，专攻无烟药的研制工作，做出过很多成绩。1945年，《晋察冀日报》发表五一社论《今年"五一"我们需要做的事情》

一文，高度赞扬韦彬，称他为"敌后研究室与制造无烟药成功的第一人"，边区政府也授予他模范工作者称号。

晋察冀军工部的设立，解决了抗日根据地许多武器装备问题，聂荣臻对晋察冀军工的成绩有这样的评价："军事工业方面，在军区军工部长刘再生和张珍等带领下，广大军工战士想了不少办法，使边区的军事工作能翻砂、铸弹和修理枪炮，制造迫击炮弹、手榴弹、地雷和生产复装子弹等，有力地支援了战争，取得了出色的成就。"

军工事业的发展，伴随着巨大的付出和牺牲。张方试制雷管时炸残右手，张奎元拆炮弹时腿受重伤。化学厂没有任何防护设施，烧伤经常发生。年轻工人严正康被酒精烧掉耳朵、烧伤面容；多位女工被毁容、致伤或致残。因雷管或炮弹爆炸而献出生命的更不在少数。他们每个人身上，都有一段可歌可泣的历史。晋察冀军工部的创造性产出，为抗日战争的战略反攻和解放战争的军需供应做出了重要贡献。新中国成立后，原军工部有不少人成为新中国国防建设的骨干力量。

（执笔：王蕾）

萧克在马栏村用过的木箱

　　1997年7月7日，全民族抗战爆发60周年之际，89岁高龄的萧克听闻马栏村建成了冀热察挺进军司令部旧址陈列馆，他特别高兴，不顾暑热和路途遥远，与当年和他一起在平西抗击日军的老战友30多人，共同为陈列馆揭幕。

　　萧克（1907—2008年），湖南省嘉禾县人。1926年参加国民革命军，同年加入中国共产党。先后参加北伐战争、南昌起义、井冈山斗争和长征，1937年8月任八路军第120师副师长。根据中共中央关于成立冀热察挺进军和中共冀热察区委的决定，1939年1月下旬，萧克与马辉之率领一批干部和直属机关部队，进入斋堂川上清水、下清水。他们紧急召开会议，传达了党的六届六中全会精神和中共中央成立八路军冀热察挺进军、区党委和军政委员会的决定。会议宣布萧克任挺进军司令员兼政委，马辉之任区党委

萧克用过的木箱（门头沟区斋堂镇党群办公室供图）

书记，组建了军政委员会并由萧克任主席。接着，陆续建立司令部、政治部、供给部、卫生部、随营学校、兵工厂、医院等，还创办了《挺进报》。1939年10月，挺进军指挥机关移驻斋堂川马栏村。

挺进军司令部进驻马栏村后，萧克随行物品没有地方存放，需要一只箱子。乡亲们知道了，就把家里自己用的腾出来送给他。萧克先对老乡表示感谢，然后说："这只箱子我不能要。咱们共产党有纪律，不拿群众一针一线，更不能白用。"老乡一听有些纳闷，萧克接着说："木箱存放我的个人物品，这块银圆就是我的租金，等我离开这里箱子还要还给您。"随后他把一块银圆放到老乡手里。

为加强对根据地的袭扰破坏，日军的侦察机时常在马栏村上空盘旋。1940年2月1日，日军12架轰炸机从马栏村低空飞过，萧克和司令部人员刚进防空洞，敌机就投下一枚炸弹，司令部的房子一角被炸塌。司令部不久从马栏村转移。

1939年2月至1942年初，萧克指挥冀热察挺进军与日军进行了数百次大大小小的战斗，粉碎了侵略者一次又一次疯狂进攻。他率领挺进军最终实现"巩固平西、坚持冀东、开辟平北"三位一体战略任务，迎来抗战最后胜利。

1997年，马栏村干部合议，为了弘扬老一辈革命精神，赓续红色血

萧克用过的八仙桌、太师椅（门头沟区斋堂镇党群办公室供图）

脉，决定自筹资金建设冀热察挺进军司令部旧址陈列馆。筹建陈列馆的消息一下传遍了全村，大家争相把自己家里的老物件拿出来布置展室。村民有的送来了司令部当年用过的八仙桌、太师椅。一位老人提着钉马掌的工具，讲述着当年他给萧克战马钉马掌的往事，想起萧克亲切的面容、和蔼的声音，一幕幕又浮现在老人和乡亲们心头。

冀热察挺进军司令部旧址陈列馆
（门头沟区斋堂镇党群办公室供图）

当年向萧克赠木箱的老乡，也把箱子捐出展览。箱子杨木质地，长110厘米，宽54厘米，高40厘米。箱体通身是刷过朱红油漆的，但随着时间流逝，漆面斑驳脱落，铜锁已经遗失。然而这只木箱的故事已被记忆与珍藏，每当有参观的人在箱子前注目，讲解员就会把萧克和箱子的故事讲给大家听。

冀热察挺进军司令部旧址陈列馆现为全国红色旅游景点景区、北京市廉政教育基地、北京市爱国主义教育基地、北京市国防教育基地、北京市青少年教育基地，每年接待10万余人次到馆参观学习。

（执笔：高丽敏）

记录冀热察挺进军历程的报告手稿

中国人民抗日战争纪念馆收藏着一份萧克关于冀热察工作向军委的报告手稿，现为国家一级文物。报告起草于1940年，共8页，军委给挺进军萧克及军政委员会的回电稿抄件粘在第8页偏左半部。随着岁月流逝，这份手稿幸运地保存到现在，虽然纸张已经有些发黄变脆，但苍劲有力的字迹依然清晰可辨，真实记录和见证了冀热察挺进军发展壮大抗日根据地的非凡历程。

在卢沟桥事变之前，冀东、察哈尔、热河等地区就已被日、伪军所控制。中共中央认为，在这个地区开展游击战争具有重要意义：向东可以与东北抗日联军相呼应，向北又可以靠近外蒙古，还可以与西面的大青山根据地相配合，使得平西与冀东两地能够形成紧密回旋之势。再加上群众抗日情绪特别高，很有利于抗日斗争的发展，对将来收复关内外失地关系很大。

在中国共产党六届六中全会精神指引下，根据抗战形势变化，中共中央军委决定组建八路军冀热察挺进军，由八路军第120师副师长萧克负责。1939年2月，以八路军第4纵队为基础，冀热察挺进军在平西地区组建成立，萧克担任司令员兼军政委员会书记。他对于冀热察地区的抗日斗争前途斗志满满，当时还作了一首诗："北渡拒马河，百花山在望。建立挺进军，深入敌心脏。放眼冀热察，前途不可量。军民同协力，胜过诸葛亮。抗战虽持久，笑我力正壮。"冀热察挺进军就像一把尖刀插入敌人心脏，直接动摇日、伪在华北、伪满地区的统治。

起初，中央给萧克的指示是，挺进军主力进入冀东敌人腹地，给敌人狠狠一击。但没过多久，根据全国抗战形势变化，中央指示应该先稳住平西阵地，只派少数游击队前往冀东进行游击战。不久，日军将主要精力放在抗日根据地，多次"扫荡"平西，萧克率挺进军主力多次将敌人打退，成功守住重要阵地，并从中认识到挺进军在冀热察需要稳扎稳打，不能急于求成。

此后，经过大半年游击战争，多次粉碎敌人的"扫荡"，平西抗日根据地得到更加稳固的发展。萧克认为，"平西全部兵力已达到1.2万多人。正规部队和游击队，普遍建立了党组织。有些以老部队作基础的单位，党员比例在30%以上。当时的情况是冀热察地区军民力量不小，但主力不向东挺进，平西地区的发展将受到限制"。倘若在平西、平北、冀东能够地区协同作战，利用区位优势威胁日、伪军指挥中枢和进入伪满洲边境，配合华北各地以及正面战场创造反攻，将形成大好局面。

经过认真分析思索，萧克形成了"巩固平西、坚持冀东、开辟平北"的思路。他认为，平西作为大本营不能削弱，必须站稳脚跟；坚持冀东游击战争可以牵制敌人力量，与东北抗日联军相呼应；将平北发展起来可以使得东西联系更为紧密，团结一切可以团结的力量。1939年11月，在区党委和挺进军军政委员会联席会议上，萧克正式提出以"巩固平西抗日根据地，坚持冀东游击战争，开辟平北新的游击根据地"的"三位一体"战略方针。经过酝酿讨论，大家都同意并报中共中央。得到批准后，关于"三位一体"战略的报告在《挺进报》发表，经过宣传，家喻户晓，深入人心。

此后，冀热察地区军民经过几年的奋斗，到1941年时，平西、平北、冀东这三个地区真正变成了"三位一体"的大根据地，东为冀东、西为平西、南为大清河、北为平北抗日根据地，使得敌人控制下的北平完全处于八路军包围之中，为冀热察地区抗日斗争的最后胜利奠定了坚实基础。

"三位一体"战略任务的提出和完成，其意义远远超出了冀热察范围。牵制了数量庞大的日、伪军，这对晋察冀军区和敌后抗战以及正面战场都起到了重要作用；震撼了日、伪军对北平、天津、张家口、承德、山海关等大中城市的统治；振奋了东北浴血苦战多年的东北抗日联军和饥寒交迫的几千万东北同胞的必胜信心。同时引起国际上尤其是反法西斯阵营的瞩目，为对日反攻时中国军队与苏联军队迅速会合创造了条件。挺

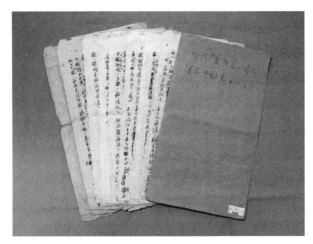

萧克关于冀热察工作开展后向军委的报告手稿（中国人民抗日战争纪念馆供图）

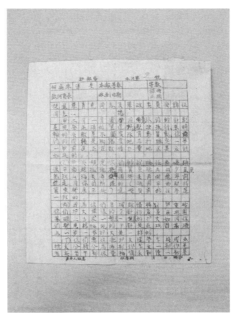

军委给挺进军萧克及军政委员会的回电抄件（中国人民抗日战争纪念馆供图）

进军中白乙化、包森、陈群等数以千计的抗日英烈血洒疆场。

1990年，中国人民抗日战争纪念馆筹办《北京地区抗日斗争史迹展览》，工作人员拜访了萧克将军。年届83岁高龄的萧克将军，在他那间简朴、整洁的会客室里，热情地接待了中国人民抗日战争纪念馆的工作人员。

当他了解到工作人员的意图后，就将保存了近半个世纪的一份珍贵手稿捐献出来，说："这些东西放在我自己手里意义不大，放在纪念馆不但有利于热心研究抗日战争历史的同志们，更有利于教育青年一代不忘战争灾难，鞭策他们发愤图强。中华民族强盛了才能不受外来侵略。"

（执笔：徐源）

笔记本记录的一段抗战史实

中国人民抗日战争纪念馆珍藏着一本破旧的笔记本，边缘磨损，卷内有缺页，封面有毛笔书写的"罗立斌""抗战时期（1940—41）""八路军冀察热地区挺进军政治部宣传部""记录""笔记"等字样。1940年春，罗立斌出任八路军冀察热挺进军第一任宣传部部长，这是他在这一时期留下的珍贵笔记资料。

罗立斌（1917—2009年），1917年出生于广东东莞茶山镇寒溪水乡，1929年夏，考入广东的国立中山大学附中，在这里培养起自己的"乐感"，结识了优秀的音乐教师，进一步提高了音乐修养。

罗立斌笔记本（中国人民抗日战争纪念馆供图）

1936年夏，罗立斌与几位同学离开学校，到上海、北平寻找党组织，途中参加过吕骥等组织的歌咏队。此后，吕骥成为罗立斌交往时间较久、对他音乐指点较多的朋友。1936年10月，罗立斌在北平由张苏介绍加入中国共产党，随后根据组织安排，前往西安，进入东北军做地下工作，曾经历西安事变。罗立斌这样回忆自己在西安的经历："我1936年10月在北平加入共产党，被党派到张学良东北军的学兵队工作。我在学兵队秘密党中任过支部书记，在'抗日先锋队'中当过上尉军官，在西安事变后张学良、杨虎城创办的西北抗日联军总部机关报《解放日报》上发表过一些文章，还以燕京大学经济系学生的身份，在张学良任团长、杨虎城任副团长的军官训练团讲了几课马列主义政治经济学，主编过《解放日报》的副刊《士兵呼声》。离开东北军后，在顾颉刚主持的通俗读物编刊社当过编辑。"1937年9月，罗立斌在太原八路军办事处加入八路军第120师部队，并被分配到师政治部宣传部工作。

1938年末，八路军第120师一分为二，从吕梁山东进。贺龙率主力去冀中，萧克率部队机关和直属队到冀热察（首先到平西），统一指挥宋时轮、邓华两个支队。此后，几乎整个抗战时期，罗立斌都在冀热察地区工作。在同萧克部队前往根据地路上，罗立斌温习《论持久战》，白天哼曲调，夜间写词记谱，用一周时间完成了《持久抗战三部曲》，包括《序曲》《抵抗》《相持》《反攻》《尾声》5个部分。这首大型歌曲，成为多个剧社的常规节目，也在一些机关干部中传唱。

1939年初，在八路军第4纵队基础上，成立冀热察挺进军，罗立斌任司令部秘书。他结合部队情况，写出了歌词，经萧克修改后谱成《挺进军歌》。歌词写道：

> 挺进，挺进！在卢沟桥畔、在永定河边、在敌人的远后方、在祖国的最前线；巩固平西抗日根据地，配合东北义军的胜利；坚持冀东游击战争，创建冀热察新的根据地。我们的旗帜飘扬在长城外，我们的胜利震动了全世界。挺进、挺进，要驱逐日寇，直到鸭绿江边！

1940年夏，罗立斌在抗大冀热察分校负责政治教育时，写了一首《校歌》。同年冬，罗立斌根据宋邓支队的历史渊源与战斗历程，写了一首主要供宣传队、剧社合唱轮唱用的《挺进军进行曲》，反响热烈。1939年和1940年是罗立斌音乐创作的一个小高潮。他还经常发表一些短论、散文、自由诗，并在1940年全国文艺界抗敌协会晋察冀分会成立时当选执行委员。

从笔记本密密麻麻的记录中可以看出，罗立斌对待工作认真细心。笔记本主要记载的是1940年至1941年，八路军冀热察地区挺进军政治部宣传部日常的会议记录与工作笔记。如1940年5月5日，罗立斌记录的一篇《区党委挺进军干部会议》，从"国际""国内""边区工作""冀热察问题"等几个方面，详细记录了萧克在干部会议上传达的决议精神，尤其是在"冀热察问题"方面，罗立斌详细记载了有关"形势与党的战略任务""冀东问题""平西问题"三个方面的内容。笔记本中还有1940年7月15日《彭真同志在军区高级会议上报告与结论》、1940年7月23日《政治形势与党的政策》、1941年4月27日《政工会议》等多篇会议记录。此外，笔记中记载《边区党的各种基本政策》的内容，详细记录了"政权问题""边区政权的特点""财政经济政策"等，从"贸易""金融""财权"三个方面记录边区财政情况。从笔记内容可以看到，1940年至1941年，根据萧克提出的"巩固平西、坚持冀东、开辟平北"三位一体任务，挺进军部队在思想、战略、战斗、根据地建设等方面都颇有建树。

作为党的宣传战士，罗立斌对音乐和诗歌创作情有独钟，他曾专门回忆自己的音乐生涯，写下《"音乐生涯"漫忆》一文，细述自小钟爱音乐，不断研习，在根据地队伍中进行音乐创作的历程，其中也提到："因为战事频繁、野战部队流动性大"，"'业余'时间实在不多"，"从1942年到1952年这10年里，我对音乐几乎是冷落了"。

抗战胜利后，罗立斌跟随队伍参加解放战争、抗美援朝战争。1960年，正式转业到中央对外文委，任一司司长。1961年，调到广西壮族自治区党委宣传部工作。后担任中华诗词学会顾问、广西诗词学会名誉会长等。20世纪八九十年代，罗立斌前后出版了两本诗词集《溪海集》和《战迹游踪》。

（执笔：王蕾）

神枪手团长白乙化的手枪

北京市密云区档案馆有一件珍贵的国家一级文物，八路军冀热察挺进军第10团团长白乙化用过的手枪。这是一把德国造的7.65mm口径自动手枪，因当时对各种自动手枪都俗称"撸子"，加上其枪身侧面有枪的图案，故得名"枪牌撸子"。

白乙化（1911—1941年），满族，辽宁省辽阳县人。少年白乙化目睹日本侵略者在东北的横行霸道，立志从军救国。1928年中学毕业后，考入沈阳东北陆军讲武堂步兵本科。1929年因不满军阀混战，离开讲武堂到北平求学，同年秋考入北平中国大学预科。1930年秋，加入中国共产党。1931年九一八事变爆发，白乙化向校方提出抗日申请，写道："大敌当前，还能有心求学吗？国家兴亡，匹夫有责。吾当先去杀敌，再来求学。如能战死在抗战杀敌的战场上，余愿得偿矣！"校方同意了他的申请，并为其保留学籍。

1932年5月，白乙化组建起"平东洋"抗日义勇军，任司令，率部转战于辽西、热东地区，不断袭击日、伪军。1933年春，因连遭日军"围剿"，率部退入关内，被晋军第32军骗入冷口，缴械遣散。白乙化含愤复回北平中国大学，插入政治系继续读书。1935年参与领导一二·九北平爱国学生运动。1936年担任中共绥西垦区工委书记，团结教育流亡垦区的东北爱国学生、青年，为抗日救国积蓄力量。1937年10月，白乙化领导发动垦区暴动，组建抗日先锋总队，他任总队长，率领这支新生抗日武装渡过黄河，横穿库布齐沙漠，东进抗日。1939年4月，奉命率队进入平西抗日根据地，与原冀东抗日联军合编为华北人民抗日联军，任副司令员。1939年底，华北抗联升编为八路军冀热察挺进军第10团，任团长。1940年2月，率部参加粉碎日军对平西根据地十路围攻战，在青白口独挡东北方向日军，激战

10个昼夜，毙敌300余人，击落敌机1架。

1940年4月，白乙化奉命率第10团挺进平北，开辟丰滦密抗日根据地。

白乙化是第10团公认的神枪手，步枪、手枪百发百中。著名诗人田间与白乙化相识，曾于1946年8月1日在《晋察冀日报》发表一首叙事诗《林中之战——题白乙化司令》，专赞其枪法如神，说他"一枪穿落两颗苹果"，"敌人骑兵来追，他回身一枪，挑起两颗人头"。

白乙化作战英勇，指挥灵活，是让日、伪军闻名丧胆的指挥员。1940年6月，为掩护内线开辟根据地，白乙化亲率主力到伪满洲国统治区丰宁、滦平境内作战。他故意在大白天行军，制造假象，牵着300余名日军在大山里转了几天。一天夜里突然甩掉敌人，北上攻克五道营子据点，东进拿下小白旗据点，南下袭击司营子据点，又北上攻克虎什哈据点，然后销声匿迹。尾随的鬼子疲于奔命。两天后第10团又突然出现在百里外的丰宁大草坪，全歼伪满军一个营。

1941年2月4日，农历正月初九。清晨，伪满洲国滦平县警务科科长日本人关直雄，指挥道田"讨伐队"170余人，沿白河川偷偷向丰滦密抗日根据地摸来。第10团正驻在鹿皮关附近，团部设在白河北岸的赶河厂。得知情报后，白乙化急令部队在鹿皮关摆好了"口袋阵"，准备全歼敌人。

战斗的枪声在白河东岸的降蓬山打响，战况异常激烈，从早上一直打到午后。下午3时许，为了尽快歼灭敌人，白乙化决定发起冲锋。为了选择最佳的冲锋时刻，他不顾危险，趴在大青石上手持望远镜观察战况。战斗在激烈地进行，枪声、爆炸声、喊杀声响成一片。突然，白乙化"噌"地从大青石上一跃而起，向前猛地一挥红色的指挥旗，大喊一声："冲锋！"警卫员见状，立刻扑了上去，想把他拉下来。谁知白乙化竟仰面倒了下来。警卫员拦腰抱住他转身滚到大青石下，一看白乙化头上有血，立即扯过一件大衣蒙住他的头。卫生员来了，掀开大衣一看白乙化的伤口，泪水便涌了出来……

白乙化不幸中弹牺牲，践行了"如能战死在抗战杀敌的战场上，余愿得偿矣"的誓言，时年仅30岁。

1941年2月，八路军冀热察挺进军发表《为追悼白团长乙化同志告全军同志书》："同志们！我们挺进军有为的、英勇善战的白乙化同志，不幸在二月四日平北马营战斗中，光荣地、壮烈地牺牲了。这不但是八路军挺进军的损失，而且是中国共产党和中华民族的一个很大损失！因为损失了一个有着丰富军事经验的优秀指挥

白乙化烈士用过的手枪（密云区委党史研究室供图）

员；损失了一个有着长期斗争历史的坚强的党的干部；损失了一个曾为民族独立不屈不挠、艰苦奋斗的中华民族的英雄；损失了一个曾为阶级解放而再接再厉、英勇牺牲的无产阶级的先锋。"

为了纪念他，解放战争时期，密云西部地区曾被命名为乙化县。1984年，密云人民修建了白乙化烈士陵园，萧克将军题词"血沃幽燕、名垂千古"。2007年在烈士陵园修建了白乙化烈士纪念馆。

密云区档案馆珍藏的这支手枪，是原东北军爱国将领马占山1938年赠送给白乙化的。1941年白乙化牺牲后，这支手枪由第10团政治处主任彭烈保存。抗战胜利后，彭烈由延安经密云去东北，把枪交给了白乙化生前的警卫员、时任丰滦密联合县支队副支队长的尉贵福，并叮嘱他在适当机会将它安放到白乙化烈士的身边。不久，彭烈也在东北壮烈牺牲了。从此，这支枪一直保存在尉贵福身边，跟随他南征北战，走遍了大半个中国。

1995年，已年过古稀的尉贵福托老战友，把希望将白乙化烈士遗物转交给纪念馆的心愿转达给密云县委领导，县委领导高度重视，派人驱车前往辽宁丹东，迎奉烈士遗物。

（执笔：林振洪、钱海侠）

白乙化的《备忘录》

题名为《备忘录》的抗日英雄白乙化的手稿，共13页，2000余字，记录了白乙化在革命斗争中的学习收获和思想感悟，语句简短精辟，涉及共产主义思想、辩证唯物主义思想及军事战略方法、团结人民群众等内容。在抗战时期，白乙化是平北丰滦密抗日根据地的创建人之一。他智勇双全，作战勇猛，令敌人闻风丧胆，受抗日根据地军民爱戴，人称"小白龙"。

《备忘录》中记录着这么几段话：

"面向群众，组织工农成分革命者，艰苦的干，整理革命习惯，建（健）全自己影响旁人。破除太平观念，积极每天工作。战略的内线防卫战，外线的进攻战，农民等组织要靠长期抗战来摧毁敌人，退却是为了培养抗战力量，以武力夺取最后胜利，为了反攻的准备。"

"信赖全民族的伟大力量，信赖全世界被压民族的力量，信赖世界无产阶级的力量。"

"用世界革命的眼光观察国际问题，日公债180万万，每人250元；1939年，每个日本人负担183.5元；征兵不及格48%，儿童营养不足70%，出卖女儿20万以上。"

短短几段话，充分说明了白乙化善于学习思考，眼光卓远，对党忠诚，坚持持久战思想。白乙化之所以具备坚定的共产主义信仰和军事战略素养，离不开他丰富的成长经历。

1928年，白乙化考入沈阳的东北军教导队，后升入东北陆军讲武堂步兵本科。因反对军阀主义，为寻求真理，又考入北平中国大学预科，改学政治经济学。其间，他结识了许多进步师生，研读了《共产党宣言》等马克思主义著作，并于1930年加入中国共产党。

九一八事变后，白乙化向学校申请"先去杀敌，再来求学"，校方回复"保留学籍，打完日寇再重回学校完成学业"。白乙化回辽阳后，组织抗日义勇军，转战于辽西、热北、锦西等地，连战连捷。因为他姓白，又好穿白布长衫，大家亲切地称他为"小白龙"。

1933年，白乙化回北平读书。1935年，在一二·九爱国运动中，他积极组织同学集会游行。1936年，被党组织派到绥西东北垦区，任中共绥西特委委员、垦区工委书记，带领部分平津地区东北流亡学生从事党的地下工作。

卢沟桥事变后，白乙化在垦区组织抗日先锋总队，高举抗战大旗，率队渡过黄河，踏过无边的沙漠和荒无人烟的蒙古草原，克服重重困难，向抗日战场进发，后编入八路军建制。1939年春，他奉命率领抗日先锋队来到平西，与冀东大暴动的抗日联军合并组成华北人民抗日联军，任副司令员。1939年底，抗日联军改编为八路军冀热察挺进军第10团，白乙化任团长。当时，八路军冀热察挺进军军政委员会提出"巩固平西、坚持冀东、开辟平北"三位一体的战斗任务。但平北地瘠民贫，而且长城以外还是伪满洲国统治区，日、伪军重兵把守，挺进军几次派部队进去都未成功。萧克决定这次让指挥能力强、能够独立带队作战的白乙化率领第10团进去。白乙化表示：一定要完成任务，"生不回平西，死不离平北！"

1940年4月，白乙化率部执行开辟平北抗日根据地的任务，组建丰滦密联合县。此次第10团再次开辟平北，无异于虎口拔牙，任务非常艰巨。而白乙化早已准备到最艰苦的抗日前线去，为的是打回东北去，驱逐日寇出中国，实现心中夙愿。他由衷地感到高兴，胸中澎湃起难以抑制的战斗激情。在白乙化等人的正确指挥和艰苦奋斗下，平北抗日根据地快速建立和发展起来。

丰滦密抗日根据地的创建与发展，离不开白乙化的组织才能。在《备忘录》中也可见一斑："1.大胆发展积极分子，去年，广大农民参加组织；2.抗日的，进步的，系统多的，质量不同的，雇佣的，吃苦，耐劳，勇敢的；3.帮助改造，帮助进步，4.建立政治据点，集体领导，跟从指挥，行动起模范作用，不戴他人帽子，发展组织的总方针。组织各级组织，严密检查督促，上级替下级负责，干部在党内生活及政治生活的重要。在伟大中艰苦学习，诚恳学习，虚心接受同志的批评。革命胜利的时候成功，失败的时候退却。节省，培养，训练干部，集体领导，统一指挥。"

1941年2月4日，白乙化突然接到情报，称滦平县日、伪军170多人向抗日根据地扑来。为了尽快歼灭这股敌人，白乙化立即做好战斗部署，在密云马营西山一带，对敌实施伏击。他亲临第一线指挥，由于敌人不断增兵并占据一个高点，警卫员把他拽走了3次，他都跑了回去并说："战斗正激烈，我不指挥咋成！"激战中，不幸中弹牺牲。

他牺牲前留下最后一段笔记是："不要坐等机会，积极活动不失时机地去找好机会……相持阶段敌人胜利信心更动摇，外线活动，内线巩固统一计划，分散战斗，先集中后分散。"他一直坚持贯彻执行党的持久战战略总方针，并始终保持高昂的斗志和胜利的信心，带领军民为开辟和巩固平北抗日根据地做出重要贡献。

白乙化牺牲后，八路军冀热察挺进军发表了《为追悼白团长乙化同志告全军同志书》，对他给予高度评价。1984年，北京市密云县人民政府修建

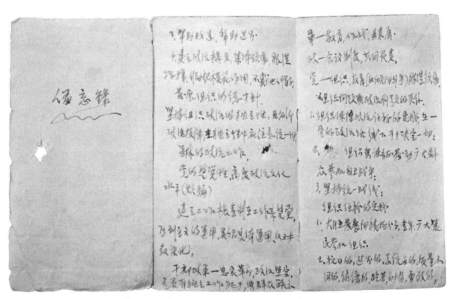

白乙化《备忘录》手稿（中国人民抗日战争纪念馆供图）

白乙化烈士陵园以为纪念。2014年9月1日，白乙化入选民政部公布的第一批300名著名抗日英烈和英雄群体名录。

从《备忘录》的字里行间，可以看到白乙化时刻提醒自己，要用党的纪律严格自我要求，克服存在的问题，不断取得进步，反映了白乙化优良的工作作风、高尚的精神品质和人民军队指挥员杰出的指挥才能。

（执笔：徐源）

平北昌延联合县县长的墨盒

平北抗日战争纪念馆中陈列着一个墨盒，看上去极为普通，且有多处伤痕。这个墨盒是平北抗日根据地昌延联合县第一任县长胡瑛使用过的。当年，胡瑛用这一墨盒书写抗日布告、抗日口号，深入群众宣传抗日。

胡瑛（1911—1940年），湖北人，1933年参加工农红军。1934年加入中国共产党。参加了中央苏区第四、第五次反"围剿"战争，曾任红军排长、连长、营长。全民族抗战爆发后，他由部队转入地方工作。1940年初，昌延联合县政府在延庆东南的霹破石村成立，29岁的胡瑛被任命为县长。

胡瑛到任后，坚决执行中共平北工委的决定，带领县政府干部深入各村，了解日、伪军对这一地区干部和群众造成的伤亡和损失情况，给予安抚、慰问和救济。

平北抗日根据地的建设艰苦异常，胡瑛始终同昌延人民群众同甘苦共患难，有时一天吃不上一顿饭。在三四个月的时间内，他几乎走遍了昌延联合县的每个村庄。通过深入开展工作，使巩固区不断扩大，并发展党员200余人，提拔了一批当地干部，50余个村建立了村政权及抗日群众组织。在主力部队配合下，抗日武装到处打击敌人。昌延联合县很快成为平北地区一块巩固的抗日根据地。

昌延地区巩固发展后，随着斗争形势的发展，中共冀热察区委和冀热察挺进军司令部逐步向平北地区增派兵力。

1940年5月28日，白乙化率领的八路军晋察冀军区第10团主力从平西出发，昼夜兼程挺进平北，突破了敌人一道道封锁线，抵达昌延联合县中心的沙塘沟村。第二天早晨，伪满洲国军第35团3000余敌人从四面包围沙塘沟。战斗在沙塘沟东梁打响，白乙化指挥战士沉着应战。前方战斗激烈之时，在一户老乡院子里的东厢房设了急救站，胡瑛指挥村中五六十名青壮年到火线上抢救伤员。他嘱咐大家注意安全，不要乱跑，抬下伤员就立即送到急救站。

沙塘沟战斗打了个开门红，歼敌70余人，这是八路军晋察冀军区第10团主力进入平北地区打的第一仗，首战告捷，鼓舞了部队士气和当地人民群众，进一步扩大了八路军的政治影响。

为甩开敌人纠缠，平北地区党政军领导在沙塘沟召开会议，分析了当时的形势，决定白乙化率第10团按计划连夜东进，开辟丰滦密抗日根据地。钟辉琨率平北游击大队跳过延庆川进到北山，开辟龙赤根据地。昌延地区就留下第10团第9连继续掩护地方干部开展工作。

沙塘沟反击战的胜利，引起了日、伪军的极大恐慌和不安，认为不是小股八路军外线游击作战，而是主力要在其后方建立根据地。于是日、伪军集中5000多人的兵力，从5月底开始，对昌延这一地区进行"拉网式"大规模"扫荡"，历时3个多月，妄图摧毁这个刚刚建立起来的根据地。敌人寻不到八路军主力部队作战，气急败坏，遇房放火，见人开枪。日、伪军的残暴"扫荡"，使昌延地区人民蒙受了空前的灾难。乡亲们流离失所，有家难归，在深山野岭里辗转逃难，忍饥挨饿。

八路军主力部队已到外线，昌延地区只剩赵立业率第10团9连小股部队，运用"敌进我退、敌驻我扰"的游击战术与敌周旋。县区干部白天随部队活动，晚上还要出山筹粮筹款，常常因弄不到粮食，不得不以野菜充饥。几个月的爬山越岭，忍饥挨饿，胡瑛的胃病更加严重，有时饥饿甚至折腾得他浑身虚汗，脸色苍白。但他不顾个人安危，还关心着其他同志。一次在老乡家，他把仅有的一碗玉米粥、一碗树叶留给了同志们，还风趣地对缴获两把匣子枪的同志说："来，来，你俩有功，每人奖半碗粥半碗树叶。"

敌人连续不断地"扫荡"、搜山，胡瑛接连收到第10团团长白乙化的三封信，让第9连到外线作战。赵立业看完信说："昌延地区环境越来越残酷，敌人天天'扫荡'，我们一走，昌延县政府怎么站住脚，不如胡县长你带干部跟部队一起走吧？"可是，胡瑛想的不是自己的安危，而是昌延县的抗日工作，他说："我是一县之长，县长不离县，离开不就失职了吗？我不能走。"赵立业接着问："我们走了，你们打算怎么办？""我们县政府十几个人，都有枪，能够坚持斗争。"胡瑛又说："请你见到白团长，向他汇报一下这里的情况，再派部队来支援我们，我们一定坚持到你们回来。"

第9连调离后，胡瑛面对残酷的环境和重重困难，给同志们做工作。他对县政府干部说："干革命就不怕困难，有昌延人民的支持，我们一定能够战胜日本侵略者。"他就是以这种高昂的斗志鼓舞着战友同敌人进行斗争。

1940年8月27日晚，胡瑛及昌延县委书记徐智甫，在窑湾黄土梁老乡王金喜家研究部队走后要如何开展抗日斗争，一直谈到快天亮。第二天早晨，还未来得及转移，就被驻永宁的百余名日、伪军包围。

刚刚休息的胡瑛被外面动静惊醒后，马上出屋，一见敌人，"啪啪"两枪，转身就向西南山跑。当他跑到半山腰，腿不幸被击中，坐在地上。敌人妄想活抓他，一窝蜂地冲了上来，胡瑛举枪就打，击毙了两个伪军。敌人无法靠近，于是数发子弹向他射来，胡瑛当场壮烈牺牲，徐智甫和通信员程永忠也英勇就义。伪军从胡瑛的身上搜出县政府的文件以及印章，得知他是县长，残忍地将他的头颅割下，挂在永宁城门上示众。

这样一条鲜活的生命，永远定格在29岁。

1984年，延庆县委、县政府在胡瑛、徐智甫和通信员程永忠三位烈士牺牲的窑湾竖立纪念碑。

胡瑛生前并没有留下任何影像资料。2003年，延庆老党员高有将胡瑛曾使用过的墨盒捐赠给平北抗日烈士纪念园，希望平北人民永远记住这位为国牺牲在抗日时期的县长——胡瑛。这个墨盒，也成了他保留下来的为数不多的遗物。

胡瑛画像（平北抗日烈士纪念园供图）

胡瑛用来写布告的墨盒（平北抗日烈士纪念园供图）

战争已经远去，硝烟也已散尽。窑湾村老人们的记忆中，那个圆脸、矮小个子、皮肤黝黑、浓眉厚唇的年轻人胡瑛的样子正在逐渐模糊，但烈士丰碑承载的革命精神，将永远铭记在人民心中。

（执笔：夏霖）

八路军攻打平谷城的真实报道

平谷地处北京东北部燕山脚下，抗日战争时期作为战略要地，日军在城北修筑了机场，在城南拓宽了平三公路，城内常驻兵力在280人以上，伪军近500人。下边还有十几个据点，约有100多名日军和600多名伪军。1938年5月，根据中共中央指示，组建八路军第4纵队，宋时轮任司令员，邓华任政委，配合冀东抗日武装大暴动，创建冀东抗日根据地。第4纵队于6月初由平西斋堂经平北进入冀东地区，6月中旬到达密云、平谷、兴隆交界地带。

1938年6月17日，八路军第4纵队第34大队第1营摧毁了镇罗营伪警察所，进驻南水峪。第3营在平谷大华山、熊儿寨一带活动，宣传和发动群众抗日。6月19日，第4纵队拔掉了将军关、靠山集的伪警察所，进驻这一带，做短暂休整。6月20日，日军突袭驻扎在靠山集、上营的第4纵队，30余名指战员牺牲。敌人撤退后，第4纵队立即展开行动，先后攻下黄松峪、丫髻山、峪口、峨嵋山等伪警察所，收缴了辛庄子汉奸张子久为日军存放军用物资的仓库。6月下旬，在镇罗营建立密平蓟联合县政府。

7月11日，第4纵队主力又进驻将军关一带村庄。13日，宋时轮、邓华在将军关主持召开了一次重要会议。会议决定，从部队调出一批干部，开展地方工作，组织地方上的上层人物和知识分子参加抗日工作，进一步广泛开展军事活动。其中最重要的一项计划，就是攻下平谷城，打击日本侵略者的气焰。

鱼子山、熊儿寨地区的群众听说八路军要攻打平谷县城，组织起四五百人主动给部队送水、备干粮、派向导、绑担架，献出梯子用以攻城。

7月19日深夜，第34大队大队长易耀彩率部冒着大雨从鱼子山出发。

经过近两小时急行军后，八路军包围了平谷县城。凌晨一点开始攻城，负责攻北门的第1营先是以偷袭的方法，往城墙上靠梯子，但梯子太矮无法攀上城头。易耀彩当即命令第1连1排排长宋来仁带18名战士，潜入泄水沟。他们很快便进入北城门内，砍死守敌，打开城门。第1营、第2营和参加攻城的游击队、群众很快拥入城内。同时，另有一个连消灭南门守敌，迎接第3营入城。城内日军由西门落荒而逃，伪军500余人被俘获，缴获了大量武器弹药。拂晓前结束战斗，平谷县城宣告解放！

全民族抗战爆发以后，日军倚仗装备优势，狂妄地叫嚣"三个月内灭亡中国"。大敌当前，中国共产党高举抗日民族统一战线的旗帜，推动国共两党实现第二次合作，全国人民团结一心，英勇抗击日军。到1939年下半年，日军的进攻重点从正面战场转向敌后战场，专门对付袭扰其后方的八路军和新四军。日军在华北制定了一系列破坏八路军军事行动的办法，如组织"大编乡"建立伪政权，制造"无人区"、逼迫百姓挖壕沟、严禁各类物资输入等，还到处修筑炮楼、修建公路和铁路等，妄图从经济上封锁、政治上孤立八路军。这些措施给八路军的行动制造了很大障碍。

八路军总部制定针锋相对的策略，决定在华北敌后组织开展破袭行动，通过割电线、扒铁路、毁公路、断水源等办法，粉碎日军阴谋。因为各地参战部队达到105个团，故名"百团大战"。百团大战期间，各地军情每天报到八路军总部，然后在报纸上刊登出来，鼓舞军民士气。其中第二十"要报"的标题是"八路军攻打平谷城"，刊登在《新中华报》的内容如下：

甲（略）。乙：据肖副师长俭（二十八日）电报称，自我攻占蓟县后，我×支队（1940年8月24日晚10时），等部乘胜向西北进展，现已进抵平谷城郊，该城四周交通，被我完全截断，刻平谷城在我围攻中。又敌机5架，连日向我根据地××（青店）等处轰炸，毁民房甚多，死伤民众数十人。

这次攻打平谷城的行动，由平密兴联合县委书记李子光亲自指挥，单德贵、赵立业两个分队同时行动，主要目的是"围魏救赵"，拉开架势，阻止平谷日、伪军合围蓟县，保证刚被八路军攻下的蓟县县城里的物资及时转运，实际并没有打进平谷城内，只是制造声势，震慑敌人，鼓舞民众。

由于在太平洋战争中节节败退，日军加紧了在中国战场的军事行动。

冀东敌伪考虑到战略需要，为确保华北与东北的交通联络，对抗日根据地的"扫荡"一度更加频繁起来。八路军晋察冀第13军分区抓住敌人兵力不足、战线过长的要害，一方面以民兵和游击队不断袭扰，破坏敌人集中打击八路军主力的作战企图；另一方面对敌人的据点、炮楼采取围困、逼退、攻克、各个击破的办法，进一步恢复和开辟基本区，最大限度围困、孤立敌人，为全国规模大反攻积极创造条件。

1944年，八路军晋察冀军区第13团在团长舒行带领下，活动于冀热边的平谷、三河、密云等县区域。9月4日夜，平谷县城的日军出发援救被我民兵围困的胡庄据点。八路军抓住这一战机，奇袭平谷县城，迫使蓟县、三河的日、伪军增援平谷，把敌人引入北山，之后第13团主力再挥师南进，恢复通、唐公路南面的平原地区。八路军的战斗部署是：特务连和第1连分别担任北面和西面主攻，民兵随后跟进，准备进城后组织群众清扫战场，抢运战利品；第2连和第5连在南门外火神庙一带防敌突围南窜，并阻击可能来援之敌，指挥设在北门外金家坟。

9月5日零点，部队在夜色和青纱帐掩护下，悄悄从城西3公里的赵各庄出发。不一会儿，各连到达指定地点。凌晨1点整，特务连和第1连分别从北面和西面发起攻击，战士们利用民房隐蔽接近城墙，架好梯子。直到快登上城头了，才被守城的伪军发现。2点，特务连由北门首先攻进城，第1连也从西门打进来了。

战斗进展顺利，大约3点半时，第13团已将敌两个警备中队和伪保安队、警察局全部缴械，并捣毁了伪县政府、日本宪兵队队部和反动组织伪新民会，砸开监狱，救出100多人。这次攻城战斗，前后只用了3个多小时，俘获敌中队长以下210多人，缴获步枪110多支、弹药若干。第13团还把敌人的粮仓打开，组织居民和附近的农民分粮。军民情绪大振，欢庆胜利。拂晓前，第13团按事先计划，悄悄撤出城外，折向东面的夏各庄隐蔽起来。民兵和群众则在天亮后抬着担架，赶着驮粮食的牲口和满载其他战利品的大车，排成长队，浩浩荡荡向北面山区开拔。

平谷区档案馆珍藏的1944年11月21日《苏中报》，以《冀热辽我军在反"扫荡"中乘虚夺取平谷城》为题，对这次战斗消息做了转载。地方资

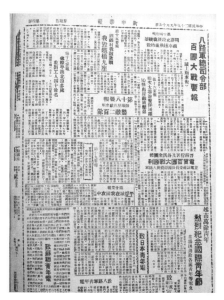

1940年《新中华报》刊登百团大战第二十"要报"：八路军攻打平谷城（作者供图）

1944年11月《苏中报》报道（作者供图）

料使用的是阴历，报纸上的是阳历。具体内容为：

（一）平谷城（北平东北百余里）有敌人九十名，伪军二百名，十月一日我某团出兵，一部围住胡庄、峨嵋山据点，次日平谷敌六十名伪七十名增援，与据点内敌伪会合，我遂乘虚夺取该城，激战三小时，城内堡垒十余座全部为我攻克，敌宪兵队部、保安连队部、伪县公署伪警察总所、伪特务队等全部摧毁。天明时敌四百由蓟县来援，我即撤出。（二）经此次影响，平谷城南十里的辛店据点为队长王树古带人枪各三十六，烧毁堡垒全部反正，平谷城附近之敌极端恐慌。

一张张泛黄的老报纸以无声的语言，带我们重返历史现场，真实还原了一段段不可忘却的抗战记忆，也为抗战史、地方史研究提供了可靠依据。

（执笔：李润波）

粮袋主人的抗日故事

在平北抗日烈士纪念园中，陈列着一个发黄的旧粮食袋子。粮袋的主人，是平北抗日根据地中共地下党员田玉亭。田玉亭执行任务时，常背着它。1944年秋的一天，田玉亭到日、伪军重兵驻扎的延庆永宁城执行任务，不幸被捕。敌人对他严加拷问，他咬紧牙关，严守党的秘密，最终惨遭杀害。这个粮袋，见证了田玉亭抗战的光荣经历。

田玉亭（1912—1944年），原察哈尔省延庆县旧县村人。在田玉亭长女田俊凤的印象中，自记事起，自己的父亲从来没有在家住过一晚，总是住在别人家里。父亲还总是好几天不在家，出门时，总是挂着一袋炒小米，背着一个破铺盖卷，牵着一头大骡子，像是出门做生意，却没挣回多少钱来。村里的人对他很不理解，认为他挺大的小伙子天天不务正业。爷爷奶奶也觉得这个儿子不成器，早早和他分了家。

不管别人怎么说，也搞不懂父亲在做什么，年幼的田俊凤却总是惦记着父亲。每当那背着扁了的粮袋和破铺盖卷的熟悉身影出现时，就是她儿时最开心的时刻。

小俊凤家中总会来一些神秘人。这些人总是晚上来，有时候和父亲交谈几句才走，有时候只留下张纸条就走。俊凤姐妹俩对这些神秘人很是好奇，从被窝里伸出脑袋探看，却总被父亲塞回被窝，并训斥道："小孩子家家的，别瞎听大人讲话。"这些神秘人走之后，父亲一走就是好几天。母亲交代姐妹俩，这些神秘人的事，对谁也不要说。小姐妹一面觉得保守秘密是件有趣的事，一面又觉得自己能像大人一样守住秘密，是一件骄傲的事，因此一直严守父亲和神秘人的秘密。

姐妹俩眼中同样神秘的父亲田玉亭，到底在忙什么呢？原来，田玉亭早年在八达岭关沟当工人，1937年前，就已经成为中共地下党员。1940年，八路军开辟平北抗日根据地后，他一心做党的工作，越发忙碌起来。他组织了一支骡子队，以运粮食到北平贩卖为掩护，帮着八路军晋察冀军区第10团，从沙河运回部队需要的枪支、药品等物资。从大庄科到沙河，短短几十里路程，却有敌人的重重关卡。有时这支运输队可以躲过日、伪军的检查，有时却会被穷追不舍。田玉亭工作途中经常险象环生，好几次因被追而拼命跑到吐血。有一次因运送的物资被缴，他竟急得害上了眼疾，一直也没能治好。

因怕被叛徒告密被捕，他不敢住在自己家，几天才回一次家，就这样也难免被敌伪盯上。为了方便脱身，他在自家后墙开了一个只供一个人出入的隐蔽出口。有一次，他刚回家就被敌伪堵在屋里，便从出口逃走，在一个猪圈躲了好长时间，才逃过敌人搜捕。田玉亭虽然惊险脱身，但残暴的伪军竟将他的妻子捆绑在门框上暴打泄愤。这位坚强的女人，紧紧咬着牙关，对丈夫的行踪一个字也没吐露。她知道自己的丈夫正在干一项伟大的事业，她要和丈夫一起扛。

1944年秋的一天，田玉亭上线的同志又来到他家，给他交代了任务。之后没几天，田玉亭就带着任务去永宁城了，而这一去，却再也没能回来。

那一日，曾有人劝说田玉亭，说最近风声紧，让他留心，先不要到日、伪军看管严密的永宁去。但是田玉亭说，这是组织交代的紧急任务，必须要走一遭。凭着一颗英雄虎胆，田玉亭混进了永宁城，顺利完成了任务，却在出城时不幸被捕。

被关押在永宁日本宪兵队的十几个日日夜夜，田玉亭遭受了种种酷刑：灌辣椒水、灌牛粪猪粪、压大石、跪玻璃碴……他一次次因酷刑而昏厥，一次次又被冰冷的水泼醒。他瞪着充血的双眼，紧闭着双唇，把党和抗日政府的秘密深藏在心里。

敌人打累了，问累了，也没有得到一丝丝情报，便决定对他下毒手。不久，田玉亭被转运送到四海的宪兵总队，作为政治犯被判处枪决。行刑前，妻子去看望他。满身是血的田玉亭望着妻子，嘴唇微微颤抖，只用虚弱的声音说："你回去吧，好好照顾孩子。"

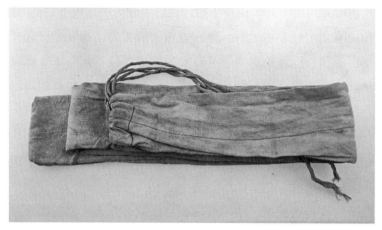

田玉亭烈士的粮袋（平北抗日烈士纪念园供图）

　　田玉亭牺牲时，年仅32岁，青春正盛。他是一位丈夫，是一位父亲，更是一位伟大的抗日英雄。2003年，田玉亭烈士的女儿田俊凤，将田玉亭生前一直使用的粮袋捐赠给平北抗日烈士纪念园。2020年，平北抗日烈士纪念园工作人员专门采访田俊凤，了解田玉亭革命的一生。田玉亭不畏艰险、不怕牺牲的精神，永远值得后辈敬仰学习。

（执笔：夏霖）

一封信见党政干部品格

"得知你们在极端困难的条件下……基本上完成了党所交给你们的任务。这就克服了冀东的孤立现象，便利了今后的坚持。"这是时任中共冀热察区委委员、冀东区分委书记李楚离，写给冀热察挺进军第10团团长白乙化和政治处主任吴涛的一封信的片段。信写于1941年1月4日，字里行间无不展现出一名党政干部的优良品格。80余年过去了，信件依旧保存较好，纸张略微泛黄，字迹工整，弥足珍贵，现为国家一级文物。

李楚离（1903—2000年），河北元氏人，农民家庭出身。高中考入保定育德中学，受到马克思主义思想熏陶。1924年加入中国社会主义青年团。1925年考入北京大学，并担任北大平民夜校教员。李楚离在大学期间接受先进思想，为今后的政治工作奠定了基础。他后来又参加了北伐战争、南昌起义。抗日战争时期，李楚离长期在冀东地区领导武装斗争，曾与李运昌等人领导过冀东人民大暴动，为创建冀东抗日根据地和反"扫荡"战斗做出了重要贡献。

1939年初，为了巩固和发展晋察冀抗日根据地，萧克根据党中央的指示组建冀热察挺进军，任司令员。1939年底，萧克提出三位一体战略方针，即"巩固平西、坚持冀东、开辟平北"。平北发挥着平西连接冀东的桥梁纽带作用，但条件是最艰苦的，这里原来没有党的组织，主要依靠外地派干部来工作。

冀热察挺进军第10团在平西成立后，就担负起"开辟平北"的任务。团长白乙化、政治处主任吴涛等人，率部经过一年多艰苦作战，配合各部队先后建立平北工委、平北军分区，平北抗日根据地初具规模。同时期，冀东抗日根据地在李运昌、李楚离等人多年有力的领导下，经过艰苦卓绝的斗争，不断地恢复和发展起来，到1940年7月，根据地发展了丰滦迁、丰玉遵和密平蓟三块地区，人口共100余万。1941年，李运昌和李楚离统一负责领导冀东军分区、冀东区分委全地区的党政军工作。由于冀东抗日根据地的快速发展，从1940年冬季开始，日、伪军便集中兵力，对抗日根据地进行疯狂的围攻"扫荡"，实行惨无人道的杀光、抢光、烧光的"三光"政策，妄图摧毁抗日根据地。

1941年1月，身为中共冀热察区委委员、冀东区分委书记的李楚离为鼓励革命战友和加强工作互助写下此信：

乙化、吴涛同志：

接到张鹤鸣同志的来信，得知你们在极端困难的条件下，由于领导的正确、干部的团结与战士的英勇，取得了无数的大大小小的胜利，基本上完成了党所交给你们的任务。这就克服了冀东的孤立现象，便利了今后的坚持，预祝你们今年获得更大的胜利，来减低我们更多的困难。

至于谈到我们对你们的帮助，这是我们的任务。我们感觉半年来在这方面做得非常不够，以后需做更大的努力，帮助你们去克服困难。手榴弹以后计划经常供给，可惜这次因敌人的扰乱与我们部队的分散，不能满足你们的希望。这些小小的遗憾，我们愿在下一次补偿之。

因环境关系，电台暂时与我们离开。这里有一封电报，希望你台发给平西。

子光可速来，我们估计敌人最近会有一次较大的进攻，他正可利用在敌人进攻前的间隙赶快前来，以便我们能很好安置那批干部。

此致
布礼

楚离
一月四日

以后平西如有东西给我，到你处后，请即来电，我即派人去取。

从信的内容可知，写信之前，挺进军第10团正处在敌人频繁"扫荡"的困难时期，但在白乙化、吴涛等人的领导下取得了重大胜利。据资料显示，1940年9月23日到11月，日、伪军调集4000余人，对丰滦密抗日根据地进行长达78天大"扫荡"。挺进军第10团主力转移到潮河以东与敌周旋，并在密云北部冯家峪设伏，歼灭日、伪军100余人。12月初，日、伪军调集1500余人"扫荡"平北西部的延庆、怀来以北地区，平北游击支队在东山庙毙伤日、伪军100余人，经数日作战将日、伪军逼退。平北地区的作战胜利，对冀东的巩固和发展具有重要作用。信中还提到冀东因客观因素无法发出电报，需要经平北电台转发到平西总部，这显示了在"三位一体"战略下，平西、平北、冀东是相互联动、相互配合、相互依存的关系，为最终包围北平与抗战胜利奠定了基础。

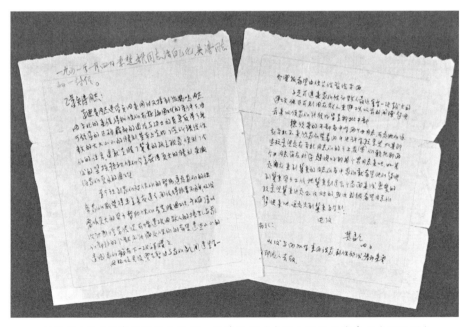

1941年1月4日李楚离给白乙化、吴涛的信（中国人民抗日战争纪念馆供图）

　　李楚离长期在冀东地区做党政工作，信中体现了他对革命同志的关怀之情，时刻不忘鼓励革命战友，关心队伍建设，洋溢着革命的乐观主义精神。

（执笔：徐源）

文件袋见证平北骑兵大队发展

中国人民抗日战争纪念馆馆藏文物中有一个文件袋，为黄色皮革质地，长26厘米、宽20厘米，是八路军晋察冀军区平北军分区骑兵大队在平北抗战中缴获的战利品。说起平北骑兵大队，就要提到一个人，就是它的创建者段苏权。

段苏权（1916—1993年），湖南茶陵县人。1930年加入中国共产主义青年团，同年转为中共党员，1932年8月参加中国工农红军。1937年入延安抗日军政大学学习，毕业后先后担任抗大的政治教员、中央军委总政治部宣传部教育科科长。1939年被选派到中央马列学院学习攻读政治理论，毕业后被派到平北工作。先后任晋察冀军区平北军分区政治部主任、平北地委书记兼平北军分区政治委员等职。

1940年，八路军冀热察挺进军正处于开辟平北抗日根据地的艰苦时期，为加强和统一指挥平北地区的军事力量，段苏权被派往平北抗日根据地开展工作。

1941年，在百团大战中受挫的侵华日军，集中兵力对华北各抗日根据地开始了全面大"扫荡"，刚刚开辟的平北抗日根据地首当其冲。但根据地抗日军民不畏强暴，奋勇抵抗。5月中旬，在取得春季反"扫荡"斗争阶段胜利的基础上，段苏权率领平北军分区指挥机关和平北游击队，跳出敌人的"扫荡"圈，越过长城，准备攻打独石口的日、伪军据点。休息做饭时，他从当地干部口中得知，独石口的日、伪据点防守严密，而崇礼县境内的狮子沟伪警察据点防守松懈，立即决定改变计划，率队奔袭狮子沟。

第二天黎明战斗打响，用了两个多小时，击毙日本指挥官渡边，端掉了据点，俘虏了伪警察署署长在内的30多人，缴获机枪1挺、步枪30多支、战马40多匹。9月，平北游击队打下张北县的大囫囵敌据点，又缴获近50匹战马。以此为基础，平北地区的第一个骑兵连建立起来。1942年初，平北军分区整编部队，平北游击支队升为冀热察挺进军第40团，骑兵大队隶属第40团建制。

骑兵大队组建初期，经历了一段时期的困难，主要表现为部队素质不高，战斗力较弱。骑兵部队不仅要具备与步兵同样的素质，还必须具有管理、训练马匹的知识，以及骑马作战的技能和纯熟的骑乘技巧。可是，骑兵队干部和战士多出身贫寒，别说骑马，连毛驴也没骑过，提高骑乘技巧就成了当务之急。他们发扬初生牛犊不怕虎的精神，认真反复地练，有的同志摔得鼻青脸肿也照常练，即使在行军作战中也不懈怠。由此，他们的骑乘技巧和战斗动作提高很快。经过努力，骑兵大队的整体素质不断提高。

段苏权对骑兵大队的成长倾注了极大关心，使部队不断发展壮大，成为开辟坝上草原根据地的主要武装力量。1942年5月，段苏权到毛东庙看望骑兵大队时，得知日、伪军骑兵由3辆装甲车开路，从宝源县城向附近第8团驻地炮台营子开去。段苏权亲率骑兵大队立即前去引开敌人的装甲车，减轻第8团的压力。

骑兵在草原上虽有一定战斗力，但与装甲车比起来却毫无优势可言。骑兵大队为了钳制住敌军，边打边往南边山地撤，一路厮杀了一个多小时，进到50多里远的一个坡度较大的山地，才摆脱了装甲车纠缠。天黑了，段苏权担心第8团安危，不顾一天战斗的疲劳，又带着骑兵大队连夜寻找，终于在第二天清晨与第8团会合。

两军会合不久，日、伪军的装甲车和骑兵又来了。段苏权指挥两支部队协同作战，骑兵负责对付装甲车，步兵对付敌人的骑兵。这次战斗从清晨打到黄昏，敌人始终没占据上风。对方见不好对付，便悻悻而退。最终，日、伪军在"扫荡"28天毫无所获后不得不草草收场。

骑兵大队自诞生起，就在极其严峻的战争环境中磨炼。1942年，侵华日军对抗日根据地的"扫荡"愈加频繁，给人民群众造成的损失越发严重。骑兵大队战斗频繁，生活异常艰苦。

据原骑兵大队战士回忆,"我们白天荷枪实弹不离身,夜间抱枪和衣而眠。那时,人们都是以衣代被,'老虎下山一张皮',因此身上虱子成群结队。当地老乡风趣地说'有虱子才是真八路',人人都是培养寄生虫——虱子的好'温床'。战争是严峻的考验,艰难的生活也是一种严峻的考验。我们以经受得起这一考验为光荣"。骑兵大队的战士们咬紧牙关,不顾生死,保持着革命的乐观主义精神和抗战必胜的决心和信心,在抗战烽火中逐渐壮大起来。

骑兵大队主要活动在平北龙崇赤地区,也称龙崇赤骑兵大队。到1943年,龙崇赤联合县的各项工作有了基础,为适应形势发展,平北军分区决定向北开辟宝源县。此地日、伪军多系骑兵,所以,必须以骑兵做相应对付。平北军分区根据当时的情况,把骑兵大队改称为赤源骑兵支队。1945年7月更改为察蒙骑兵支队,由察蒙地分委领导。抗战胜利前夕,平北军分区察蒙支队与苏军在张北会合,不久后胜利解放张家口。

骑兵大队从成立之初到迎来抗战胜利的4年中,共进行较大的战斗40多次,毙伤日、伪军千余人,缴获军马1000余匹,武器数千件。1945年9月,以骑兵大队为主成立了晋察冀军区第19分区(察北军分区)。1945年8月至1946年6月参加察北地区剿匪,共剿灭匪特2000余人。1947年改编为察蒙骑兵师,挺进大西北。1949年整编为骑兵第3师。因屡立战功,这支骑

平北骑兵大队缴获的日军文件袋(中国人民抗日战争纪念馆供图)

兵部队参加了开国大典。

1990年，中国人民抗日战争纪念馆为举办"北京地区抗日斗争事迹展"，专门前往新疆，征集到这个宝贵的文件袋。如今，这件文物陈列在展厅中，供人们参观。

（执笔：徐源）

一封信见政工干部的胸怀

中国人民抗日战争纪念馆珍藏着一封信。这封信共有3页，每张信纸约16厘米见方，由于年代久远，信纸已经泛黄，折痕处也有断裂。流利的钢笔行书一气呵成，虽然偶有涂抹修改，但信的内容仍清晰可辨：

平北军分区政委段苏权给白乙化、吴涛、才山的信（中国人民抗日战争纪念馆供图）

白吴才同志：

因一支队尚有许多事情，未能安安，故暂下不能来，只好写这个简单信给你们，其他有许多事情，当由苏梅同志转告！

第一，你们那种咬牙的精神是为人警（敬）佩的，在环境恶劣和困难的面前，不叫苦，不喊怨，沈（沉）得着气，并且还有办法，不为客观困难所约束，而主观上能想设一切方法去挽救危局支持工作，这种精神是非常宝贵的，同时也是敌后游击战所必具的条件。

第二，你们虽为较年青的武装，但红军时代和今天八路军老部队的某些优良传统作风一般的是承继和发扬了，譬如部队的政治工作和群众工作，管理方式和战斗作风，经济制度等，这些差不多还在个别方面表现异人的地方。

第三，弱点在什么地方呢？都主要是个别同志的个人英雄主义，其表现在，对老部队和老干部的错误认识，光看到他们的重大毛病，没有看到他们的优良长处，或把主力和一切武装对立起来，因此对补充方面误解为新老关系，再者在某些事件中，对党和群众力量没有放到一定的估价程度，往往夸大个人的特殊作用。

第四，你们应趁着冬季时节，抽出一定的部队进行整训，充实编制，配备和调节干部，建立与健全各种制度，以培植和积储雄厚力量，应付将后新的大举进攻。

第五，你们的发展方向，无论从那（哪）方面说来，总不能一味往东挤，因为这会失掉平北的作用，使我们力量有脱节的危险，这样，我们是千万不能同意的，请注意及之。根据平北近况，你们还须特别加强西北面工作和武装力量，那里虽穷寒，但意义是重大的。如力量许可时，最好有一部份（分）伸至天河里沟。或前二苦地区及独石口以东。

第六，关于你们的补充问题，日后由昌延拨给一些新战士，冀东每月一万五千元，你们可留其一半，炸弹待制造后，或平西这下送来也好，将送给你们一些。干部已电当复，但尚未获示。

最后，你们那里的具体情形望常来告！

致

布尔塞维克礼

段苏权

6/1

大海沱（坨）

这是晋察冀军区平北军分区政委段苏权，于1941年1月6日给冀热察挺进军第10团团长白乙化、政治处主任吴涛、参谋长才山的信。

信中所说的平北地区，气候寒冷，山峦起伏，海坨山为该地最高峰。抗战时期，平北地区地瘠民贫，生存条件极其艰苦。但战略地位十分重要，是连接平西到冀东的桥梁，也是坚持热察、挺进东北的支撑点和交通要道。

1938年6月，八路军第4纵队挺进冀东时途经平北，曾建立昌滦密抗日联合县政府，因敌我力量悬殊，3个月后被迫撤离。1939年春，八路军冀热察挺进军第34大队再次进入平北十三陵地区开辟根据地，因力量薄弱难以立足，1个月后又被迫撤回平西。1939年11月，中共冀热察区委员会和冀热察挺进军军政委员会提出"三位一体"战略部署，采取先以小部队渗透，再以大部队跟进的方式，终于完成开辟平北抗日根据地的任务。

1940年4月，八路军冀热察挺进军第10团挺进平北，与地方武装一起创建抗日民主政权。第10团是一支以"知识分子团"著称的英雄部队，延庆人民都亲切地称之为"老十团"。

第10团奉命从平西进入平北，一路上连战连捷，威震平北，令日伪闻风丧胆。在挺进军"三位一体"战略任务的开展过程中，第10团参加了开辟平北、创建根据地的工作，并站稳脚跟。

1940年底至1941年初，平北根据地处于稳定发展时期。为进一步开展工作，1941年1月6日，身为平北军分区政委的段苏权通过中共平北地委书记苏梅，给白乙化、吴涛、才山写了这封工作指示信。

信中，段苏权大力称赞第10团"不叫苦，不喊怨""咬牙的精神"，表扬他们继承和发扬了红军的优良传统。同时，段苏权也真诚直接地指出他们的弱点，主要是个别同志的个人英雄主义，知识分子头脑灵活，打仗、做工作都很有办法，但有时也容易看不到别人的长处，轻视群众的力量，夸大个人的特殊作用。段苏权的批评可谓一语中的，语重心长。

此外，段苏权对下一步工作进行了布置，尤其是指示了第10团的发展方向。他要求部队要趁着冬季进行整训，充实编制，建立和健全各种制度，特别强调部队要加强西北面的工作和武装力量，那里虽然穷寒，但是意义重大。段苏权还就第10团的补充问题，具体包括调配干部、补充新战士以及调拨军费、弹药等，进行了妥善安排。

信中不仅有对下级的指示，还有对战友的鼓励和诚恳批评，处处可见共产党人的坦荡胸怀。面对艰苦的自然环境和严峻的抗日斗争形势，他们从不考虑个人得失，甚至个人安危，大公无私，一心为公。

段苏权这封信写后不到一个月，收信人白乙化于1941年2月4日在指挥密云鹿皮关战斗中壮烈牺牲，年仅30岁。4年后的1945年5月16日，参谋长才山在指挥遵化杨家峪战斗中也以身殉国，年仅35岁。政治处主任吴涛后任第10团政委、平北军分区副政委、冀察热辽军区热西支队政委等职。他一直珍藏着这封信，直至1983年去世。

这封信于1990年被捐赠给中国人民抗日战争纪念馆，2011年被评为国家一级文物，成为八路军艰苦奋斗、浴血作战开辟平北抗日根据地的重要见证。

（执笔：陈亮）

晋察冀军区的一张委任令

　　中国人民抗日战争纪念馆收藏着一张珍贵的委任令，这是1942年1月31日，晋察冀军区任命吴涛为步兵第10团政治委员的官书凭证，上有军区司令员兼政治委员聂荣臻、政治部副主任朱良才的签名和印鉴，并盖有"晋察冀军区之关防"印章。委任令整体保存完好，页面整洁，字迹清晰，现为国家一级文物。这张委任令将人们带入吴涛与晋察冀军区步兵第10团（以下简称"第10团"）那段艰辛而光荣的抗战岁月。

　　吴涛（1912—1983年），原名吴文启，蒙古族，辽宁沈阳人。1935年加入中国共产党。学生时代参加一二·九运动，曾任中共绥西垦区工委组织部部长、宣传部部长，抗日先锋总队中队长、组织科科长、参谋长，冀热察挺进军抗联支队政治部副主任，晋察冀军区步兵第10团政治处主任、政治委员兼中共中心县委书记，平北军分区政治部副主任、主任、副政治委员，冀察热辽军区热西支队政治委员等职。

　　吴涛的抗战生涯与第10团的发展历程紧密相连。第10团是抗日战争时期活跃在平北的一支主要由知识分子组成的队伍，排以上主要干部都是参加过一二·九运动的大学生。

　　在中共地下党组织领导下，北平学生于1935年12月9日举行声势浩大的游行，广大爱国青年学生齐声喊出"打倒日本帝国主义""反对冀察政务委员会的成立""反对华北自治""停止内战，一致抗日""武装保卫华北"等口号。游行队伍沿途遭到国民党军警镇压，有30多人被捕，数百人受伤。这就是著名的一二·九运动。

　　就读于北平中国大学的吴涛也参与了这场爱国运动。面对反动当局无情镇压的暴行，平津学生不甘沦亡，带着对反动政府的失望，奔赴各地，重新找寻救国之路。吴涛深刻认识到，反抗日本帝国主义，必须响应党的号召，走武装斗争之路。他前往绥西垦区，在垦民中发动和组织队伍。1937年10月，垦区工委组织党员和垦民群众夺取武器，创建了200余人的抗日先锋总队，白乙化任总队长，吴涛任政治部主任。

1938年7月，抗日先锋总队到达山西省灵丘县东河南镇，与王震率领的八路军第359旅会合。王震热情接待并帮助进行改编，组织相关人员到教导队学习，为他们补充了枪支弹药和其他物资。根据中共中央在冀热察开辟根据地的指示，1939年2月，晋察冀军区在平西抗日根据地组建冀热察挺进军，萧克为司令员。吴涛和白乙化奉命将部队开往平西，与冀东人民抗日联军合编为华北人民抗日联军，计1000余人，王仲华为司令员，白乙化为副司令员，吴涛为政治部副主任。

1939年6月，华北人民抗日联军成功击溃入侵平西抗日根据地的2000余日军，首战告捷，鼓舞了根据地军民。1940年1月，华北人民抗日联军正式编为晋察冀军区步兵第10团。第10团成立后不久，就接到进入平北开辟抗日根据地的任务。

平北包括平（北平）古（古北口）铁路以西、平（北平）绥（绥远）铁路以北、长城内外的地区，处于伪满洲国、伪华北和伪蒙疆三个伪政权的接合部，面积2.4万平方公里，区域内人口约60万左右。这里在卢沟桥事变后即成为日本占领区，在这个地方开辟抗日根据地就像是"虎口拔牙"。1939年，冀热察挺进军司令员萧克提出"巩固平西、坚持冀东、开辟平北"三位一体的战略。根据要求，1940年4月，第10团接受开辟丰滦密的任务。4月底，吴涛等率部作为第一梯队先期进入丰滦密，第10团主力于5月进入丰滦密。

开辟平北抗日根据地，为的是打通与冀热察的联系。冀东和平西之间隔着平北，若无地下党帮助转接，一般交流通行很困难。吴涛回忆："当时的丰滦密，属于三个伪政权的接合部：关内有汪精卫、齐燮元的伪华北政权；长城外是伪满洲国统治着；西北部是伪蒙疆政权。这几个政权之间有矛盾，军事上不统一，一般不联合。我们就利用敌人之间的矛盾展开活动。"第10团开赴丰滦密一带后，宣传党的抗敌政策，积极发动群众，赢得了广泛支持，群众积极为部队送粮，缝制棉被，制作鞋袜。第10团到达的许多地方还建立了县、区政府，开办训练班，培养区村干部，发展党员。

无法有效遏制抗日根据地的发展，敌伪便气急败坏地实行"三光"政策。1941年2月，白乙化在战斗中牺牲，王亢被任命为第10团团长。吴涛回忆："最艰苦的时期是1941年底，在小化岭，我们就住在谷草堆里，3个人一个小窝铺，冷极了。"就是在如此艰苦的环境下，第10团在丰滦密一带开展游击斗争，与敌周旋。1942年1月31日，按照组织安排，晋察冀军区任命吴涛为第10团政治委员，并向吴涛颁发了委任令。

向冀东转送干部也是第10团的重要工作。部队经常在距离敌人炮楼、据点不足一里的地方护送人员过关卡，大都比较顺利，但也发生过激烈战斗。1942年5月，吴涛和团长王亢、参谋长才山带领两个主力营，护送冀东党、政、军干部60余人，从平西经平北前往冀东。在平绥铁路附近，被日军发现，"在赤城县的40里长嵯处被7000多日、伪军包围。危急时刻，部队派出一个排在嵯西隘口阻击日军，掩护干部和部队突围撤离。战斗一直进行了两天，担任掩护任务的指战员，除龙文一人生还外，其余全部壮烈牺

1942年1月31日晋察冀军区任命吴涛为步兵第10团政治委员的委任令
（中国人民抗日战争纪念馆供图）

牲。突围后，到冀东的干部由王亢率部护送，从黑河安全到达冀东。吴涛、才山率团直属队转移至龙门所、独石口。这次突围战击毙日军司令官以下官兵200多名。护送部队牺牲30余人，包括到冀东赴任的副支队长夏德元，准备接任第11团政治委员的耿玉华等"。①

1943年，丰滦密划归冀东，吴涛离开第10团到军分区。新中国成立后，吴涛先后任中国人民解放军第四野战军炮兵政治部主任、中央军委直属政治部主任、解放军总参谋部政治部主任等职，1955年被授予少将军衔，1983年逝世。

吴涛的女儿曾问父亲：为什么要留在日军"扫荡"最激烈的冀热察抗日根据地？吴涛说："我是党员，是年轻人，就要在最前线狠狠打鬼子！"斯人已逝，豪言犹在。这简单的一句话，充分体现了一名党员、一位革命者的信仰和追求。

（执笔：王蕾）

---

① 安俊杰主编：《张家口事典》，河北大学出版社2011年版，第157—158页。

李中权的马褡子

抗战时期，马是重要的运输工具之一，马褡子作为存放物品的工具常被使用。中国人民抗日战争纪念馆里珍藏着一个李中权使用过的马褡子，长213厘米、宽60厘米，表面有污渍。就是这样一个普通的马褡子，也有着不平凡的经历。

"抗大抗大，越抗越大。"这是在晋察冀抗日根据地流传的一句顺口溜。抗大全称为中国人民抗日军事政治大学，是抗战时期中国共产党创办的培养军事和政治干部的学校。全民族抗战爆发后，随着战争走向相持阶段，中共中央要求抗大到各地区办学，为持久抗战培养和训练干部。1939年7月，面对敌人的大规模"扫荡"，抗大的领导要求改变行军路线，转道晋察冀抗日根据地。时任抗大第二分校一大队政治委员的李中权率队向晋察冀边区挺进。

李中权（1915—2014年），1933年加入中国共产党，1935年跟随红四方面军主力长征。1936年到达陕北后，进入抗日红军大学学习。全民族抗战爆发后，负责率领抗大学生深入敌后，开展教学，为持久抗战提供人才。1939年先后在河北灵寿县陈庄、神南地区参加反"扫荡"，同时坚持办学。1940年任抗大第二分校3团政治委员，率团入冀中平原办学，参加冀中区1942年五一反"扫荡"。

1942年9月，中共中央晋察冀分局调李中权担任晋察冀第13军分区政治部主任。出发前，晋察冀军区司令员聂荣臻与李中权谈话说："第一，你去后要好好地展开部队的政治工作。熬过抗战的困难。第二，更重要的是你们要搞统一战线。"当时离1942年五一冀中大"扫荡"过去不久，华北抗日根据地遭受很大损失。李中权到达冀东后，直言"部队的政治建设确实不好。有些连队有支部，但是党员很少，有些连队却连指导员都没有。军分区的政治机关呀，很弱，就那么几个人，没有做什么工作"。面对这样的情况，李中权与冀东的领导班子商议：一是建立晋察冀第13军分区政治部，建立文工团；二是进行政治整训，加强队伍支部建设，加强军事练兵。

1943年1月，晋察冀第13军分区在关外瀑河口召开了由各主力团政委、政治处主任参加的政工会议，对政治整军进行总结。会议认为"经过政治整军的冀东部队对胜利充满了信心，军民关系、官兵关系更为密切，不良风气得到了有效的纠正，军政素质明显提高，求战情绪空前高涨"。

但是，随着战争的持续与深入，冀东的形势越来越严峻。1943年1月10日，晋察冀军区政治部对军区部队的政治工作提出要求，认为"由于战争消耗的增大，我军在今年数量上必然会继续减少。政治工作的责任就应以非战斗减员现象的消灭，来抵偿战争的消耗"。在抗日根据地不断遭受"蚕食"的时候，将抗日根据地转变为游击抗日根据地或游击区是在所难免的。在此情况下，只有军民上下一心，才能够渡过难关。李中权回忆当时的困难情形，谈到面临的两个问题："一个是生死问题，一个是胜利信心问题。"如何在艰苦的条件下，保持必胜的信念，是政治工作的根本性问题。

在冀东游击战争中，李中权率领政工人员，组建文工团尖兵剧社，编排大量反映冀热辽人民苦难生活和英勇斗争的戏剧。如活报剧《参加八路军》、独幕话剧《糖》以及合唱《子弟兵进行曲》等，同时印发小册子，传递《晋察冀日报》等报纸信息，供部队学习，使战士们"从根本上明白了自己为什么打仗、为谁打仗，明白了日本帝国主义及其走狗是我们民族的死敌，认定自己所参加的战争是正义的"。

李中权跟随部队打游击，转战途中常在马背上处理文件。李中权曾回忆道："抗日战争时期，冀东部队始终处在频繁的战斗环境中。上至军区机关，下到每个连队，都必须经常转移，分散活动。每到一地，一般只待一两天，否则就可能遭敌包围。"高度的流动性与不确定性，是李中权等人开展政治宣传工作必须克服的难题。

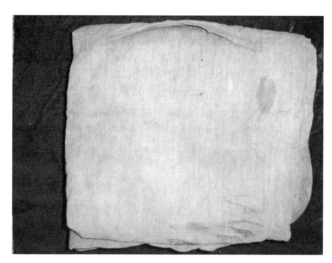

李中权的马褡子（中国人民抗日战争纪念馆供图）

按照中共中央的指示，冀东军民高度重视瓦解敌军的工作。为此，晋察冀第13军分区建立了健全的对敌组织——地委敌工部和军分区敌工部。李中权当时兼任地方党委敌工部部长的职务。据李中权回忆，1944年7月至8月，晋察冀第13军分区向敌伪发起了一次"良心大检查"活动，宣传中强调"不咎既往，但看将来""过去虽坏，今后改过自新者，抗日胜利后仍按好人看待"。通过这一宣传活动，伪军的思想产生了很大变化，很多伪军弃暗投明，加速了战争胜利的进程。

1945年大反攻作战中，李中权率部出关，挺进东北收复失地。随后，中共中央根据全国战略形势，决定将在华东的新四军部分部队调往东北，迅速创建战略根据地。李中权负责接待过往东北的部队，与刘震率领的新四军第3师会合，共同北上。

李中权这个马褡子是1942年至1945年他参加抗战时所用，跟着他走南闯北，放在马背上装文件、驮东西，后一直保存在身边。1996年，李中权将其捐赠给中国人民抗日战争纪念馆，希望能将冀热察军民抗战的事迹和精神代代传承下去。

（执笔：林云伟）

刘道生的望远镜

在中国人民抗日战争纪念馆，珍藏着这样一件珍贵的革命文物——刘道生使用过的望远镜。这副外皮已经斑驳脱落的望远镜，传递着烽火岁月的战地气息，见证了刘道生在平郊抗战的峥嵘岁月。

平郊抗日根据地是晋察冀边区的重要组成部分，是中国共产党和八路军在华北最早创建的抗日根据地之一。八路军在北平郊区首先开辟的就是平西抗日根据地。平西山川交错，在此建立根据地"可直接威胁日伪统治中心北平和张家口，控制交通命脉平绥和平汉两线，并作为晋察冀边区的屏障和向冀东、平北发展的前进基地"。1942年8月，刘道生奉晋察冀军区司令员聂荣臻指派，到平西抗日根据地开展工作。

刘道生（1915—1995年），湖南茶陵人，早年参加红军，参与了中央苏区反"围剿"和红军长征。1937年11月，任晋察冀军区第4分区政治委员兼政治部主任，他领导下的第4分区成为晋察冀边区重要供应地区，被誉为晋察冀边区模范根据地。1942年8月，聂荣臻指派刘道生到平西抗日根据地开展工作，并嘱咐他："好钢要用在刀刃上，好同志要放到最困难、最艰苦的地方去，要多做开创性工作。"刘道生当即表示："艰苦和困难我都不怕，参加革命就没打算享福，只要组织决定了，我坚决服从。"

1942年9月，刘道生被调到斗争环境极为艰苦的平西抗日根据地任地委书记兼分区政委，和分区司令员邓华搭档。平西军分区地处北平西部，斗争环境非常艰苦，地委机关、分区机关都在深山沟里。当时在华北的日军采取"铁壁合围""梳篦式清剿"等战术，对晋察冀根据地进行大"扫荡"，兵力达7万多人。其中，进攻平西军分区之敌有1.5万人之多。邓华、刘道生指挥军分区主力部队巧妙转移，与敌人捉迷藏、绕圈子，摆脱敌人合击，保存了有生力量。同时，他们指挥部队广泛开展游击战，在敌必经之路上伏击和阻击敌人或实行"麻雀战"，迷惑骚扰敌人。灵活运用战略战术，屡屡重创日军。比如，平西军分区的一个连，在南北强安地区就牵制敌3000多人，"麻雀战"从上午10时一直打到下午5时，日军被搞得晕头转向，被歼灭100多人。

1942年起，日、伪军在平西根据地周围大量修筑据点、堡垒，挖封锁沟，建封锁墙，制造"无人区"，实行"蚕食"。根据中共中央"敌进我退""向敌后之敌后挺进"的指示和平西的实际，刘道生和邓华一方面积极组织部队和民兵打击进犯之敌，另一方面对部队进行整训，提高战斗力，建立和加强地方武装。他们还组织精干的武工队打到敌后去开辟新根据地，进行反"蚕食"斗争。

1943年2月，平西军分区主力部队对日军以白龙为指挥官的进犯之敌发起攻击，一举攻克敌小口头据点，毙伤敌人200余名。随后，刘道生和邓华率部三打刘库池、夜袭东寺、强攻谭庄，10天内共毙伤敌人700多名。1943年9月至12月，在日军进行的所谓"毁灭性扫荡"期间，军分区军民作战400多次，歼敌2400多人，挫败了敌人的"蚕食"和"扫荡"。[①]

1944年，平西抗日根据地形势大为好转，在刘道生等人的领导下，平西地域扩大，辖1个地委、12个县委，民兵、游击队也发展到4.36万人。刘道生带领抗日军民乘胜向北平挺进。当时，一直到达离北平仅三四十里的昌宛房县所属里外十三村地区，也一度到达卢沟桥畔，把抗日政府的大字布告贴在卢沟桥桥头。通过艰苦斗争，抗日军民恢复和发展了平西抗日根据地。

1944年9月，刘道生调任冀察区党委书记、军区政委兼政治部主任，和军区司令员郭天民搭档。该区辖平西、平北、察南和第1分区等4个军分区。1945年3月，他和郭天民指挥冀察军区主力部队，向边缘区和残留根据地内的日、伪据点展开围攻。4月解放了被日、伪军占领达4年之久的斋

---

① 王雁生，王冀生，李永邦，王京生等编著：《王紫峰画传》，中央文献出版社2005年版，第78页。

堂川，使解放区向北平方向扩展了700余平方公里，直接威胁平西重镇门头沟。冀察军区一部在北平郊区一带积极活动，设伏俘获驻小汤山伪军10人；突袭沙河镇，毙伤日军20多人，把边区行政委员会的布告张贴到德胜门和安定门。又以一部一度袭入崇礼城，歼敌100多人，拔除了高山子、葛峪堡据点。7月，将攻势转向平北和北平外围。军区部队连续逼退永宁城、四海堡、黄花城、龙门所等16个据点之敌，歼灭了企图到龙门所重建据点的伪满洲国军一个营，迫使从独石口到四海一线的伪满洲国军全部退到长城以外。经过数月的攻势作战，冀察军区部队攻克县城3座，拔除据点117个，扩大解放区3400多平方公里，为北平地区迎接大反攻创造了空前有利条件。

1945年8月，刘道生指挥3个团和骑兵支队对张家口发动强攻。经数天激战，部队收复华北重镇张家口，这是从日军手中收复的第一座中等规模城市。随之又收复了宣化、平山等县城，察哈尔、热河两省全部解放。随后，中共察哈尔省委成立，刘道生任省委书记。作家丁玲以当地人民抗日斗争生活为原型，创作了著名的长篇小说《太阳照在桑干河上》。

新中国成立后，刘道生任人民解放军海军副司令员，并先后兼任海军军事学院院长、海军航空兵部司令员等职。1955年被授予中将军衔。

目前珍藏于中国人民抗日战争纪念馆的这副望远镜，体积只有15立方厘米，放大倍数为8倍，有三个优点：一是体积小重量轻，二是倍数大，三

刘道生使用过的望远镜（中国人民抗日战争纪念馆供图）

是行军打仗携带方便。刘道生格外珍惜，不论外出还是行军作战，总要把这个"千里眼"带上。抗战时期，刘道生就是用这副望远镜观察地形，制订作战方案，指挥军民粉碎日军对根据地的疯狂"扫荡"，打破日军与伪军对抗日根据地的"围攻"。其后，这副望远镜一直伴随着他，直至全国解放。它是刘道生戎马生涯的最好见证。1990年，刘道生及家人将珍藏的望远镜捐赠给中国人民抗日战争纪念馆。

（执笔：任京培）

小箱子诉说军民鱼水情

2017年，电影《北平以北》摄制组专程到南京采访一位老人。当时老人在医院抢救，处于昏睡状态，警卫员附在他耳边说："首长，平北来人了。"老人缓缓睁开双眼，用目光向来人打招呼。这位老人就是102岁的少将詹大南。

如今，中国人民抗日战争纪念馆展厅里陈列着一个小型便携箱，它见证了詹大南和平北人民的鱼水深情。

便携箱长17厘米、宽11厘米、高5厘米，非常小巧轻便。箱子为褐色皮质，四角还特别用小长方形皮条进行加固。由于年代久远，箱子的表面已经磨损，金属锁扣已不能正常使用，提手也磨损裂口。这个小便携箱，是抗战时期时任晋察冀军区平北军分区司令员詹大南在一次与日军作战时

詹大南送给房东的缴获的日军便携箱（中国人民抗日战争纪念馆供图）

缴获的战利品。

詹大南（1915—2020年），安徽金寨人。1931年参加了中国工农红军，1932年加入中国共产主义青年团。全民族抗战爆发后，先后任八路军第120师358旅716团政治处组织干事、第1营特派员，随旅主力挺进晋西北。1938年4月，詹大南奉调至八路军第4纵队，准备挺进冀东。

6月中旬，八路军第4纵队政治部主任伍晋南率第1营和骑兵连、机枪连向延庆千家店进发。队伍在花盆村与伪满洲军第35团2营遭遇，特派员詹大南率骑兵连走在最前头，第3连紧跟其后，其余的队伍走在最后。敌人控制了村南边的孤山，战斗进行得很不顺利。伍晋南、詹大南等重新进行部署。詹大南说："敌人装备虽好，但没有作战经验，地形对我们是有利的，孤山西侧的山包较高，能发扬火力优势控制孤山。"大家讨论后，决定由詹大南率第2连担任突击队，王季龙率第1连做预备队，第4连连长郝玉英率1个排，带上5挺轻机枪，占领孤山西侧的高山包，以火力压制敌人，骑兵连沿孤山东侧的河沟迂回向前截击敌人。

詹大南鼓励战友们说："近战、夜战是我军的优良传统，一定要利用有利的时间，天亮前解决战斗！"詹大南率领突击队主动出击，一寸一寸地向前逼近。第4连的机枪火力终于压制住敌人，第1连、第2连也发起冲击。花盆战斗共俘虏伪军300多人，缴获重机枪3挺、轻机枪12挺、掷弹筒2具、三八式步枪240余支、手枪30余支、子弹3万余发、军用物资一批。此战有力震慑了日、伪军的嚣张气焰，让平北人民在苦难之中看到一线曙光。

花盆战斗之后，詹大南担任第4纵队独立营教导员。1939年9月，挺进军进行整训，改编成6个主力团，詹大南任第9团2营营长。同年11月，他被调至挺进军教导大队任大队长。

1940年春，詹大南率领1个营，在门头沟周围连续作战多日，之后撤下来进行休整。急行军回营的路上，经过杜家庄时与敌遭遇，歼灭1个运输队和日军40余人，伪军全部逃窜，缴获200余驮军需品。同年秋参加百团大战时，詹大南又率领1个营在涿鹿上下河地区全歼日军140余名，缴获九二式重机枪4挺和其他许多战利品。

1942年5月起，詹大南率部进入平北海坨山，辗转于平北抗战前线。他与晋察冀军区第12军分区司令员覃国翰、政委段苏权等，指挥部队在游击队、民兵配合下，在赤城、怀来、崇礼等多地，数十次抗击日、伪军"扫荡"，狠狠打击敌人嚣张气焰，保卫了平北抗日根据地。后来詹大南升任平北军分区参谋长、司令员，直至抗战胜利。

詹大南常年战斗在抗日前线，曾多次负伤。在一次战斗中，他的左胯被敌人的枪弹打穿了几个洞，伤势严重，生命危在旦夕。幸运的是，他遇到了著名的国际主义战士、印度医生柯棣华。医术高超的柯棣华亲自为詹大南做了手术，把他从死神手里抢救过来。这次重伤在詹大南身上留下了好几处伤疤，有一处最大的伤口，愈合后形成了一个很大的凹洞，里面竟能够放得下一只鸡蛋。这场手术更令詹大南终生难忘，他常说："这是一个有纪念意义的伤口啊！"

詹大南与平北人民结下了深情厚谊，也在平北找到革命伴侣李凡。李凡曾任龙延怀联合县妇救会妇女部部长，跟随詹大南转战平北。1943年夏，日、伪军对根据地进行严酷"扫荡"，派重兵对八路军围追堵截。李凡只得把刚满月的孩子托付给当地老乡，老乡们冒着敌人搜捕杀头的危险，接力抚养了他们的孩子。詹大南李凡夫妇非常感激，曾深情地说：是人民的奶水哺育了八路军的后代啊！

詹大南曾写《忆抗日》一诗，追忆那段烽火连年的抗战岁月："八达岭岭望山川，往事茫茫聚眼前。挥师雁北插敌后，挺进冀东遵党遣。燕山南北歼日伪，长城内外破险关。难忘人民情似海，屈指已过五十年。"

詹大南率部驻扎赤城时，长期居住在房东苏文海、武桂芳家中，为了感谢他们对八路军无微不至的照顾和帮助，詹大南特意将缴获日军的小便携箱送给他们作为纪念。后来，苏文海、武桂芳夫妇又将箱子转交当地抗战老战士孟常谦保存。2008年4月29日，河北赤城的抗战老战士孟常谦将这个小便携箱捐赠给中国人民抗日战争纪念馆。如今，这个记录着反抗日军侵略、凝聚着八路军与根据地人民鱼水深情的箱子，静静陈列在展厅里，向世人讲述着那段动人的抗战故事。

（执笔：陈亮）

一枚印章的传奇

平北抗日烈士纪念园展示着这样一件文物，它精致、小巧，上面刻着"徐万满章"4个方正小字，装在一个特制的皮套里。这一枚小小的印章，是抗日战争时期平北交通员徐万满使用过的。2020年9月3日，在中国人民抗日战争暨世界反法西斯战争胜利75周年纪念日，徐万满的儿子徐德明将这枚印章捐赠给平北抗日烈士纪念园。

徐万满（1925—2017年），河北省赤城县大海陀乡官庄子村人，1941年参加革命工作，1942年2月加入中国共产党，1943年至新中国成立前担任平北军分区交通员。

平北抗日根据地位于伪华北、伪满洲、伪蒙疆三个伪政权统治区的接合部，是晋察冀抗日根据地的重要组成部分，斗争环境异常残酷。1940年，平北地区第一个巩固的抗日民主政权——昌延联合县政府建立。

为适应地方干部在敌占区隐蔽活动和开展工作的需要，昌延联合县5区首先建立了秘密交通站、联络点，并以宝林寺（今北京市延庆区井庄镇宝林寺村）通信站为中心，向南到三司、小间房，向东到吴坊营，向北到吕庄，向西到曹官营等联络点，形成通信网，地方干部不论到何处，通过通信站都能找到。随后建立起来的各联合县，均设有通信员或交通员，同地委、工委及各区进行通信联络。

作为交通线上的一名交通员，徐万满有着英勇斗争、出生入死的传奇经历。抗战期间，他的家乡海陀山上官村沦为日伪统治区。1938年，八路军第一次路过赤城。军纪严明、秋毫无犯的队伍，让受尽苦难的少年徐万满终于看到了希望。

1940年，平北海陀山上树起了抗日大旗，在共产党带领下，各地纷纷建立抗日民主政权。徐万满毅然参加了抗日工作，担任民兵小队长。他带领民兵，配合八路军埋地雷、拔据点，狠狠打击日本侵略者。1942年，徐万满加入了中国共产党。这年夏，上级选调一批优秀党员参加交通工作，徐万满参加了龙延怀联合县交通站的工作。由于他工作表现突出，不久就被调到平北地委交通队，当上一名跑干线的武装交通员。

交通员肩负传送文件和护送干部的重担，任务十分艰巨危险。徐万满认为，只要能为党工作，为打击日本侵略者出力，再苦再累也不怕。他身上别1支手枪，带4颗手榴弹，将文件用布包好，系在身上，长期奔波在平北到平西的崇山峻岭中。沿途，敌人据点密布，封锁沟纵横交错。为了安全，他经常晓宿夜行，有时情况紧急，为了赶路，常常一天甚至几天吃不上一顿热饭。严寒季节，他的裹腿布常常冻得硬邦邦的解不开。不管困难多大，他都坚持把文件安全、及时地送到。

一次，徐万满和另一位交通员给平西地委送文件，返回时与平北军分区两名侦察员结伴而行。刚穿过平绥铁路，突然与几个日、伪军遭遇。躲避已不可能，他们冷静分析，认为应该掌握主动，开展突袭，让敌人摸不清底细。于是，同行的4个人同时向敌人开火，又甩出几颗手榴弹。敌人以为遭到八路军大部队伏击，吓得丢下伤员和几具尸体逃跑了。他们活捉两

徐万满的手章（平北抗日烈士纪念园供图）

名伪军，缴获一支手枪和一把指挥刀。回到交通队向领导汇报时，领导既肯定他们的勇敢精神，又指出："你们的任务是送信而不是打仗。如果因为打仗牺牲了，所担负送信的任务怎么完成呀！"这件事使徐万满认识到交通员所担负工作的特殊性。

解放战争时期，徐万满继续从事交通员工作。他下定决心，克服各种困难和危险，多次完成党交给自己的任务。

在海坨山这块红色土地上成长的苦孩子徐万满，经过战火的艰苦磨炼，成长为一名出色的机要交通员。他的足迹踏遍了平北、平西、冀东的沟壑山川，后来又到冀热察区党委交通科工作，远途跋涉到东北赤峰送递重要文件，为抗日战争和人民解放战争的胜利做出自己的贡献。

交通员徐万满，只是无数中共平北交通员的代表。在艰难的抗战岁月，有多少交通员用鲜血和生命，守护着平北抗日根据地宝贵的交通线，让这条红色血脉永不停止流动。战争年代虽已远去，英雄的名字和他们的故事，却值得我们永远铭记。

（执笔：夏霖）

崔月犁使用过的自行车

抗日战争时期，中共地下党员崔月犁在北平从事地下活动，搜集日军情报，不断把重要军情送往晋察冀抗日根据地。下图就是崔月犁在北平从事地下工作时使用过的自行车。

崔月犁（1920—1998年），原名张广胤，河北深县人，1937年6月参加革命，同年12月加入中国共产党。为便于开展地下工作，先后使用过张月印、李春和、李道宗、李显农、李士英、李大夫等化名。"崔月犁"这一名字的背后有一段饱含深意的故事。1939年崔月犁到平山县党校报到时，回想起在冀中平原通过日伪封锁线时，没能记住道路的崎岖坎坷，只记住一个农民在月光下催赶着耕牛犁地的艰辛，于是便给自己改一个新的名字"崔

崔月犁在北平从事地下工作时骑用的自行车（作者供图）

月犁"。

1942年，崔月犁到晋察冀中央分局城市工作委员会做地下工作。接受了一个多月的专业短训，包括学习如何在敌占区开展工作、如何利用关系、如何单线联系、如何在城市里站住脚等。之后，23岁的崔月犁穿着长袍、棉裤，化装成商人，带着定县的假居住证，于1943年初到天津、北平等大城市开展地下工作。

地下斗争异常尖锐复杂、处境险恶，稍有不慎就有被捕的危险。崔月犁初到北平时，北平地下党组织遭受严重破坏，全市只剩下9名党员在坚持斗争。

他来到北平，先在郑剑庵任院长的北平北池子骑河楼中西医院当医生。郑剑庵原是"内蒙剿共总司令"、大汉奸李守信的军医科长，与李守信私交很深，崔月犁和郑剑庵曾试图做李守信的工作未果。后通过郑剑庵介绍，认识了南满大学毕业的余贻倜、李士英等大夫，并经余贻倜介绍到同仁医院X光科工作。由于崔月犁帮助李士英去了根据地，就用李士英的名字和文凭进了同仁医院。后来，崔月犁参与北平和平谈判时，最初亮出的公开身份便是同仁医院的"李大夫"。几十年后，余贻倜谈起与崔月犁的早年交往，说第一次见面就给他以"虽然年轻但却精明稳重"的印象。崔月犁常常骑着自行车去海淀燕京大学等地开展活动，同时也把弄来的药品、绷带、手术刀、医疗器械等，经常存放在同仁医院放射科，然后秘密送往抗日根据地。

在长期地下工作中，崔月犁曾多次遇险，但都能机智化解。一次，他骑车去协和医院吴济文大夫处取文件，取到后把文件放在出诊包的夹层里，出诊包挎在自行车大梁上。崔月犁骑车刚出胡同口，就碰上一辆从东四过来的日本军车，他赶紧捏闸刹车，不料闸线一下子绷断了，自行车冲到马路当中，军车司机急刹车导致车子猛地打起转转来，坐在军车上的日军大佐掏出军刀伸到车窗外胡乱挥舞。

崔月犁赶紧骑车在几条胡同里猛蹬，敌人的汽车紧追不舍，日本军官的大刀几次差点砍到他。崔月犁急忙扔掉自行车，跑进一条汽车进不去的窄胡同，最后跑进一座大庙里。和尚听说日本兵在追，就把他藏在大佛后面。崔月犁藏了半个小时，听外面没有动静才从大佛背后钻出来。和尚听崔月犁讲了事情的原委，得知他的自行车是借别人的，便好心出去探风，经过打听，确定自行车被放到了伪警察局里，装有文件的急诊包仍在自行车上挂着。

崔月犁硬着头皮来到伪警察局要车，他向警察讲明原委，并且主动把急诊包打开给警察看，里面有听诊器、注射器等。警察看到断了的车闸线，认定了李大夫误撞日本军车纯属意外，便发还了他的自行车，党的重要文件也失而复得。

崔月犁在地下工作中，特别注意做好传帮带，传授地下工作方法。他常常告诉年轻同志，如果怀疑身边有"尾巴"（意指敌人盯梢），不论是步行还是骑车，要有意走一段比较僻静的路，这样易于发现身后的目标，还可以走一段热闹人多的街道，这样容易把"尾巴"甩掉。而且每次接头，尽可能换个样子，比如换一件罩衫，换一顶帽子，换一条围巾，换一辆自行车，举止不要过于引人注意，等等。他自己常在自行车后座上放一个红十字药箱，以表明他医生的公开身份。

情报工作是党的地下工作的重要组成部分，以崔月犁为代表的中共地下党员，冒着生命危险，克服重重困难，从事革命宣传活动，开展情报工作，为党组织在北平的发展壮大做出了重要贡献。1948年，崔月犁以中共代表身份参与和平解放北平的工作。新中国成立后，长期在北京市任职，后任卫生部部长、中共中央顾问委员会委员等。

（执笔：彭援军）

战利品日军毛毯

　　1941年太平洋战争爆发后，侵华日军为压制八路军对其后方的袭扰，一方面对八路军活动地区组织了几次大"围剿"和严密的经济封锁，另一方面成立伪大编乡，强化所谓的"治安"秩序。此举给八路军部队给养造成严重影响。

　　1943年9月，为冲破敌人封锁，对日军予以严厉打击，八路军晋察冀军区冀东军分区第13团在200多名民兵的配合下，集结在平谷城东8公里的望马台和甘营村。望马台民兵队队长刘文生派遣几名民兵配合，这些民兵的公开身份是日军安置在各村的"谍报员"。

　　刘文生得知八路军要在这一带打伏击，非常激动，再三嘱咐"谍报员"，让他们给日军"报告"，说八路军在甘营驻扎，有30多个冀东部队干部和地方政府县长也在，夜间还要住下，最后交代，务必将敌人引过来。几名民兵迅速分头行动。夏各庄炮楼距离最近，第一个得到报信，于是7名日军、13名伪军全体出动，驱赶20多名当地百姓向甘营进发。

　　八路军部队1个连埋伏在村西大墙内，观察孔外还稀疏地摆了一排新收割的玉米秸秆，严阵以待。另外2个连埋伏在村外约1里的坟地和堆满玉米秸的土岗后边。敌人刚一接近，埋伏在墙内的八路军连长大喊一声，让老百姓快跑，然后对着敌人一阵射击和投弹，很快将申田为首的7名日军全歼，伪军就地投降。

　　战斗刚结束，驻平谷城的日军中队长宫崎率一个中队30多名日军和100多名伪军乘坐4辆汽车赶来。此时，第13军分区的2个连正在甘营西北土岗密切关注敌人动向，发现敌军靠近村头，于是立即从后边包抄。经过近1小时战斗，将日、伪军大部歼灭，日军中队长宫崎被当场击毙。胡庄和郭家屯的日、伪军100多人行至望马台村北，架起迫击炮，准备向村内射击。提前埋伏在这里的第13军分区的一个连，在连长刘芝龙指挥下迅速出击。刘芝龙先一枪打死日军迫击炮射手，战士们随后奋勇冲杀，日、伪军死的死伤的伤，残敌扔下迫击炮，逃向胡庄据点。此次战斗共击毙日军30余名、伪军10多名，俘伪军13名，缴迫击炮1门、掷弹筒1具、炮弹83发、长短枪20多支、子弹一批，另有毛毯、被服、饭盒等若干。

刚参军4个多月的赵守荣在和日军面对面拼杀时，不小心被柴草绊倒。日本兵正准备向前刺，背后一名八路军战士大吼一声，日本兵很有作战经验，看都没看侧身向旁边一错步，躲过刺刀，赵守荣则顺势抱住日本兵的腿将其摔倒。日本兵挣扎着刚坐起来，另一名战士抢起枪托将其砸倒，然后转身扑奔另一个日本兵。赵守荣发现晕倒在地的日本兵又要起来，站起身用枪托奋力给予致命一击。这次战斗，赵守荣打死1名日军，缴获了1支三八大盖、3个甜瓜式手榴弹及1个饭盒、1条毛毯。打扫完战场时，他将

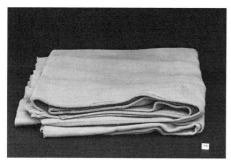

战利品日军毛毯（作者供图）

日军毛毯的标识牌（作者供图）

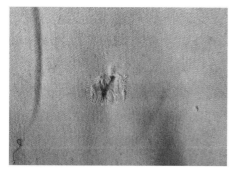

衡宝战役中毛毯被刺刀捅透的窟窿（作者供图）

自己的缴获物资交给连指挥员，站在一旁的连长马德普说，武器一律上缴，小件物品谁缴获的就作为奖品先归谁管，用不上再交回来。

这样，赵守荣得到了1条日军毛毯和1个饭盒。以后这条毛毯就陪伴他转战南北，度过战争岁月中最艰难的5个春秋。1948年10月攻打锦州城时，已经是排长的赵守荣不幸被炮弹击中后背和右腿，身负重伤，在牺牲前他将这条毛毯送给一直守护他的战士李福林，鼓励他继续战斗下去。这条毛毯又陪伴李福林度过整个军旅生涯。

1956年复员后，李福林将毛毯带回家，作为纪念品一直保存着，2014年被平谷区博物馆征集。这条毛毯进馆时，一角仍保存有"昭和十六年"标识签和被敌军刺刀捅破的洞。它不仅是老兵李福林的珍贵记忆，也是日本侵华罪证，更是老八路与日军顽强作战的见证。

（执笔：李润波）

《没有共产党就没有新中国》的手稿

在天津历史博物馆举办的大型图片展"光辉的历程"展览中，有两件曹火星誊写的原稿手迹。一件是1943年10月，19岁的曹火星创作的《没有共产党就没有中国》誊写原稿，纸张已经微微泛黄；另一件是1950年毛泽东在这首歌"中国"前加一个"新"字后，作者又对该歌曲和词谱做了相应修改的誊写原稿。

曹火星（1924—1999年），原名曹峙，河北省平山县人，著名作曲家。他1938年参加革命后一直在晋察冀边区群众剧社工作，其间曾入华北联大文艺学院音乐系学习作曲和指挥。1949年到天津军管会文艺处音乐科工作，曾任天津市音工团副团长。1952年后主要从事作曲和行政领导工作，历任天津歌舞团团长、创作组组长，天津歌舞剧院副院长、院长等职。

抗日战争时期，晋察冀抗日根据地为了反"扫荡"，派群众剧社化整为零，深入到群众中宣传抗日。1943年，19岁的曹火星作为群众剧社成员，与另外3人组成小分队，从晋察冀边区总部出发，跋山涉水来到平西抗日根据地房涞涿联合县新区霞云岭乡堂上村。曹火星白天书写抗日标语，组织文艺活动，晚上进行创作。

1943年是抗战极其艰苦的一年，同时也是从战略相持转入战略反攻关键的一年。蒋介石在此时让人捉刀写了《中国之命运》小册子，声称"没有国民党就没有中国"，中共中央随即发表《评中国之命运》，针锋相对地提出，"没有共产党就没有中国"。曹火星满怀对中国共产党的无比热爱，用"没有共产党就没有中国"这句极具凝聚力和号召力的词语作为名称，创作了激励全国人民在中国共产党领导下坚持抗战的经典歌曲《没有共产党就没有中国》。

没有共产党就没有中国，

没有共产党就没有中国，

共产党辛劳为民族，

共产党一心救中国，

他指给了人民解放的道路，

他引导着中国走向光明，

他坚持了抗战六年多，

他改善了人民生活，

他建设了敌后根据地，

他实行了民主好处多。

没有共产党就没有中国，

没有共产党就没有中国。

当时，处在平西抗日根据地的堂上村已经开展了民主建政和减租减息工作，曹火星被这里火热的抗战生活所感染，歌词中"改善了人民生活""实行了民主好处多"正是当时现实的写照。《没有共产党就没有中国》借用了当地流行的"霸王鞭"歌舞的曲调。歌词写好后，曹火星首先教堂上村的儿童团团员演唱，深受儿童团和村民喜爱。很快，这首歌在堂上村和附近村庄流传开来。

1943年冬天，在冀察专区各县干部和农、青、妇等群众团体干部集中参加的冬训学习班上，第一次油印《没有共产党就没有中国》歌片，并由曹火星教唱了这首歌。1944年8月，晋察冀军区印了铅印本，歌曲在晋察冀抗日根据地广泛传播。1945年，张家口解放时，曹火星到电台教唱。随着剧社活动范围的扩大，所到之地都办了训练班教唱这首歌。传唱过程中，根据群众的演唱习惯，词曲方面做了一些改动，更易记、易上口。

抗日战争胜利后，传唱过程中把歌词"他坚持了抗战六年多"改为"他坚持了抗战八年多"。就这样，这首歌像长了翅膀，从地方传唱到部队，从晋察冀传唱到冀中、冀东。随着抗日战争和解放战争的胜利，这首饱含人民群众抗战激情、真实反映时代心声的歌曲，跟着解放军从华北传唱到东北。这首歌在部队的传唱鼓舞了广大官兵的战斗意志和必胜信念，并随着解放军前进的步伐，传遍大江南北、长城内外。

　　1950年，中华人民共和国成立后的第一个儿童节，中央人民广播电台要录制解放区的歌曲。华北军区八一小学小合唱队就准备了这首《没有共产党就没有中国》。毛泽东听见自己的女儿唱这首歌的时候，纠正道，"没有共产党的时候中国早就有了，中国共产党1921年才成立，不能说'没有共产党就没有中国'，应该在'中国'前加上一个'新'字。是'没有共产党就没有新中国'。这样才更准确，也更符合历史事实"。后来经中共中央同

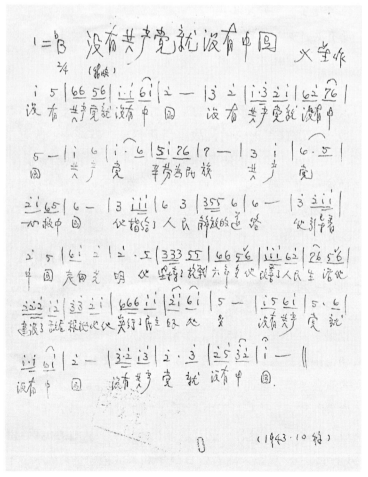

《没有共产党就没有中国》词曲原件（没有共产党就没有新中国纪念馆供图）

《没有共产党就没有中国》词曲创作地霞云岭乡堂上村中堂庙（霞云岭乡供图）

意，这首歌曲正式定名为《没有共产党就没有新中国》。20世纪50年代抗美援朝时，中国人民志愿军又把这首歌唱到了朝鲜。苏联的《星火》杂志也曾刊登过这首歌。

如今，《没有共产党就没有新中国》成为了经典旋律。过去唱起它，热血在人们心中涌动，更坚定了一个信念——没有共产党就没有新中国；如今唱起它，一股力量在身体迸发，更懂得了一个真理——共产党是新时代的领路人。

（执笔：曹梦玲）

一个硝烟浸染的皮夹

中国人民抗日战争纪念馆收藏着一个已经磨损且有破洞的皮夹，长28厘米、宽15厘米。它的主人是丰滦密抗日根据地的副县长郭万年。饱经岁月磨蚀的普通皮夹，见证了中国共产党人在敌后开展游击战争和建立抗日根据地的故事。

1937年全民族抗战爆发后，毛泽东致电周恩来、刘少奇等人，指出"整个华北工作应以游击战争为唯一方向，一切工作例如民运、统一战线等等，应环绕于游击战争"。八路军纷纷向华北各地挺进，开展敌后游击战争。

1938年6月，八路军第4纵队挺进冀东。1939年2月，以八路军第4纵队为基础，在平西地区成立冀热察挺进军，担负在平西、冀东、平北开展抗日游击战争的任务，有力地打击了日伪势力。1940年5月，挺进军派第10团团长白乙化率团挺进平北，与先期到达的第10团第3营会合，在密云一带打击敌伪，并不断向周边发展，开辟了丰滦密根据地。6月，正式建立中共丰滦密联合县工作委员会和联合县政府。

丰滦密联合县的成立，为部队持续游击作战打下坚实基础，丰滦密抗日根据地不断发展扩大。对干部的需求也随之扩大，从晋察冀边区调人过来相对麻烦且人手不足，从本地挑选出有抗日意志、认同中共政策的干部进行培训，是解决干部短缺问题的好办法。另外，从本地选拔出来的干部，熟悉当地情况，与人民群众有广泛的接触与交流，更有利于宣传中国共产党的抗日民族统一战线。就这样，被挑选出来的郭万年参加了丰滦密抗日根据地的干部训练班。

郭万年（1924—1947年），又名郭郁文。从干部训练班结业后，在县政权中任职，历任丰滦密联合县一区区长、县政府秘书、副县长。

丰滦密地区位于日伪统治中心的边界，抗战进入相持阶段后，这一地区频繁遭受敌人的"扫荡"与"蚕食"。在这种形势下，丰滦密联合县政府的驻地经常变化，1943年11月划归冀东领导。在动荡的条件下，郭万年排除万难，坚持工作。面对日、伪军经常性的"扫荡"，他深入基层，向当地群众做宣传工作，鼓励他们积极参加游击队伍，共同反抗日伪统治。

郭万年的这个皮夹，派上了用场。有时候，这个皮夹里装的是有关日、伪军的行动情报，他将这些情报通过特殊方式传递给部队，以便应对"扫荡"；有时候，里面装的是上级传达下来的一些指示，郭万年将这些指示精神传达给群众，告诉他们抗战进行得如何，八路军的队伍如何打击敌人。郭万年带着这个皮夹，在丰滦密地区四处奔走，直至抗战胜利。

1945年抗战胜利后，郭万年受委派调到隆化县任张三营区区长。他率队开展减租减息斗争，发动群众开展生产救灾。1947年，郭万年率部在苏家甸一带进行游击，在一次战斗中不幸被俘，英勇牺牲。

据抗日老战士、时任丰滦密六区公安队一班代班长娄庆有回忆，1945年5月，日军出动部队对密云西部地区进行"扫荡"。为了掩护机关和群众转移，副县长郭万年与娄庆有率领的部队被敌人重重包围。战斗中，郭万年腿部受伤，他将自己的两支驳壳枪掩埋，同时将身上的皮夹交给娄庆有，

郭万年的皮夹（中国人民抗日战争纪念馆供图）

命令他将皮夹内的文件销毁。娄庆有将文件销毁后，把皮夹塞进石坝缝里藏了起来。后来娄庆有被俘，经过千辛万苦逃脱后回到部队。他找到这个皮夹，将其保存起来，2008年捐赠给中国人民抗日战争纪念馆。

（执笔：林云伟）

地雷见证人民战争

2018年5月4日傍晚，北京市平谷区山东庄镇鱼子山村委会接报，一位果农在大西峪猴南沟果树地发现一颗地雷。为安全起见，村干部迅速带一位有经验的民兵前往。

经初步查验，地雷雷体由铸铁制成，下面平、上面略凸，形状酷似乌龟，隐藏在小路边一块山石旁边。因日久天长，地雷严重锈蚀，与土石同色，很难被发现，村民被绊了一跤后发现它。地雷头部为口，腔膛内引爆装置和炸药已不存在，仅存外壳。老民兵确认，地雷所在位置的山坡下100米处残存房场，是当年八路军第4纵队炸弹厂的一个组装点。这里山深林密，当年为防止敌人偷袭或破坏，大、小路边都曾埋有地雷，这个地雷就是那个时期遗留下来的，因其外形像乌龟，又俗称"王八雷"。

2018年5月4日发现的"王八雷"（鱼子山抗日战争纪念馆供图）

鱼子山村2016年5月14日在西庙抗战遗址发现的石雷（鱼子山抗日战争纪念馆供图）

　　鱼子山村发现抗战遗物并不是新鲜事。新中国成立以来，村民在劳作中曾多次发现地雷、手榴弹、枪弹、枪支部件等。因为抗战时期鱼子山曾是八路军抗日根据地，在村里设有供给处，建有炸弹厂、修械厂、烧炭厂、被服厂等，其中炸弹厂主要制造地雷、手榴弹、枪弹。1938年6月，八路军第4纵队第34大队来到鱼子山。7月19日，队伍从村子出发，雨夜奔袭，第一次解放平谷县城。从此，鱼子山成为八路军扎根冀东西部、开展抗日斗争的落脚点。1939年建起修理厂。

　　日军害怕八路军在此立足，1940年起进行疯狂"扫荡"，把鱼子山村划为"无人区"，全村180多人被杀，2000多间房屋被烧毁。然而，抗日军民没有被吓倒，他们认准只有跟定共产党、八路军才能报仇雪恨。村民们全力支持兵工厂多生产弹药支援前线。

　　为保卫兵工厂，民兵白手起家，自制石雷，埋在路边，阻止日军进村。没有适合的石料，民兵将石磙等制成地雷。果真有一天，埋在村口的石雷被日军踩到，一声炸响，2个士兵应声倒地，其他日军被炸蒙了，抬着尸体跑回据点。从此，鱼子山不再是日军任意来去的地方，民兵有了自卫的武器。

　　1942年，八路军晋察冀军区冀东军分区第13团将分散在各地的兵工厂向鱼子山集中，整合技术力量，扩大生产能力，地雷、手榴弹是主要产品。

军工战士努力克服无技术、无设备、缺原材料的困境，土法研制并批量生产功能各异的地雷，石雷逐渐被铁制地雷取代。铁制地雷大小不一、形态多样，有南瓜状、枕头状、乌龟状等。针对敌情设置不同的控制方式：有绊马索弦，借助灌木山石隐蔽，敌人蹚到引爆，用于封锁山道；有拉线弦，等敌人进入雷区再拉弦，俗称"不见鬼子不挂弦"，用于封锁大道；有枪击弦，在雷区附近设置枪弹击发目标，等敌人进入雷区，用枪弹引爆地雷，适用于地雷阵；还有硫酸弦，用化学原理引爆地雷，用于重点保护目标。

兵工厂生产过程中，抗战军民克服了许多难以想象的困难，兵工厂缺乏铸造地雷手榴弹用的生铁，村民就献出家里的铁锅、犁铧头。熔化生铁缺乏高热量燃料，村民献出数千亩原始橡树林，组成烧炭队，在深山中昼夜不停烧制能替代焦炭的白炭，打破了日军的封锁，生产一天未停过，批量地雷、手榴弹源源不断供应前线。八路军在冀东西部有了巩固的根据地。

炸弹厂初始是在村内民宅生产，后因日军疯狂"扫荡"，转移到深山岩洞沟谷中。每天有200多人为20多处加工点转运材料、产成品，提供后勤保障服务。1943年冬的一个中午，军工战士王化组装地雷引信时，因没有专用工具，地雷不慎爆炸，壮烈牺牲，另外两名战士重伤。在场村民哭喊着烈士的名字，将尸骨收集起来掩埋坡下，并辗转50多里将重伤员转送到第14分区卫生处救治。

1944年起，民兵开始大量使用地雷守村护厂。在村南、村西10多里山梁上埋设地雷，在主要路口部署地雷阵。有的地方插上"小心地雷"的牌子，有的地方不插，使敌人真假难辨，拔掉一个没响，再拔第二个，就可能被炸得粉身碎骨。地雷阵呈四棱角状埋设，只要迈进一条腿，民兵一枪触发，往哪个方向倒或往哪个方向迈腿都会引爆其他地雷。

1944年以后，军民把远在深山的加工点迁回村里。一天，几个日军在鱼子山寨内发现3间草房便准备烧掉，刚迈进宅院门口处，2个日军士兵就被埋设的地雷送上了天。这3间草房正是炸弹厂的一个组装点，存着大量地雷、手榴弹的成品及半成品。之后，日军每次进村都有士兵被地雷"送进阎王殿"。

鱼子山兵工厂发展壮大，让驻平谷、三河的敌人胆战心惊，恨之入骨。

为防止敌人搞破坏，1945年起，民兵每月到南山、西山山道上埋设和检查地雷，导致民兵中的一位牺牲、一位伤残。民兵们还担负弹药外运任务，时常夜间行动，跋山涉水数十数百里，人背、驴驮将一批批地雷、手榴弹送达指定地点。

鱼子山抗日根据地军民用智慧创造的地雷战，为建立、保护、巩固、发展以盘山—鱼子山为中心的冀东西部抗日根据地发挥了重要作用，谱写了"打不垮的鱼子山"抗战传奇。

（执笔：王宝成）

老照片里的人物故事

　　平谷地处北京东部，抗日战争时期属于冀东地区。平谷人民在中国共产党的坚强领导下，不怕流血牺牲，摧不垮、打不烂，形成冀东西部著名的鱼子山抗日根据地，和盘山抗日根据地遥相呼应，为抗日战争胜利做出了重要贡献。平谷区委党史办收集到的一组老照片，记录了那些难忘的人物和故事。

　　1931年9月，张庆加入中国共产党，是平谷第一名共产党员。1933年，经中共党组织安排，张庆任傅作义驻北平办事处二等书记员，以此作掩护为党工作、发展党员。1934年，党组织派他到山东省滕县任国民党政府县长，解救共产党员和进步人士，积极为党组织筹集活动经费。1935年回北平后，党组织又派他到河北省乐亭县，化名刘云峰，任地下联络员，且组织赵各庄、唐家庄、林西煤矿工人大罢工。随后任天津至北平的地下联络员。

　　全民族抗战爆发后，张庆到密云、兴隆一带以绘画、开药铺作掩护，开展抗日工作。1941年后因作战负伤，转而从事后勤保障工作，直至抗战胜利。

　　抗战时期，平谷还涌现出一批巾帼英雄。她们把原本局限于一个小家庭的爱，化作对党和子弟兵以及生养自己土地的爱。面对敌人的侵略，她们或拿起武器抗争在杀敌的战场，或积极动员生产、参军支援前线，用柔弱的肩膀和男人们一起扛起抗日的责任，为民族解放和

平谷第一名共产党员张庆
（平谷区委党史办供图）

享有"八路军母亲"之称的蓟县砖瓦窑村杨妈妈（中）与抗日女英雄陈杰英（右）、小英雄赵清泉（左）（平谷区委党史办供图）

新中国的诞生做出独特贡献。

1945年5月间的一天，平谷刘家河村人群聚集，锣鼓喧天，掌声不断，欢声雷动，好不热闹。原来，冀热辽第14分区正在这里召开群英大会，地委、专署和军分区的负责同志，八路军主力部队和战斗英雄、民兵英雄及拥军模范1000多人参加大会。会上受表彰的一位女八路军战士陈杰英给人们留下深刻印象。地委书记李子光站起来说："陈杰英是咱平谷第一个女八路，是战斗英雄。她很坚强，很勇敢。"接着，妇女干部王克向大家介绍了陈杰英由一位苦大仇深的农村姑娘成长为战斗英雄的艰辛历程。

陈杰英，原名刘杰英，是杨家会村人，出生在贫苦农民家庭，从小就跟随父母下地干活，上山打柴，学会了各种庄稼活。

1940年，刘杰英的哥哥刘福兴在村里担任干部，积极从事抗日工作。受哥哥影响，刘杰英也满腔热情参加抗战工作。不久，杨家会村建立了抗日组织，刘福兴担任办事员，给八路军征粮征款，送信带路。刘杰英经常跟着哥哥和乡亲们上山，为抗日游击队和县政府的同志们送粮食、军鞋等。

1943年9月14日，常年在外从事抗日活动的刘福兴回到家中，由于特务告密，天还没亮，就被放光村据点的日军抓走。在据点里，敌人把他吊起来，用鞭子抽，用火烧……但丝毫没能动摇他的钢铁意志。当天下午，敌人把他和10多名党员及进步群众押到离据点不远的大水坑边杀害。刘杰英闻知后，怀着悲愤的心情，深夜越过"治安壕"，将哥哥的尸体背回家安葬。

那天，刘杰英带着满腹悲痛，拖着疲倦的身子回到家中，只见父亲双手被倒背捆绑着，脑袋向下戳在水缸里，早已呛死。再一看里屋，她那年仅8岁活泼、可爱的小侄女也被敌人打死了……不到6天的时间，日军夺去了父亲、哥哥和小侄女3位亲人的生命！刘杰英的泪水流干了，眼睛里喷射着复仇的怒火。不久，她出嫁到西古村，与青年农民陈生结了婚。婚后两个多月，陈生就参加了八路军，后在南水峪战斗中光荣牺牲。为了纪念丈夫，刘杰英改名陈杰英。

1944年2月14日，放光村据点的日、伪军到西古村"清乡"。那天，陈杰英正在家里和几个姐妹坐在炕上纺线，突然日军闯进来，问谁是抗属。一个汉奸指向为死去的丈夫戴孝的陈杰英。陈杰英被抓走并遭活埋。敌人走后，乡亲们急忙把陈杰英从坑里扒了出来。因埋的时间不长，加上冻土有空隙，陈杰英尚存一息，经过抢救，苏醒过来，被乡亲们抬回村。

同年7月的一天，伤愈后的陈杰英听说八路军驻扎在北山，她那颗复仇的心剧烈跳动着。"不能再等了，我要去报仇！"陈杰英找到了八路军干部王克，讲了自己的悲惨遭遇，要求参加八路军，给丈夫报仇，给哥哥和父亲报仇，给死去的乡亲们报仇。王克看她要求打日军情真意切，试探地问："给你枪，你敢不敢放？""敢。就是给我一门炮，我也敢放！我死里逃生留下这条命，就要打鬼子，为亲人们报仇！"王克安慰陈杰英："你先回去准备两双鞋，过几天我派人去接你。注意不要把这事张扬出去。"

几天后，三个背枪的年轻战士把陈杰英接到夏家府。陈杰英参加了八路军，成为一名光荣的战士。经过半年多革命理论和妇女工作的学习后，她和王国士被分配到密云县做妇女工作。1944年11月，陈杰英光荣地加入中国共产党。她把对敌人的刻骨仇恨和对党的满腔热爱，全部倾注到抗日工作中和支前生产上。1945年5月，陈杰英被八路军晋察冀军区冀东第14军分区授予"战斗英雄"称号。

平谷还有一位刚阳侠勇之士，胆气过人，好为穷人打抱不平，练就一手好枪法，在当地颇有名气，人称"神枪马维驮"。

1938年，邓华、宋时轮率领八路军第4纵队进驻到平谷上镇、关上、南水峪，宣传和发动群众抗日，马维驮参加了部队。6月下旬大华山一带民团改编，建立了平谷县早期抗日游击队，马维驮被任命为密平蓟联合县抗日游击大队长。马维驮率领队伍四处奔走，东至兴隆县、西至古北口，风餐露宿，捉汉

马维驮
（平谷区委党史办供图）

奸，打土匪，改编地主武装，改造地方民团，扩充抗日队伍，宣传党的抗日救国十大纲领，建立乡村政权，还配合兄弟游击队打击敌人。

1938年底，马维驮率领游击队在西峪山口打伏击。队伍埋伏下不久，几辆拉着日军的大汽车便从坡下爬上来。马维驮一声号令，长枪短枪一齐响，打得日军晕头转向。过了半天，日军才集合队伍，摆好阵容，架上大炮小炮，向马维驮埋伏的地方狂轰滥炸，却早已不见游击队队员的影子。马维驮就是这样灵活机动地率领游击队打击敌人，他前晌还在水峪，后晌就到了关上，夜里又到陡子峪、墙子路或青灰岭什么地方去了。

抗战形势迅速发展，引起敌人反扑。1938年7月，大批伪满蒙军配合日军从长城北面向平谷进军。8月，平谷城失守，平谷第一个抗日县政府仅存续了35天，许多爱国志士惨遭杀害。此后，八路军主力撤往平西，地方游击队也因战事失利，转入分散活动。马维驮暂时退去戎装，回归上镇，明里做马家店的掌柜，暗里与部队领导继续联系。

此后的形势越来越严峻，日、伪军到处捕人杀人。马维驮坚持从事地下抗日活动。马家店的北胡同里住着张万余，暗地里当汉奸，替日伪做事，经常有特务向他打探。1940年初，腊月二十三当天，马家老店闯进三个特务，绑走马维驮。全村人写保据保他，但无济于事。马维驮经密云被连夜解往古北口。在古北口遭受过堂，被逼问拷打，但马维驮坚不吐实，后又被押往热河、锦州。其间受尽酷刑，最终在锦州被害，时年30多岁。

（执笔：纪元）

书札里的烽火岁月

中国人民抗日战争纪念馆馆藏文物中，有两封信。一封是八路军冀热辽抗日根据地主要创建人、八路军冀热辽军区司令员李运昌，写给晋察冀军区平北军分区政治部副主任吴涛、晋察冀军区第12军分区第10团政委曾威的；另一封已泛黄、部分磨损的信，是李运昌写给平北军分区参谋长王亢的信。吴涛把这两封信保存下来，现为国家一级文物。

李运昌（1908—2008年），河北乐亭人，1924年加入中国社会主义青年团，黄埔军校第四期学员，1925年加入中国共产党。1927年，任广东农民协会潮梅海陆丰办事处农军部主任的李运昌，组织领导了上万人参加的普宁农民暴动。1938年，参与领导发动冀东20多万人的抗日武装暴动。1939年，领导创建冀热辽抗日根据地，先后任冀热辽区党委书记、冀热辽军区司令员兼政委、冀热辽行署主任。

1945年七八月间，抗日战争已迎来胜利曙光，李运昌在信中写道：

吴涛　曾威同志：

很久不见面了，很想念。你们工作顺利吧，冀东环境仍无大变化，地区是扩大了，但敌也特别注意，今春由伪满调来十几个团，国兴本中心区有四个团去长城线。开辟热辽战役正进（行）中还收获不大，这是一个长期艰难工作，你们那里情形望有便人来往随时告我。

王亢同志来冀热辽工作增加了向东北挺进的力量，将来去配合是会更好的。

我仍然很健壮并未被紧张的环境所压倒，但工作多稍觉劳累。

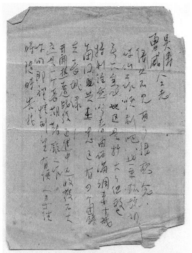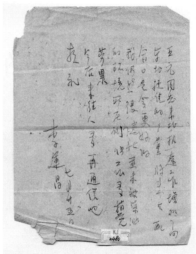

1945年7月25日，八路军冀热辽军区司令员兼政治委员李运昌写给吴涛、曾威的信
（中国人民抗日战争纪念馆供图）

今后来往人多再通信吧。

抗礼

七月廿五日

李运昌

信的内容充满了革命大家庭的同志情、战友情，是艰苦战争时期指挥员之间传达信息、了解情况的真实写照，反映了李运昌对平北抗日根据地工作的关心和冀热辽抗战局面的坚定信心。

全民族抗战爆发后，中共中央和毛泽东做出了开展以雾灵山为中心的冀热边抗日游击战争的重要决策。1937年8月下旬，党中央在洛川召开的中共中央政治局扩大会议上，提出以雾灵山为中心创建抗日根据地。同年9月，李运昌被任命为中共冀热边特委书记，领导发动冀热边抗日游击战争。

冀东地区是连接东北和华北的战略要道，是日伪在华北的重要心腹区域。李运昌按照中央指示，着手从思想、组织、干部等方面为发动冀东抗日武装大暴动做准备。经过近一年的筹划，冀东地区逐步形成了暴动的大好形势，冀热边特委所辖的迁安、遵化、蓟县、丰润、滦县、乐亭、玉田、昌黎和开滦矿工委，已有共产党员500多名，武装抗日自卫会员1.5万余人，全冀东地区初步形成了15个大暴动中心地区，已具备举行武装暴动的有利条件。

1938年5月31日，为落实中共中央关于在冀热边地区进行游击战争，开创敌后抗日根据地的重要决策，八路军第4纵队在宋时轮、邓华率领下，分两路从平西斋堂出发，向冀东挺进，配合冀东人民抗日大暴动。6月下旬，经中共中央北方局批准，中共冀热边特委军事会议决定，将起义部队命名为"华北抗日联军第三军区"，简称"冀东抗日联军"。7月，一场震撼华北的起义风暴席卷冀东大地。参加起义者多达20万人，组成7万余人的抗日武装。各起义队伍同第4纵队相配合，攻克了侵华日军侵占的昌平、兴隆、蓟县、平谷、玉田、迁安、卢龙、乐亭8座县城和全部村镇，摧毁了遍布冀东农村的敌伪政权。起义沉重打击了日本侵略者，增强了冀东人民的抗日信心。

冀东地区是遭受日军侵略和控制最严重的地区之一。仅1938年11月至1939年6月，日军就在冀东实施了5次大"扫荡"。冀东八路军以高度分散的游击战与敌周旋，屡屡粉碎日军摧毁抗日力量的企图。1940年1月1日，中共冀东区分委在遵化葛老湾召开会议，由李运昌主持，会议全面研究了坚持冀热边游击战争的各项政策，决定冀热边游击战争由开辟多块小块抗日游击区，向形成大块抗日游击根据地转变。5月至6月，日军纠集4000余兵力对冀东抗日根据地实施分区"扫荡"。冀东八路军、游击队与日军作战47次，毙伤日、伪军1500余人。至7月冀东军分区和冀东专署成立时，冀东抗日根据地已发展为丰滦迁、丰玉遵和密平蓟三块地区，拥有人口100余万。

1941年底，冀东地区进入最艰苦的抗战阶段，李运昌及其所属部队，也进入了书写冀东抗战辉煌史的最精彩阶段。同年12月至1942年2月，发动历时50天的打"治安军"战役，共歼灭伪治安军4个团，瓦解"治安军"1万人，毙日军中佐以下500人，俘虏伪治安军中校以下军官2000人，缴获山炮3门、迫击炮6门、轻重机枪70挺、长短枪2500多支、子弹25万发，还有掷弹筒、电台、报话机等一批军用物资。8月，李运昌率部队与疯狂报复的敌人进行反"扫荡"战役，至9月底，共作战20余次，毙伤日军300多人、伪军150人，俘虏伪军400人，缴获轻重机枪13挺、掷弹筒9具、长短枪520支。

1943年初，晋察冀第13军分区实施恢复根据地战役，李运昌率第11团和第4区队，在遵化县马家峪、东水头与日军激战，八路军占领4个山头，居高临下，集中火力，毙伤敌人200多人。9月，晋察冀第13军分区攻占日军占据的青龙周杖子矿，击毙矿经理屿岛少将以下40多人，炸毁敌人矿山设备。10月，日军成立一支特种宪兵部队华北特别警备队，专门从事秘密破坏活动，共编为5个大队，其中3个大队进驻冀东。华北特别警备队频繁出击，采取游击、夜袭、堵路口、蹲庄头、抓点等手段，捕杀抗日军民，冀东抗日根据地蒙受重大损失。李运昌等领导研究决定予以反击，组织了狙击组、夜袭组，专门打击宪兵特务，并提出"打死1个宪兵，等于打死3个日军，等于消灭1个班伪军"的口号，展开打宪兵特务竞赛。1944年2月，消灭滦县特警队和伪军130多人，其中包括日军驻滦县顾问、日军宪兵中队长等人。在抚宁、密云、迁安等多地，通过伏击、掏窝，歼灭了大量的日本宪兵，挖出了潜伏在根据地的日本特务，把华北特别警备队驱出了冀东。

1945年6月18日，晋察冀边区发布《晋察冀边区行政委员会关于开展与收复新地区工作指示》，提出："目前敌后形势正是一个空隙，对我十分有利，应抓紧时机，进行开展与收复新地区工作，进一步发动群众，打下克服困难，争取胜利的基础。"按照中共中央与晋察冀军区的指示，时任冀热辽区党委书记兼冀热辽军区司令员的李运昌，指挥部队进军热河、辽宁，开展扩大冀热辽区的工作。

1945年7月间，中共中央晋察冀分局决定调平北军分区参谋长王亢到冀热辽军区担任副参谋长。李运昌得知后，给王亢写信，表达欢迎和慰问。

他在信中写道：

王亢同志：

接到军区电令，你来冀热辽工作，十分高兴。不知你何时交待完东来？自四一年丰滦密分别后，迄今倏经四年。你们在平北也曾经过艰苦斗争，无时不在关心着你的消息。

今春你由分局党校来一信，知道你一切情形。这次你东来工作是最好不过了，是我几年来的希望。大家同志们（党政军民）都热烈的欢迎，都希望你迅速东来。

开展热辽仍是一个艰巨的工作，我们部队已大部出口，打开局面还需更大努力。师军代（带）十三团一部已到围场境内，他工作还好。其他情形见面再谈。

抗礼

七月廿五日

李运昌

李运昌与王亢二人相识已久，并在平北抗日根据地丰滦密地区有过短暂合作。

王亢在平北地区经历过惨烈的斗争，率部在敌伪之间穿插迂回，不断游击作战，克服重重困难突破日伪制造的"无人区"，成功巩固了平北抗日根据地。

这次王亢来到冀热辽，将要面对新的困难。挺进热辽地区，是面对抗

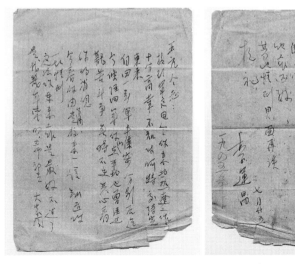

李运昌给王亢的信（中国人民抗日战争纪念馆供图）

战形势发生重大变化做出的决策，是为日后的全面反攻做准备。李运昌和王亢都很清楚这一点。所以，为了策应部队向热辽地区挺进，李运昌等人命令留在冀东根据地的部队、民兵，利用特殊的季节条件——青纱帐，对敌伪展开广泛出击，牵制敌伪兵力。李运昌后来回忆当时的冀东情形："唐山、秦皇岛近郊，北宁铁路沿线，各县城镇据点周围，到处响起了我游击队的枪声，许多日伪中小据点闻风丧胆，被迫撤退。此时，整个冀东地区，呈现出一派大反攻前夕的胜利景象。"

到1945年7月底，冀热辽区县级抗日政权由1944年底的25个发展到31个，武装部队也发展到3万多人。

2018年8月，"抗日烽火在冀东燃烧"主题展览在中国人民抗日战争纪念馆开幕，这两封信作为珍贵文物与观众见面。昔日的战火与烽烟早已消逝，但这两封信的字里行间，仍承载着那段峥嵘岁月的难忘记忆，警示后人不忘过去、牢记历史、缅怀先烈、开创未来。

（执笔：赵迪立、林云伟）

第二部分

宋哲元的指挥刀

一把镏金嵌花提手、玳瑁刀柄的指挥刀，历经近一个世纪的沧桑，刀鞘已锈迹斑斑，但刀刃依然锋利。指挥刀的主人，是曾经指挥部队英勇抗击日军侵略的国民党军将领宋哲元。

宋哲元（1885—1940年），山东省乐陵县人。1907年北洋陆军随营武备学堂毕业后，跟随冯玉祥南征北战，立下赫赫战功，成长为西北军五虎上将之一。1931年6月，南京国民政府整编全国陆军，将宋哲元部改编为陆军第29军，下辖2个师6个旅。九一八事变后第三天，宋哲元率全体将士向全国发出抗日通电，表示坚决抗战，不做亡国奴。1932年7月，宋哲元兼任察哈尔省政府主席。

1933年1月，日军进攻山海关，长城抗战拉开帷幕。3月9日，宋哲元奉命率部驰援喜峰口，恰逢日军追击东北军至此。两军相遇，战况十分激烈，据宋哲元密电，"敌于佳（9日）午以装甲车掩护重兵连合之部队，向我喜峰口一带阵地猛攻，炮火轰击，激战竟夜"。宋哲元为提振士气，拔出指挥刀，当晚组织大刀队发起攻击，夺回被日军占领的口门各制高点。宋哲元给国民党政府发电报表示："现我官兵士气甚旺，咸抱只进无退，死而后已之决心，毙敌甚多。虽在炮火弥漫，血肉横飞之际，仍能表现不屈不挠之精神，除仍严督所部拼命前进外，特电奉闻。"宋哲元率领第29军与日军持续作战两天，后再度利用大刀队夜袭日军，成功守住喜峰口。战斗结束后，第29军在喜峰口召开中外记者现场会，宋哲元挥起指挥刀表达了坚决抗战的决心。喜峰口大捷，是长城抗战的第一场胜利，有力打击了日军嚣张气焰。

此后，宋哲元率领部队持续与日军作战，迟滞了日军进攻。但由于双方实力差距，以及国民党政府抗战决心不足，长城一带大部分地方都被日军占领，宋哲元只能率部驻扎北平，整顿队伍。

1935年日军发动"华北自治运动"，企图使华北五省脱离中国政府管辖。南京国民政府一再妥协，1935年12月成立冀察政务委员会，宋哲元任委员长。他试图通过或外交或政治方式与日本接触，阻止日军对华北的不断侵蚀。毛泽东1936年8月14日致信宋哲元，说"今日寇得寸进尺，军事政治经济同时进攻，先生独力支撑，不为强寇与汉奸之环迫而丧所守"[①]。

宋哲元抗日的态度，引起日军仇恨。日军曾多次派特务企图暗杀他。1937年2月，宋哲元不顾日本反对与阻挠，派秦德纯参加国民党五届三中全会，并宣布"冀察外交今后将严格遵守中央政府的政策"。日本政府试图通过建立亲日政府将华北从中国分离出去的计划落空，于是着手准备以武力方式分割华北。

1937年7月7日，日军悍然发动卢沟桥事变。7月8日，蒋介石电令宋哲元指挥军事，固守宛平："一、不得签定任何条约；二、不得后退一步；三、准备牺牲。"宋哲元指挥第29军坚决抵抗日军进攻，得到全国人民支持。中共中央专门致电宋哲元，"芦沟桥（卢沟桥）之役，二十九军英勇抵抗，全国闻风，愿为后盾"[②]。7月22日，宋哲元会见熊斌、刘健群等国民政

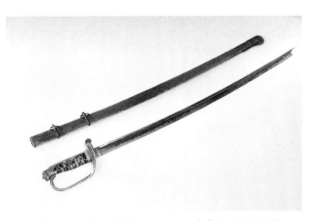

宋哲元的指挥刀（中国人民抗日战争纪念馆供图）

① 《毛泽东致宋哲元信》(1936年8月14日)，中央统战部、中央档案馆编：《中共中央抗日民族统一战线文件选编（中）》，档案出版社1985年版，第209页。

② 《红军将领为日寇进攻华北致宋哲元等电》(1937年7月8日)，中央档案馆编：《中共中央文件选集（第10册）》，中共中央党校出版社1985年版，第281页。芦沟桥，现称卢沟桥。

府代表，获知中央抗日倾向后，召集第29军军事将领会商对策，重新部署，准备作战。由于日军攻势凶猛，第29军孤立无援。面对这种局面，宋哲元密电何应钦，"我军四面受敌，现已撤出阵地。平津交通已被切断，战事恐不可免……拟请速饬庞（炳勋）军集结沧县，以作总援"。由于国民党中央军支援不足，平津相继失守。

日军占领平津后，为躲避日军搜查，宋哲元把指挥刀转送至三弟宋慧泉家中，后存于天津市公安局。1983年，宋慧泉之女宋木兰领回此刀，送到宋哲元外甥女李惠兰家保存。1985年7月，得知中国人民抗日战争纪念馆筹建的消息，李惠兰特地将此刀捐献出来。现为国家一级文物。

（执笔：林云伟）

石砚尽显佟麟阁"儒将"风采

中国人民抗日战争纪念馆"伟大胜利 历史贡献"主题展览的展厅里，静静地摆放着一方砚台和一本字帖。砚台产自广东肇庆，质地细腻致密。砚池上方雕有一条遨游于祥云中的行龙，龙头正对着一枚宝珠，栩栩如生。而字帖磨损破旧，上有水渍，封面缺失，已无从考证具体版本。它们的主人是全民族抗战开始后牺牲的第一位中国军队高级将领——佟麟阁。

佟麟阁（1892—1937年），满族，河北省高阳县边家坞村人。1911年武昌起义爆发，冯玉祥等举行滦州起义。佟麟阁深受鼓舞，毅然投笔从戎，报效国家，他从一名普通的哨兵做起，历任哨长、排长、连长、营长、团长、旅长、师长等职。他生性恬淡，军事训练之余，喜欢一个人静静地练习书法，除战事紧急外，每天都要抽时间书写大字数十篇，因而书法颇有造诣，有"儒将"美誉，是一位文武双全的杰出将领。

佟麟阁属龙，35岁生日时，夫人彭静智素知丈夫最喜书法，托朋友代购一方龙纹端砚，作为给丈夫的生日礼物。佟麟阁收到端砚，高兴地说："这方砚台用处太大了。而且夫人随我时，为我研墨，不在时，有砚伴随，如同夫人在我身边。"此后，彭静智又多方留意挑选字帖，赠予丈夫。佟麟阁极为珍视，将砚台和字帖一直随身携带，一有闲暇便取出临摹书写，是紧张的军旅生活中难得的乐趣。

1932年，佟麟阁任察哈尔警务处处长兼张家口公安局局长。其间，冯玉祥与他磋商组织抗日同盟军等问题，佟麟阁表示赞同。1933年5月26日，冯玉祥在张家口就任察哈尔民众抗日同盟军总司令，佟麟阁等联名通电响应。由于日军及国民党军队的联合进攻，同盟军终归失败。佟麟阁深感悲愤，退居北平香山寓所，奉养双亲，读书写字，以待时机。平津民众的抗日救亡运动日益高涨，宋哲元等再三相邀，佟麟阁感到抗日救国之日到来，欣然出任第29军副军长兼军事训练团团长，还兼大学生军训班主任，驻南苑第29军军部。

1937年7月7日，日本侵略者制造了震惊中外的卢沟桥事变。第29军第37师110旅219团3营奋起抵抗。中日两军在卢沟桥一带展开激烈争夺。日本决意扩大侵略，7月11日，派香月清司接替田代皖一郎任日本中国驻屯军司令官，并假意与中国谈判以掩护增兵。佟麟阁说："如敌来犯，我决以死赴之。"之后，增派的日军源源开抵平津。7月26日，香月清司向宋哲元提出最后通牒，限期撤退北平的第29军部队，宋哲元予以坚决拒绝，次日发表守土抗敌的通电，表示"我守土有责，不得不正当防御"。

7月28日拂晓，香月清司率日军铃木混成旅团、河边正三旅团和机械化旅团，自北苑、西苑、南苑一齐对北平城发起总攻击，第29军措手不及，损失惨重。佟麟阁决心与南苑官兵和军事训练团的学员、大学生军训班的学生等一同死守南苑。但由于通信设备被日军炸毁，联络中断，部队只能各自为战。

至下午1时，佟麟阁决定分散撤出南苑进城。当撤退部队越过凉水河，到达大红门与红寺之间的南顶路时，与日军遭遇并发生激战。佟麟阁率部由南顶路进村时，不料又遭日军伏击，佟麟阁被敌机枪射中腿部。部下劝他稍退裹伤，他说："情况紧急，抗敌事大，个人安危事小……"佟麟阁奋勇当先，率部拼命冲杀，战况极为惨烈。日军见久攻不下，便派飞机前来助战，在敌机的狂轰滥炸中，带伤指挥作战的佟麟阁头部受创，壮烈殉国，时年45岁。第29军伤亡5000余人，第132师师长赵登禹亦不幸阵亡。

7月29日，佟麟阁遗体被运回北平城内。彭静智及其子女含悲收殓，隐姓埋名，寄厝于雍和宫附近柏林寺。老方丈仰慕佟麟阁为国献身精神，保守寄柩秘密。砚台和字帖原为佟麟阁的心爱之物，卢沟桥事变时因军情紧急未及带上，留在了家中。彭静智将砚台和字帖妥加珍藏，作为对丈夫的思念。

1937年7月31日，国民政府命令褒奖佟麟阁，追赠为陆军上将。

佟麟阁生前使用过的砚台（中国人民抗日战争纪念馆供图）

佟麟阁生前使用过的字帖（中国人民抗日战争纪念馆供图）

　　1938年3月12日，毛泽东在延安追悼抗敌阵亡将士大会上的演说词中，高度赞扬佟麟阁的献身精神，指出佟麟阁等人"无不给了全中国人以崇高伟大的模范"。

　　抗战胜利后，佟麟阁生前在北平居住过的南沟沿大街被命名为佟麟阁路。亦因佟麟阁在通州指挥过抗日，通州命名一条街为"佟麟阁街"，以为纪念。

　　1987年中国人民抗日战争纪念馆开馆前夕，佟麟阁之女佟亦非、女婿熊先煜，将保存多年的佟麟阁使用过的砚台和字帖捐赠给中国人民抗日战争纪念馆，当年7月7日公开展出，现为国家一级文物。佟麟阁先后被列入"100位为新中国成立作出突出贡献的英雄模范人物"、300名著名抗日英烈和英雄群体名录。

（执笔：陈亮）

通俗说唱《赵登禹南苑殉国》

《赵登禹南苑殉国》，西安通俗读物编刊社编印，1937年底首次出版。书中以大鼓词的形式，生动叙述了卢沟桥事变的过程，重点介绍了赵登禹牺牲经过，宣传抗战英雄感人事迹。

赵登禹（1898—1937年），山东菏泽人，1914年加入冯玉祥部队，先后参加北伐战争、中原大战，后被任命为第29军37师109旅旅长。1933年长城抗战期间，率领大刀队取得著名的喜峰口大捷，因战功卓著被擢升为第29军132师师长，并被授予陆军中将军衔。1937年7月28日，在北平南苑战斗中壮烈牺牲，时年39岁。

《赵登禹南苑殉国》作为通俗读物，受众广泛。通俗读物编刊社创设于燕京大学，九一八事变后，中国现代著名历史学家、民俗学家顾颉刚在北平发起创办"三户书社"，后改名通俗读物编刊社，编辑出版抗日读物。

抗战期间，通俗读物编刊社辗转绥远、西安、武汉、重庆、成都等地。中共党员、历史学家王真于1936年至1940年期间任编辑主任，在创作理论上强调"旧瓶装新酒"，"希望用民众所熟悉的文体给他们以新的内容与思想"，"克服过去文艺脱离民众的危机"。《赵登禹南苑殉国》采用大鼓词、小调（民歌）形式，把抵御外侮的故事编成通俗说唱，朗朗上口，使广大民众真切地了解赵登禹的抗日事迹，感召大家崇敬英雄，动员民众加入抗日队伍。

1937年7月，日军发动全面侵华战争。但国民党政府抗日决心仍未落定，驻守将士心急如焚，就如《赵登禹南苑殉国》大鼓词中所唱：

"七月七日正伏天，卢沟桥上起了战端，那小鬼居心要把这座桥来占，半夜三更往上钻。眼睁睁离近桥身已不远，桥上的守兵可为了难，有心开枪来抵抗，长官的命令重如山，那就是：'人不犯我我不能把人犯，先开枪的命难全！'有心撤退不抵抗，千斤重担担在肩，万一此桥失了守，误国之罪有口难言。这才是打也不是不打也不是，进退不得左右为难。"

日军攻破卢沟桥后，7月下旬，大举进攻北平。27日，第29军军长宋哲元任命赵登禹为第29军北平南苑驻地指挥官，坐镇南苑。28日，日军发起最后总攻，目标就是南苑。赵登禹曾率兵在长城抗战中与日军激战，取得著名的喜峰口大捷，此次与日军又将血战一番，大鼓词中生动描述道：

"这时节日军要把南苑占，来与那一百三十二师大战一番，领兵的师长赵登禹，他本是大名鼎鼎的将魁元，二十二年长城战，在夜晚领兵摸出西峰关，杀死了日本小鬼无其数，他的英名天下传，到后来又与日军战察北，打退日军收复沽源。"

唱词生动刻画了赵登禹在喜峰口抗战中的光辉形象，将英雄事迹简明地展现给民众，鼓舞人心。

但此次战斗日军早已做足准备，调集重兵并动用30多架飞机向第29军阵地发起猛攻，敌我力量相差悬殊，第29军伤亡惨重。日军从东、西两侧攻入南苑，双方陷入肉搏战。即便如此，赵登禹临危不惧，亲自率卫士30余人，指挥第29军卫队旅和军训团学生队与日军进行激烈厮杀，决战前总动员，尽显英雄气概！鼓词中唱道：

《赵登禹南苑殉国》
（中国人民抗日战争纪念馆供图）

"眼看着日本要把平津占，守土有责责重如山！大丈夫国难临头不敢干，枉在人世活一番！大家要死一齐死，大家生还一齐还，现如今敌人围困如铁桶，除了拼命还有什么巧机关？"

血战数小时后，场面异常惨烈，赵登禹右臂中弹负伤，仍不顾一切继续作战。此时，他的心中唯有抗战到底，为国捐躯。

"眼看着国破家亡万分危险，弟兄们死的死来残的残。有言在先决不后退，情愿为国把命捐。回去对我老母讲：你就说忠孝不能两顾全!"

赵登禹在民族大义面前，无所畏惧，战至中午，率部向城南大红门转移，不幸在途中遭日军截击，壮烈牺牲。

《赵登禹南苑殉国》以大鼓词形式，通俗易懂地将卢沟桥抗战、南苑战斗等抗战场面刻画得栩栩如生，将赵登禹不畏强暴、不怕牺牲、敢于与侵略者奋战到底的抗日英雄故事呈现给万千民众，感人肺腑，流传至今。如今，这本书静静地摆放在中国人民抗日战争纪念馆的展柜中，提醒观者铭记历史珍爱和平。

（执笔：徐源）

抗战名将冯治安的遗物

中国人民抗日战争纪念馆珍藏着一支老式钢笔和一个锈迹斑斑的闹钟。它们的主人是抗战名将冯治安。

冯治安，原名治台，出生在河北省故城县东辛庄村。1912年3月，16岁的他投奔冯玉祥部队，改名为治安，志在治国安邦。他跟随冯玉祥"围剿"过白朗起义军，打过张勋复辟军，参加过直奉大战和北京政变，从士兵逐渐被提拔为团长。中原大战后，西北军的余部改编为国民革命军第29军，冯治安任第37师师长，驻地晋南。

1933年3月8日，冯治安接到上级命令率第37师参加长城抗战。3月9日，第37师急行军到达喜峰口南的三屯营时，日军已抢先占领喜峰口外的山头。冯治安派第109旅旅长赵登禹率领大刀队袭击罗文峪，大败日军。后又遭日军多次反扑，为保存实力，冯治安精选500名官兵，组成敢死队，趁着夜色发起突袭，共歼灭日军步兵2个联队、骑兵1个大队。当时，作曲家麦新听到这个振奋人心的消息，创作出《大刀进行曲》。

1936年，冯治安被任命为河北省主席兼第37师师长，驻北平西苑、丰台等地。在丰台东站东侧，驻有日军一木清直混合大队，自6月起，便不断与驻丰台附近的第29军官兵发生摩擦，并多次向中方提出撤走守军。无理要求遭到拒绝后，9月18日，日军混合大队猛攻丰台，19日占领丰台。冯治安令团长戴守义率兵到丰台增援，日军见形势对自己不利，立即撤回原防。

卢沟桥事变前，日军在卢沟桥附近频繁进行军事演习，并且规模越来越大，向中国军队示威。冯治安下令："要和日军的演习针锋相对，今天日军在哪里演习，明天我军就在哪里演习，而且一定要练出威风。"第37师官兵在这一地区与日军展开一场又一场的演习对抗。

1937年7月6日，日军要求通过卢沟桥东端的宛平城到长辛店演习，遭到拒绝后，直到晚上才退去。冯治安向守军下达指令："严密注意日军行动，日军如果挑衅，就坚决回击，守军要与城桥共存亡。"

随后，冯治安立即赶回北平，召集第37师将领布置应变措施，下达武力抵抗的命令：卢沟桥为平津咽喉、华北锁钥，关系至重，务必固守，不准日军一兵一卒进入，不许放弃一尺一寸国土，彼如开枪，定予迎头痛击！

7月7日上午，日军又气势汹汹到卢沟桥北侧龙王庙一带演习挑衅。直至夜10时许，日军突然谎称，演习部队中一名日本士兵失踪，要求进入宛平县城搜查。

无理要求被拒绝后，日军立即调来驻丰台的日军包围宛平城，并先用大炮轰城，然后以步兵向中方阵地发起攻击，冯治安所部37师110旅219团3营官兵奋起抵抗，将日军多次击退。

战斗进行到8日凌晨，双方停火，各派代表进城谈判。谈判进行中，日军便猛攻宛平城，但攻城不下。8日上午转而又攻铁桥，经过激烈战斗，日军占领了铁桥东段及龙王庙。8日晚，冯治安派何基沣到宛平组织敢死队夜袭，敢死队从长辛店以北及八宝山出击，另令金振中率两个连从宛平出击，两军趁雨夜摸入敌营，用大刀奋勇砍杀，激战两小时，全歼日军，收复了铁桥东段和龙王庙一带。

7月9日，战斗更加激烈，日军多次增援猛攻，均被第29军击退，敌死伤累累，并有一大队长被击毙。10日，铁桥东端被日军占领。11日，金振中率敢死队绕到敌人背后，猛击日军，又收复阵地。直到第29军奉命撤出北平，日军始终未能攻下卢沟桥和宛平城。

与此同时，日军以谈判为掩护，迅速从各处向平津调兵。为加强卢沟桥一带防卫，冯治安也从外地调来两个团到长辛店一带，并准备趁敌援兵未到，夜袭丰台，对丰台之日军给予歼灭性打

冯治安赠给部下的"七七抗战建国纪念章"（中国人民抗日战争纪念馆供图）

冯治安使用过的闹钟和钢笔（中国人民抗日战争纪念馆供图）

击。但由于上级命令只许抵抗，不许出击，导致计划落空。战至7月28日，南苑失守。7月28日晚，第29军受命撤出北平，移驻保定。

此后，冯治安先后率部参加徐州会战、武汉保卫战、随枣会战、枣宜会战等。1940年5月，张自忠殉国后，冯治安接任第33集团军总司令，并指挥参加常德会战，豫西、鄂北会战等战役。1945年8月升任第六战区副司令长官。

1945年8月15日，日本宣布投降。冯治安称："我们终于胜利了，真痛快！"1954年12月，冯治安病逝，终年58岁。

2010年9月3日，冯治安之女冯炳如，将父亲珍藏多年的老式钢笔和锈迹斑斑的闹钟捐赠给中国人民抗日战争纪念馆。冯炳如介绍说，这个闹钟是冯治安1937年前后在香港买的，从临沂大战、徐州会战，到武汉外围会战等大小战役，陪伴着他经历整个全民族抗战时期，时刻提醒将军勿忘国耻，光复中华。

（执笔：张源）

卢沟桥抗战中的连长

中国人民抗日战争纪念馆主展厅众多文物之中，有一张发黄的委任状格外显眼。委任状上书"兹委任孔宪全为本军第三十七师第一百一十旅第二百一十九团第三营第十连连长此状"，后有国民革命军第29军军长宋哲元的落款和印章，时间为"中华民国二十四年四月一日"，即1935年4月1日。孔宪全是谁？他有何事迹？这份委任状背后又隐藏着怎样的故事？

孔宪全（1908—1937年），生于山东省汶上县康驿镇东唐阳村。早年孔家家境殷实，后因遭遇"匪祸"而中落，孔宪全少年时期便过上颠沛流离、有家难回的生活。1928年，20岁的孔宪全毅然投奔西北军，加入冯玉祥部队。

孔宪全似乎天生就是当兵的料，进入军队后如鱼得水，每日勤学苦练，无论是打拳、刺刀、练铁杠等"技术课目"，还是各种战争要领、战斗法则、军事勤务等"学习课目"，他都能快速熟稔精通，很快便从新兵中脱颖而出，受到长官重视，孔宪全在入伍第二年被编入国民革命军第29军，出任第37师第110旅迫击炮班班长。

此后，孔宪全所在的队伍参加了1933年的长城抗战。在喜峰口、罗文峪大捷等战斗中，孔宪全敢于冲锋，作战英勇，于1934年直接晋升为第219团炮兵连连长。同年，又在训练部评比训练中被评为"优秀连长"，成为众多官兵学习的楷模。

然而就在此时，孔宪全主动向军长宋哲元提出申请，自愿放弃炮兵连连长的职位，要求转到步兵连担任连长。他给出的理由是，九一八事变后日本侵略者强占中国东北，进而不断向华北进犯，中日之间大小冲突摩擦不断，而他学过武术，体格强壮，愿意带领步兵守在阵地第一线。这样，一旦中日爆发战事，他可以第一个冲上去与敌人殊死战斗，"坚决与日本帝国主义血战到底，战死犹荣"。听完孔宪全的慷慨陈词，宋哲元被他视死如归的勇气和强烈的爱国热情所感动，为他签发了委任状，任命他为第29军第37师第110旅第219团第3营第10连连长。

华北事变后，日本进一步增兵，以强化中国驻屯军。据上海《申报》1936年9月调查报道，增兵后的中国驻屯军人数不下14000人。

随着兵力增加，驻屯军的挑衅行为也愈演愈烈。1936年9月，日军通过两次"丰台事件"强占了丰台镇，经常在离卢沟桥几百米的地方进行野外演习，严重加剧了华北紧张局势。宛平城是北平的西南门户，南北交通咽喉，战略地位不言自明。就在此前后，孔宪全所在第3营被调往宛平地区，除第10连守卫卢沟桥外，其余各连均担任宛平城墙及四门的防务。

1937年7月7日夜，驻丰台日军第3大队8中队全副武装，开到卢沟桥西北的回龙庙、大瓦窑附近举行夜间演习。其间，日军借口一名士兵失踪，并以进城搜索遭拒为由，于8日凌晨5时30分，开始炮击宛平城，并向中国守军发起进攻。

战斗打响后，第29军官兵奋起抗击，坚守城桥。在孔宪全眼中，那些穷兵黩武不可一世的日本侵略者可恨、可憎，他大吼一声："开火！"仇恨的子弹如雨点般射向前来进犯的日军。在3个小时的守桥战斗中，他率第10连将士坚守阵地，寸步不让，打退敌人3次冲锋。

此后，中日双方为夺桥和守桥展开激烈拉锯战。孔宪全的第10连共120人，在保卫卢沟桥的多次战斗中伤亡70人。孔宪全自己也在夺取铁桥的战斗中，不幸中弹牺牲。第10连坚守在卢沟桥边的20多天里，武器装备和火力占尽优势的日军竟未能越前一步。孔宪全和第10连的将士们用鲜血和生命践行了"誓与卢沟桥共存亡"的誓言。

1995年，一位白发苍苍的老人来到中国人民抗日战争纪念馆，他叫胡宗祥，是孔宪全的老乡和生前的战友，也是卢沟桥守桥战斗的亲历者。胡宗祥老人将他与孔宪全的家人珍藏了半个多世纪的文物——孔宪全的连长委任状和嘉奖令等遗物，捐献给了中国人民抗日战争纪念馆。

经历了整整一个甲子之后，这份委任状找到了它最终的归宿。如今，

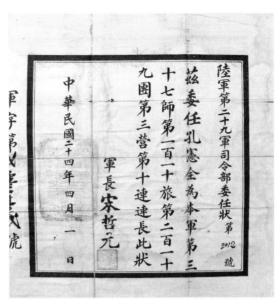

卢沟桥战斗中牺牲的第29军第219团第3营第10连连长孔宪全的委任状
（中国人民抗日战争纪念馆供图）

它静静地陈列在中国人民抗日战争纪念馆一角明亮的展柜中，向每一位驻足的观众默默讲述着抗日英雄孔宪全和第29军第10连将士们舍命护桥的英雄事迹。

（执笔：韩亮）

《大刀进行曲》中描写的大刀

　　中国人民抗日战争纪念馆"伟大胜利 历史贡献"主题展厅里，陈列着抗战时期国民革命军第29军官兵使用过的武器、装备等珍贵文物。其中最引人注目的当数第29军炮兵排排长杨云峰使用过的大刀。该刀长83厘米、宽8厘米，是第29军组建大刀队时下发的。这把大刀，就是《大刀进行曲》中描写的大刀。

　　杨云峰（1907—2004年），国民革命军第29军老兵，河南舞阳县人，1926年入伍，参加过1933年喜峰口大战和1937年的卢沟桥事变等战役，后因负伤回家种地，这把大刀也被保留下来。战争在杨云峰身上留下累累伤痕。他的左脸颊曾被一颗子弹打穿，上下槽牙全崩掉了，左耳被大炮声震聋，听不见任何声音。1987年，杨云峰将大刀捐给中国人民抗日战争纪念馆。

　　第29军132师师长赵登禹曾说："唯喜峰口一役，留深刻之印象，遗无限之感想。当其时陈师喜峰，适当要冲，以一旅之众，与数万穷凶猛悍之强寇相周旋，且在敌人炮火烟幕猛烈压迫之下，处悬崖峭壁进退维谷之中……"此战中值得称道的是第29军大刀队血战日寇取得大捷。

　　国民革命军第29军由冯玉祥的西北军改编而来，由于非蒋介石的嫡系部队，不但装备质量差，还极其匮乏。为解决武器短缺问题，宋哲元等人提出召集身强体健的官兵自造大刀，以便在近战、夜战中对抗装备精良的日军，第29军大刀队应运而生。为了提高官兵使用大刀技能，副军长佟麟阁亲赴北平聘请武术名家李尧臣担任武术教官。李尧臣一口答应，并为官兵们专门设计了简单有效的砍杀动作，唤作"无极刀法"。这种刀法简单易学，实用性强，军部先由各部队抽选骨干，由李尧臣直接传授刀法，再由他们传给全军官兵。这套刀法在实战中发挥了极大作用。

1933年，随着日军不断增兵，先后失利的战事使得官兵们士气低落。3月9日傍晚，日军趁势抢占了关口，中日双方围绕喜峰口外几个高地展开激烈争夺战。喜峰口自古以来便是兵家必争之地，它连接北平与热河，是平津地区的屏障，若此地失守，后果不堪设想。由于之前的战斗使部队损失重大，赵登禹决定采用大刀队近战的战术，由500名大刀队队员只带大刀和手榴弹，其余士兵进行火力掩护。武器装备的差距使大刀队不能以常规策略应战，必须扬长补短，出其不意。战士们躲在战壕中，待敌人靠近，便用大刀杀他个措手不及。经过一夜严防死守，喜峰口被官兵们保卫下来。

3月10日，战局越发严峻，日军主力到达战场。仔细分析战局后，赵登禹决定夜袭喜峰口的日军，利用喜峰口两边宽、中间窄的峡谷地势，采取对日军进行近战的策略，争取靠大刀和手榴弹夺回阵地。交战中，第29军多名连长、排长相继受伤、牺牲，士兵伤亡更是达百余人。赵登禹腿部中弹，仍坚持指挥战斗。10日一整天，第29军在喜峰口附近与日军激战，几处高地得而复失，失而复得，来回拉锯，杀声震天。

3月11日，铁门关、喜峰口的战斗同时展开。第29军伤亡过多，导致西侧高地被日军占领。赵登禹知道此高地失守对作战十分不利，午后命令全团全力反攻，两个多小时的时间里，大刀队战士们英勇地挥起大刀，向日军头上砍去，歼灭了三四百名日军，将阵地夺回。凌晨3点，日军酣睡之际，第29军进行潘家口外的第二次夜袭。日军主力露营地散落在峡谷地带的几个小村落里，由于前几日连续压倒性胜利，日军根本没有料到此次的突袭。大刀队利用手榴弹和大刀打了日军个措手不及，手起刀落，百余名正在睡觉的日军炮兵在睡梦中做了"刀下鬼"。第29军将士们烧毁了日军的辎重粮草，缴获了大量火炮和弹药，喜峰口战斗大获全胜！此战沉重打击了日军嚣张气焰，鼓舞了全国人民抗日热情，极大增强了将士们的抗日信心。

长城抗战后，日军不断增兵，整个华北危在旦夕。1937年7月7日，卢沟桥事变爆发，第29军官兵在危难关头，用鲜血捍卫城桥。作曲家麦新一气呵成谱写的《大刀进行曲》，更加激发了中国人民团结一心的抗日决心，

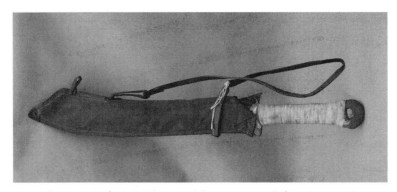

第29军抗日官兵用过的大刀（中国人民抗日战争纪念馆供图）

抗日救亡运动热情空前高涨。

　　1995年，在纪念抗日战争胜利50周年之际，88岁的杨云峰在宛平城头再一次舞动了象征第29军辉煌历史的大刀，向世人展示了第29军大刀队的雄风。2004年6月，97岁高龄的杨云峰离开人世，这把见证卢沟桥抗战的大刀静静地陈列在中国人民抗日战争纪念馆，诉说着中国军队誓死保卫领土的决心。

　　　　　　　　　　　　　　　　　　　　　　　　（执笔：胡亚）

南苑战役中的无言见证

中国人民抗日战争纪念馆展厅陈列着一段弹痕累累的枯木，在众多展品中显得格外显眼。这段枯木是从南苑战场遗址征集来的，研究人员用金属探测器发现，枯木中嵌有许多子弹弹片。这段枯木折射了南苑战斗的历史经过和惨烈场景。在这场战斗中，佟麟阁、赵登禹两位爱国将领不幸牺牲，南苑守军伤亡惨重，路边的树木多被击中。这件文物恰恰成为南苑战役的生动历史见证。

1937年卢沟桥事变爆发后，日军在飞机和坦克掩护下，分别向北平、天津以及邻近各地战略要地大举进攻。在北平南苑，日军出动了40余架飞机轮番轰炸阵地，并有3000人的机械化部队从地面发动猛烈攻击，南苑战事告急。此时，第29军132师师长赵登禹奉军长宋哲元之命，急驰北平南苑参加作战。7月27日，他率一个团到达距南苑2公里的团河时，遭到日军截击，双方展开激战，中国军队伤亡过半。赵登禹急率余部赶至南苑，与副军长佟麟阁共同负责南苑防务。

7月28日，日军中国驻屯军对北平地区的中国守军第29军发起总攻，主要攻击目标是南苑，当时第29军驻南苑部队约7000人。当日拂晓，日军第20师团以步兵3个联队、炮兵1个联队的兵力，在数十架飞机的狂轰滥炸下，突然从东、南、北三面向南苑发起猛烈进攻，中国守军被迫仓促应战。由于南苑一带全是平原，难守易攻，没有时间进行准备部署的中国军队全部暴露在敌军炮火之下，完全处于被动地位，再加上敌我力量相差悬殊，致使第29军伤亡较大。日军从东、西两侧攻入南苑，双方陷入肉搏战。日军的狂轰滥炸使得通信设备很快被炸毁，联络中断，指挥失灵，部队各自为战，秩序一片混乱。丰台日军驻屯旅团主力向南苑进攻，中途奉命切断

嵌有子弹弹片的枯木桩
（中国人民抗日战争纪念馆供图）

南苑守军北平方向退路，至下午1时，南苑战斗结束。

南苑一战是第29军平津抗战中最为惨烈的一幕，这场惨烈战斗共持续了5个多小时，中国军队第29军官兵虽英勇作战，但未能挡住日军的猛烈攻势，伤亡2000人以上。

第29军副军长佟麟阁和第132师师长赵登禹同在南苑战斗中牺牲，是全民族抗战爆发后中国军队最早战死疆场的两位高级将领。南苑的血战情况与两位将领的壮烈牺牲，在全国引起巨大震动，毛泽东高度评价佟麟阁、赵登禹等爱国抗日将领，称赞他们"给了全中国人以崇高伟大的模范"。

这场惨烈的战斗虽已远去，但这个战场遗留的嵌有日军弹片的木桩子，仍在控诉着日军的野蛮暴行，也展示出中国军队的顽强抵抗。

据当年直接参加文物征集的工作人员回忆，当时根据南苑战役的激烈程度，判断附近的树木里会有嵌入的弹片。征集过程中，北京市公安局的有关同志使用探雷器，对南苑、团河周边一些树木段进行探测，发现一些树木中含有金属，断定是南苑团河战斗中打入的。征集者将其中的一段拉回来，在中国人民抗日战争纪念馆展出。

（执笔：刘鑫）

被子弹洞穿的钢盔

1985年，中国人民抗日战争纪念馆筹备委员会在修复宛平城城墙时，在城墙下出土了一顶仿英式钢盔。钢盔是椭圆带檐的帽式，通高27厘米，口径32.5厘米，顶部缺损，整体锈蚀，可以确定为当时宛平城的守城部队——第29军所使用。出土时，盔身正中有一个直径约6厘米的不规则孔洞，诉说着战况的惨烈、敌人的凶残和守军的顽强。这顶钢盔是1937年卢沟桥抗战最为直接的见证物。

仿英式钢盔，因外形酷似飞碟，也叫"飞碟盔"，正式名称为"布罗迪战争部式钢盔"，第一次世界大战时由英国人发明。当时英国军队遭遇德军猛烈炮击，大量士兵头部被弹片击伤。为提高战斗人员在炮击下的存活率，英国战争部委托一个名叫布罗迪的设计师，研制出一种适合英军佩戴的钢盔。这种钢盔可防炮弹残片、乱石，极大降低了士兵被流石、弹片击中的死亡率。抗战前后中国军队从不同渠道购买过此类钢盔配发军队，还曾仿制过一批，称为"国造"。"飞碟盔"能防炸弹碎片、石头，防不住子弹。而且在当时的抗日战场上，并非每名士兵都能拥有这个救命装备，大部分士兵还是以布帽掩头，用血肉之躯奋勇抵抗强敌。

1933年，第29军参加长城抗战，因喜峰口和罗文峪之战闻名全国，显示了抵御外侮的勇气和作战能力。民众纷纷表示："十九路军淞沪一仗，使世界认识了中国人；喜峰口的几仗，使我们中国人还可做人。"第29军得到全国民众的广泛支援，很多民众自发集资为第29军购买军械，就连远在南方的广东女师都为第29军赠送了钢盔等慰劳品，头戴"飞碟盔"也成为第29军士兵的标准形象。

卢沟桥事变爆发前夕，驻守宛平城的是第29军37师110旅219团3营，加上保安第1旅2团2营，共1400余人，装备有自动步枪、轻重机枪和迫击炮，且在宛平城外围构筑坚固的防御阵地。面对觊觎已久的日军，驻守华北的第29军相应进行作战准备。1937年7月7日夜，日本侵略军在宛平城外的卢沟桥以北举行军事演习，借口一名士兵失踪，要求进入宛平县城搜查，守城官兵拒绝日方的无理要求并报告中国冀察当局，但日方仍坚持要派兵入城，否则将诉诸武力。冀察当局为防止事态扩大，经与日方商定，先派人员进城调查，再寻处理办法。日军急切地想要攻占作为北平西南大门的宛平城，进而攻占北平，一边假意进行会谈交涉，一边不断制造武力摩擦，并提出城内中国驻军向西门外撤退、日军进至城内再行谈判的无理要求。中方断然拒绝，日军随即炮轰宛平城、攻击卢沟桥，悍然发动卢沟桥事变，第29军驻守将士当即表示"与城桥共存亡"的决心，奋起抵抗，全民族抗战由此爆发。

面对日军的凶猛攻势，第29军军部命令宛平县城守军："保卫领土是军人天职，对外战争是我军人的荣誉，务即晓谕全团官兵，牺牲奋斗，坚守阵地，即以宛平城与卢沟桥为吾军坟墓，一尺一寸国土，不可轻易让人。"第29军将士临危不惧、沉着应战，一面加强城东北角的防御工事，一面加筑永定河东岸的堤防作为侧防线，与敌周旋。

7月28日，日军中国驻屯军对华北地区的第29军发起总攻，第29军以事变之初一个营的参战兵力发展为全军与日军全面开战。7月29日上午9时，日军中国驻屯军步兵旅团旅团长河边正三，下达占领宛平城的作战命令，城外唯一的制高点大枣山（日军占领后称为一文字山）成为日军进攻宛平城的炮兵阵地。下午6时12分，日军从城外东北角和东侧开始炮击。下午7时20分，日军轰开一条突击通道，随即东城门被日军工兵爆破。下午7时45分，日军占领东侧城墙，突入城内。下午8时30分，宛平城在第29军守城部队殊死抵抗后失守。这顶钢盔，就是此时守城战士所佩戴过的，遗落在城墙下被炮火掩埋。

卢沟桥事变发生后的第二天，中国共产党即通电全国："日本帝国主义武力侵占平津与华北的危险，已经放在每一个中国人的面前"，"只有全民族实行抗战，才是我们的出路！我们要求立刻给进攻的日军以坚决的反攻，并立刻准备应付新的大事变。全国上下应该立刻放弃任何与日寇和平苟安的希望与估计"。同日，毛泽东、周恩来、朱德等红军领导人致电第29军军长宋哲元等，表示支持第29军抗战，愿为后盾。在生死存亡关头，中国共

第29军战士佩戴的钢盔（中国人民抗日战争纪念馆供图）

产党高举抗日民族统一战线的大旗，团结各党各派各界各军，召唤海外中华儿女，万众一心、同仇敌忾，筑起中华民族抗击日本侵略者的钢铁长城。

如今，这顶钢盔被定为国家一级文物。它展现了中国军人不畏强暴、血战到底的英雄气概，是视死如归、宁死不屈的民族气节的象征。

（执笔：谢艾雯）

南苑保卫战中的军训团

2007年7月7日，纪念全民族抗战爆发70周年之际，原国民革命军第29军军训团的9位老兵在社会各界帮助下齐聚卢沟桥，完成了他们时隔70年的夙愿——重登卢沟桥。这是一次历史与现实的相遇。时隔70年，第29军军训团官兵实现了在卢沟桥的又一次集结，昔日的热血青年历经战火沧桑，归来已是暮年。

中国人民抗日战争纪念馆珍藏着两枚纪念章，是第29军军训团颁发的北平南苑抗日纪念章和第29军军事训练团纪念章。两枚小小的纪念章，承载着厚重悲壮的历史。

北平南苑抗日纪念章，直径3.1厘米，为蓝底红字，中间是"军训团"三个字，外围写着"北平南苑抗日纪念章""团长孙玉田赠"，背后刻有受勋者的姓名和编号。此纪念章是特为表彰南苑英勇作战的军训团学员所制。第29军军事训练团纪念章，直径3.5厘米，为蓝底，中间是"诚真正平"，外围写着"陆军第29军军事训练团纪念章"，背后的铭文是"明礼仪知廉耻负责任守纪律"。该纪念章是军训团毕业时，由团长过家芳颁发给学员的。

1936年，驻守北平的国民革命军第29军在北平、天津、沧州、保定等地招考中学以上的青年学生，并在北平南苑7营房成立军事训练团，用来培训干部，补充军队需要。军事训练团里是一群活力四射、满腔热血的青年，从投笔从戎的那一刻起，他们就已经做好了为国牺牲的准备。这个以青年学子为主的队伍，受到了中国共产党的影响。中共北平地下党组织派共产党员、民先队员报名投考，同时派共产党员冯洪国、朱大鹏等人加入军训团，并在团中担任领导职务。冯洪国是冯玉祥长子，曾留学苏联，1926年加入中国共产党，回国后，根据党组织的指示到第29军参与抗日救亡工作，

第29军军训团北平南苑抗日纪念章　　　　　第29军军事训练团纪念章
（中国人民抗日战争纪念馆供图）　　　　（中国人民抗日战争纪念馆供图）

他在第29军中任军训教官，并担任第3大队队长。朱大鹏任第3大队副队长，主要负责宣传工作，曾成立"铁血剧团"，排演抗日戏剧。

军训团于1936年编组完毕，第29军副军长佟麟阁兼任团长。下辖3个大队，每个大队辖4个中队，其中有1个东南亚华侨学生中队，共有学员1500名。军训团不仅学习军事技术，而且参加实战演练。按照计划，军训团学员经过3年学习，充任第29军下级军官，以提高全军的素质和战斗力。这也是宋哲元抗日备战计划之一。军训团教育长张寿龄还专门创作军训团团歌："风云恶，陆将沉，狂澜婉转在军人，扶正气，砺精神，诚真正平树本根。锻炼体魄，涵养学问，胸中热血，掌中利刃，同心同德，报国雪耻，复兴民族振国魂！"从歌词可以反映出，军训团是为报国雪耻、振兴中华而建立的。同时，军事训练团纪念章中间"诚真正平"字样也是团歌歌词的写照和体现。

第29军军训团之所以被人们铭记，是因为军训团学员们在南苑保卫战中的英勇战斗与牺牲。卢沟桥事变爆发后，军训团原本计划迁往保定，因全体学员决心杀敌报国，被列入南苑战斗序列，与特务旅布防于南苑东南小寨一线，阻止由黄村北犯的伪冀东防共自治政府保安队。

1937年7月28日清晨，日军大炮、飞机的火力精准地集中到南苑军营东南角的阵地上，敌机不停地轰炸军训团防地，日军出动坦克步兵向防地进攻。战斗到最激烈时，双方展开白刃战，守卫这里的军训团学兵，可以说是最薄弱的军队力量。几个月前，他们还是来自各地手无寸铁的学生。但此时他们成为战士，毫不畏惧，亮出大刀，勇敢地冲锋陷阵和日寇拼杀。战斗至上午10时，军训团奉命突围，第2、第3大队向南突围，在冯洪国、朱大鹏带领下经固安、雄县退至保定。一大队向北平方向撤退，抵达大红门时与部队会合，在佟麟阁指挥下投入战斗。此战中，军训团800余名平津学生殉国。

南苑抗战的幸存者吴江平这样回忆当年的惨烈景象："撤退时，遍地都是被日军炸死的战友，不时传来身受重伤战友的哀号声，并不时遭遇日军的埋伏——青纱帐里，日军像游鱼一样穿插。后来，我们发现日军蹲在单人掩体里，一个兵负责两个机关枪，用电话线扯着枪的扳机。枪和电话线都用青纱帐挡住。于是我们砍断电话线，再跟着电话线找到日本兵，我找到了3个，杀了。我已经杀红了眼。"

1937年8月，军训团撤到河北固安整训，补充学员，由时任团长孙玉田颁发给参加南苑作战的军训团学员北平南苑抗日纪念章。随着第29军改为第77军，军训团改编为第77军军事训练团，团长由过家芳接任。1939年，军训团学员完成训练毕业。

1986年，赵振标将这两枚纪念章捐赠给中国人民抗日战争纪念馆筹备委员会，现为国家一级文物。如今，两枚小小的纪念章向世人诉说着那段难忘的历史，传承着炽热的爱国情怀与坚强不屈的民族精神。

（执笔：张倩倩、王楠楠）

宛平县县长王冷斋的诗集

中国人民抗日战争纪念馆，收藏着一本泛黄残边的珍贵文物《卢沟桥纪事诗五十首》诗集。诗集的作者是时任宛平县县长王冷斋。作为亲历者，他以诗歌形式记录了卢沟桥事变真相和那段血雨腥风的历史。

1937年7月7日，日本侵略者为了达到以武力侵占全中国的罪恶野心，悍然炮轰宛平城，进攻卢沟桥，制造了震惊中外的卢沟桥事变。平津危急，华北危急，中华民族危急，中华民族到了最危险的时候。

危难之际，中国军民奋起抵抗。时任宛平县县长的王冷斋奉命与日方谈判。他目睹和经历了卢沟桥事变全过程，一点一滴地记录了日军如何挑起卢沟桥事变以侵略中国，中国军民又是如何坚持守土有责、寸土不让的具体细节，后于1944年整理形成了诗集《卢沟桥纪事诗五十首》。

王冷斋（1892—1960年），笔名冷公，早年参加辛亥革命。1935年12月，应保定军校同学、时任北平市市长秦德纯邀请，出任北平市政府参事兼宣传室主任。1937年1月，任河北省第三区行政督察专员兼宛平县县长。

此时的宛平县已是山雨欲来风满楼，王冷斋受任于危难之际。1937年6月起，驻丰台日军连续举行所谓军事演习。7月7日夜11时，正在卢沟桥附近演习的日军借口一名士兵"失踪"，要求进入宛平县城搜查，遭到中国守军严词拒绝。王冷斋对此写诗曰："一声刁斗动孤城，报道强邻夜弄兵。月黑星辰烟雾起，时当七夕近三更。"

当夜12时，第29军副军长、北平市市长秦德纯命令王冷斋迅速查明真相，以便处理。王冷斋随即通知驻守宛平城的第219团第3营营长金振中查询，又令警察在城区内搜索。经调查，城内守兵并无开枪之事，也没有失踪日军踪影。王冷斋据实向秦德纯汇报。为避免扩大事端，王冷斋奉命与日本驻北平特务机关长松井太久郎谈判。他在与日方交涉、周旋中坚持立场，凡涉及主权一事，据理力争，寸土不让。正如诗中所写："诬张为幻本无根，惯技由来不足论。藏本当年原自匿，诘他松井欲无言。"

谈判之际，王冷斋得知驻丰台日军500余人、炮6门正开赴卢沟桥，战事可能一触即发。为争取和平解决争端，中日双方谈判代表分乘两辆汽车连夜前往宛平城。行至离宛平城约2里的地方，王冷斋看到公路和铁路涵洞均被日军占领，枪炮排列，士兵伏卧。同车的日方代表日军副联队长森田和寺平突然要求停车，威胁王冷斋说："你已经看到了，事态已经十分严重，现已来不及等待调查谈判，只有请你立即下令城内守军向西门撤出。日军进至东门城内约数十米地带再商量解决办法，以免冲突。"

王冷斋反驳道："此次来只负责调查，这是在你们机关部已经商定的。你所提我军撤出，你军进城的无理要求，离题太远，更谈不到。"寺平又进一步说："平日日军演习都能穿城而过，何以今日不能进城？"王冷斋再一次驳斥说："你接此项工作不久，以前的情形你或许不了解，我在此从没允许你们穿城而过，你所谓的先例是何年何月何日？请给我一个事实证明。"日方被驳得无言以对。

恼羞成怒的日军副联队长森田和寺平像绑架一样，胁迫王冷斋来到日军阵地前，以武力相威胁。王冷斋严词斥责："你们出尔反尔，前后矛盾，万一事态扩大，你们二人当负全责！"双方相持10多分钟，王冷斋早已把生死置之度外，威武不屈。森田见恫吓不成，只好示意寺平与王冷斋一起进城。事后，王冷斋写了一首诗："挟持左右尽弓刀，谁识书生胆气豪！谈笑头颅拼一掷，余生早已付鸿毛。"

7月8日凌晨，日军开始攻城，枪炮齐发，公署、县政府被炮弹轰塌。王冷斋移驻守军指挥所，协同驻军进行抗击。中国守军忍无可忍，奋起还击。日军在同一天内，连续进攻宛平城三次，均遭中国守军的英勇抵抗。王冷斋对此有诗曰："脱身单骑纵归来，未格蛮心尚费猜。激励三军坚壁垒，任教强敌也难摧！"

当日夜，第219团的战士组成突击队，用绳梯缒出城外，在青纱帐掩护下，沿永定河堤向铁路桥靠近。夜12时，日军已进入梦乡。突然，突击队如神兵天降，挥舞大刀向鬼子的头上砍去。日军猝不及防，狼奔豕突。突击队大获全胜，将日军一个中队全部砍杀在铁路桥上。第29军收复失地，变被动为主动，大振军心。王冷斋闻讯后，兴奋不已，赋诗称赞中国健儿奋勇杀敌："暗影沉沉夜战酣，大刀队里出奇男。霜锋闪处寒倭胆，牧马胡儿不敢南。"

日军挑起卢沟桥事变后，在全国引起强烈反响。中国共产党通电全国，呼吁："武装保卫平津华北！为保卫国土流尽最后一滴血！全中国人民、政府与军队，团结起来，筑成民族统一战线的坚固长城，抵抗日寇的侵略！国共两党亲密合作抵抗日寇的新进攻！驱逐日寇出中国！"王冷斋闻之，热烈响应并赋诗高歌："延安奋臂起高呼，合力前驱原执殳。亿万人心同激愤，山河保障定无虞。"

中国军民抵抗侵略，捍卫祖国尊严的英勇行为也获得了驻在北平的国外友人的同情和支持，他们冒险前来宛平城慰问。一位西方友人指着卢沟桥上的石狮，笑着向陪同的王冷斋说道："睡狮今已醒矣。"王冷斋听后，深有感触，写诗云："睡狮一吼震寰瀛，伐木丁丁见友声。博得同情人共赞，不辞艰险到危城。"

平津失守后，王冷斋随第29军撤退，到大后方参加抗战，先后在济南、开封、西安组建第一集团军办事处。1939年春，他离开军队避居香港。1941年太平洋战争爆发后避难桂林。

抗战胜利后，1946年远东国际军事法庭审判日本战犯，王冷斋作为卢沟桥事变的重要见证者，赴东京出庭做证。他在法庭上指出，日军炮轰宛平城，众多无辜平民被炸死或炸伤。他出示了自己的诗作和许多珍贵的历史照片，以铁的证据揭露了日本战犯的累累罪行，人证物证俱在，日军战犯全都乱了阵脚，王冷斋因此被称为"远东国际军事法庭的王牌证人"。民主人士柳亚子也在《纪游一百韵》中称赞王冷斋"宛平有贤令，讨倭首鸣镝"。

1986年在中国人民抗日战争纪念馆筹建时，王冷斋之子王一中把多年珍藏的父亲的诗集《卢沟桥纪事诗五十首》捐赠给筹委会。《卢沟桥纪事诗五十首》整体完成于1944年，从日军的挑衅、侵略，到谈判、激战，几

王冷斋《卢沟桥纪事诗五十首》（中国人民抗日战争纪念馆供图）

乎记录了事变全过程，形象记述了宛平前线强敌压境的紧张局面，揭露了日军的野蛮和残暴，更描绘了第29军抗击侵略者的英勇形象。这部诗集警醒世人不忘国耻，激发爱国精神和民族意识，具有较高史料价值和教育意义。

（执笔：刘鑫）

纪念册记录北平突围

北京市档案馆珍藏着一本名为《北平突围血腥录》的纪念册。这是
1939年8月1日，为纪念卢沟桥事变后留守北平的国民革命军第29军132师
27旅3000名官兵突围北平两周年而编写的，由时任第27旅旅长刘汝珍口
述，陆军独立第27旅司令部印行。纪念册"将北平突围的事实，庄重的，
诚意的，不加粉饰的，毫无吝色（吝啬）的，贡献给民族解放战争中所创
造出来的抗战史上去。使它得与天地同其长久，得与日月同其光辉。以之
勉励生者之奋发，并慰死者之英灵"。

《北平突围血腥录》封面（北京市档案馆供图）

纪念册完整地记录了第29军北平突围的过程和重要细节。

1937年7月28日晚，宋哲元奉命率第29军主力撤到保定，只留下第132师27旅和第37师的两个团，在北平城内维持治安。坚守北平城的这些官兵，孤立无援，降则为民族之罪人，战则做无谓之牺牲，终于在卢沟桥事变后的第25天，杀出一条血路，突破敌人包围得像铁桶似的北平城，奔赴察哈尔继续抗战。

卢沟桥事变前夕，北平城防原是由长城抗战获得喜峰口胜利的第37师221团和222团负责。事变发生后，日军要求将该两团调离北平40华里，让第132师调至北平担任城防。

第29军一面答应日军要求，一面将两团换穿保安队军服，仍驻城内，仅将保安队调离北平。同时，又调第132师27旅由固安急行军进驻北平，旅长石振纲任北平警备司令。

当时第27旅在北平的城防部署是：旅部及第679团团部驻天坛；第679团1营警戒骡马市、广安门、右安门之线；第679团2营警戒东便门、永定门以东之线；第679团3营为预备队，随团部驻天坛；第681团团部驻禄米仓；第681团1营警戒东直门、安定门之线；第681团2营警戒齐化门及东缺口之线；第681团3营为该团预备队，随团部驻禄米仓。至于阜成门、西直门、德胜门之线，仍由第37师221团和222团担任警戒，当时第37师这两个团临时归第132师27旅节制。

驻北平城内东交民巷的日军约有500余人，并配有坦克车等武器。此外，城内还有汉奸四处扰乱，时闻枪声。守城的官兵既要警戒敌人，又要防备汉奸，加之北平民众也尚未动员起来，导致军事行动不便，令守城官兵深感困难。

1937年7月26日下午，日军派顾问中岛、樱井和书记官佐藤茂等到广安门，与第27旅679团1营1连守兵接洽，刚好碰到第679团团长刘汝珍巡视城防。佐藤茂等便向刘汝珍说："我们日本军只有七八十人，想来观光北平城，请你们开放城门，让我们到城里逛逛，并无别意。"刘汝珍一面和佐藤茂说："我们中国军很欢迎你们贵军，请他们来逛北平城吧，来到了，再开城门。"一面又暗自下令准备与敌人战斗。

《北平突围血腥录》所附抗日通俗唱本《刘汝珍大战广安门》(北京市档案馆供图)

佐藤茂等信以为真，马上引来日军约500人，并有坦克2辆、载重汽车12辆、坐车5辆，浩浩荡荡奔广安门而来。待日军来到城门，刘汝珍一声令下，官兵们一齐射击，霎时弹如雨下，打得日军纷纷溃逃。此次战斗歼灭日军30余人，击伤80余人。佐藤茂先受枪伤，后被斩首，樱井逃跑时失足跌落粪坑，后被汉奸熊少豪和周思靖将其领去，中岛则鼠窜逃走。

后来，因为接到绥靖公署不准扩大事态的命令，并准许日方领事收容残兵，守城官兵们只得服从命令，含愤收兵。但此次战斗战果很可观：缴获载重汽车3辆、坐车5辆、子弹10余箱、掷弹筒10余具，还有望远镜、照相机、文件等，击毁日军载重汽车1辆、坐车1辆、坦克车2辆。

第29军撤出后，日军当时尚无力统治北平，于是准备采取"以华制华"的毒计，企图制造傀儡政权，作为过渡。

1937年7月29日，日本顾问中岛携翻译周思靖前来游说，在旃坛寺讲话，大意是：这次卢沟桥事件，是你们误解了"大日本""提携合作"的意思。现在第27旅担负北平的治安责任，想把你们改成保安队，继续维持北平的治安，保证没有恶意。26日你们在广安门把"大日本"的佐藤茂书记官打死了，还伤亡了许多日本弟兄，这是误会，更是遗憾。我要和你们的主官见见面，与他做个朋友。

这番话让在场的官兵们群情激愤，怒火中烧。当中岛追问26日广安门战斗的部队主官时，在场的第679团第1营官兵们忍无可忍，发出怒吼："是我们中华民国不愿当亡国奴的英雄们，起来打你们的。""你们打吃亏了，还想报仇吗？要干咱们马上就干。"随之，官长和士兵们把暗藏的手枪、手榴弹拿出来，一齐瞄准中岛，准备与之拼个死活。中岛被这浩然声势吓得魂不附体，连忙讨饶："我是钦佩你们的英雄行为，问出你们官长的姓名，想和他做个朋友，哪里敢想报仇呢，请你们不要误解了我的意思。"说完赶紧逃离现场。

第27旅官兵们义愤填膺，有的被日寇的嚣张气得痛哭流涕，刘汝珍表情凝重，缓缓地说："好男儿不要流泪，我们准备流血吧！"

8月1日下午4时，旅长石振纲、参谋长张傅焘、第679团团长刘汝珍、第681团团长赵书文4人，召开紧急军事会议。会上，刘汝珍最先发言："日寇欺我太甚，北平环境太劣，改为保安队等于投降敌人，投降便是民族的罪人，我们宁死不屈。"张傅焘首先附议赞成，并力争离去。刘汝珍又继续说："我们马上准备突围。在突围以前，先把北平城内的日寇杀个一干二净。杀一个够本，杀两个便是一双。杀尽以后，再拼着我们的头颅和热血，突围而出。"对于突围，4人全体赞成，但对于先把城内日军杀尽以后再突围的想法，考虑到不仅会毁坏北平文化古城，而且会加大突围难度，只好作罢。会议最后议决的突围方向是：向北经安定门、小关镇、羊房至南口。并决定分多路，走小径，确定由安定门、小关镇、报房、马房、清河镇，到羊房为主要道路。此外，为了避免打草惊蛇，规定官兵不准放枪，士兵一律上刺刀，准备白刃战。

1937年8月1日晚突围开始。3000名官兵冲出安定门。但当到达马房南时，这里有条小河，上有一架独木桥。突围先头部队在此与日军发生了战斗。后续部队赶到后，日本兵抵挡不住，纷纷向村中逃去。小河上的独木桥也未及破坏。突围部队过河时，日军虽在村东头架有机关枪，但没敢开枪。

突围部队到达清河镇，遭遇日军主力部队，遂发生激烈战斗。突围官兵伤亡了百十人，但也夺获了日军二八式步枪20余支、子弹4000余粒、轻机关枪3挺，还有汽车等辎重物品。

由马房向西北沿铁道行进的突围部队，途中与日警戒部队发生激烈战斗。日军出动坦克车10余辆、飞机20余架追踪轰击。官兵们一路冲杀，直到羊房才脱离危险。突围成功并在羊房集结后，部队继续向察哈尔进军。第27旅突破北平包围后，经太行山脉，直趋居庸关背侧，与第29军其他部队会合，加强了南口抗战的力量。

1937年8月1日的北平突围，第27旅3000名官兵在日军飞机、大炮与坦克车联合夹追之下，伤亡及失踪者达1200余人，但突破了日军的层层包围，打死打伤日军总计约1100余人，夺获日军步枪20余支、子弹万余粒、

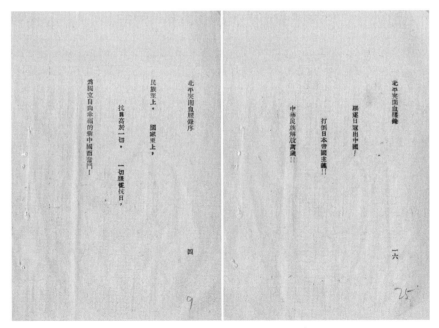

《北平突围血腥录》中的抗日口号（北京市档案馆供图）

轻机关枪3挺、战马4匹、载重汽车3辆、坐车5辆、掷弹筒10余具，还有望远镜、照相机、文件等，击毁日军坦克车2辆、载重汽车1辆、坐车1辆，创下了军事上的空前纪录。这一壮举，正如《北平突围血腥录》档案记载："实实在在是树立了中华民国革命军人所应有的人格，是保持了中国立国五千年以来悠久传统的天地间的正气，是发扬了中国五千年以来'富贵不能淫''威武不能屈'的宝贵道德，是光大了三民主义的创立者、国民革命的导师孙中山先生的革命军人'不妥协''不投降'的宝贵遗教，是继承了'只有断头将军，没有降将军'的千古不灭的全部遗产。"

（执笔：王星）

第三部分

北大学生函请一律参加学生军

北京大学校史展览展示的一封信，是1931年9月26日北京大学学生会致时任北京大学校长蒋梦麟的请示函。在函中，北大学生会转呈了国立北京大学学生会抗日运动委员会为准备武装抗日、要求全体学生参加学生军并加强军事训练等。函全文如下：

呈为据情转呈事。窃据抗日运动委员会函称："日本帝国主义者此次侵占我国领土，焚杀劫掠，备极残酷。噩耗传来，举国愤慨，惟念帝国主义者之所以敢于肆行无忌者，实由于我国内战频仍、边防废弛之有以使然也。故今者欲打倒日本帝国主义恢复我国领土，惟有全国团结一致，加紧实施军事训练，准备武装抵抗。而我校本学年之军事训练，犹未开始进行。务望贵会速请学校当局严令全体同学一律参加学生军并增加训练时间，添设军事学及战时国际公法各科"等情。查该会所呈各节，实具有正当理由，为此特请：

速令全体同学一律参加学生军并增加训练时间，添设军事学及战事国际公法各科，实为公便。

谨呈

蒋校长

北大学生会

九月二十六日

这封信函所用信封和信纸，都是"国立北京大学学生会抗日运动委员会"特制。落款为"北大学生会",并盖"国立北京大学学生会之章"。为何北大学生会致校长的信函,没有用自己的专用信纸信封,而是用抗日运动委员会特制的呢?抗日运动委员会与北大学生会又是什么关系?这要从抗日运动委员会的组建说起。

1931年,震惊中外的九一八事变爆发,中华民族陷入深重危机,全国各界掀起轰轰烈烈的抗日救亡运动。民族存亡的关键时刻,北大师生发扬光荣的革命传统,高举爱国进步的旗帜,积极投入抗日救亡运动,发挥了先锋和示范引领作用。

九一八事变爆发后,北京大学是最先做出反应的高校。9月20日,北大学生发出抗日救亡通电,痛陈侵略者无耻暴行,泣誓奋起反抗之决心,号召"速息内战,一致抗日"。通电发出后,北大师生迅速采取行动。北大教职员成立对日委员会,并于9月21日下午6时30分召开第一次会议,北大教授樊际昌、刘树杞、曾昭抡、戴修瓒、王烈、马裕藻、毛准、周炳琳、杨廉出席会议。会议通过决议案如下:"(一)致电中央党部及国民政府:请严重抗议要求日本立刻撤兵,恢复原状;在未撤兵以前,不与谈判;命令地方政府不得与日本就地直接交涉。(二)函张副司令不得与日本直接交涉。(三)推举周炳琳、胡适之、燕召亭起草上述函电。(四)推举杨廉起草组织规程。(五)二十二日午后四时仍在大学会议室开会。"

同日,北京大学学生会在北京大学第二院宴会厅紧急召开第四次执行委员会议,讨论决定,成立北京大学学生会抗日运动委员会(下称"抗日运动委员会"),推举夏次叔、纪元、罗盛尧、关纾、胡嘉椿、孙祺藩、陈泽恩、徐才炽、牛存善、李树新、刘绍武、何凤书、孙丕显、柳志清、王龙兴15人为组委。其中,夏次叔是北大学生会主席,其他组委都是北大学生会骨干成员。此次会议议定抗日运动委员会的工作为:第一,定期开抗日运动宣传大会,并定于是日请求学校停课一天;第二,联络北平各校学生会及各反日团体组织扩大抗日运动会。

9月22日上午10时,抗日运动委员会召开第一次会议,确定了组织机构和成员,讨论决定联络各校学生会及各反日团体组织扩大抗日运动,确定了第一次抗日运动宣传大会和第一次抗日游行演讲时间。

抗日运动委员会由北大学生会直接组建，是北大学生会的下设机构。虽然事发紧急、时间紧迫、工作密集，但是抗日运动委员会从组织机构、工作职责、活动安排等各个方面都做了严肃周密的部署筹划。制作专用信封信笺，即是其工作严谨周详的一个重要表现，体现出北大学生参与抗日的坚定态度。

抗日运动委员会组织高效，策划周密，活动热烈，收效明显，从《北京大学日刊》的密集报道中可见一斑。抗日运动委员会成立后，连日召开会议，紧锣密鼓地商讨抗日救亡活动组织事宜。在抗日运动委员会的组织下，北大学生开展轰轰烈烈的抗日救亡运动，将抗日救亡号召宣传到了祖国各地，团结联络起社会各界尤其是学界广大的抗日力量，在抗日爱国运动中发挥了重要作用。

9月23日晚7时，抗日运动委员会召开第二次会议，成员们讨论了"扩大学生军组织由全校同学参加并增加训练时间案"，决定"函请学生会转呈学校当局办理"①。这一提案9月26日形成函件，提交给校长蒋梦麟，并在北京大学档案中保存下来。

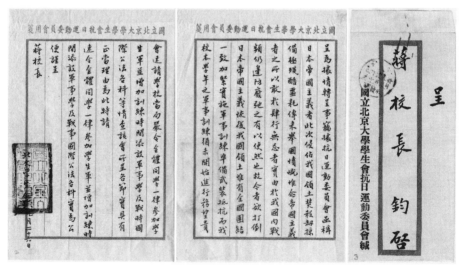

1931年9月26日北大学生为抗日要求参加军训致校长的信函（北京大学校史馆供图）

---

① 《学生会第二次抗日运动委员会会议记录》，《北京大学日刊》，1931年9月26日。

这个请示函辞简情深，字字铿锵，力透纸背，诉说着北大学生热烈的抗日斗志和爱国热忱，表达出北大学生强烈的民族责任感和使命感，是北京大学爱国进步精神的重要历史见证。此后，面对日本帝国主义的侵略，北大师生积极投身抗日救亡运动，在民族独立和解放的进程中发挥了重要作用。

（执笔：刘静）

昌平南口学生的抗日疾呼

　　1931年9月29日，《北平晨报》刊登了一则题为"南口一片反日声"的新闻报道。报道称，自9月24日起，昌平南口扶轮学校师生和教职员工由校长齐振璘率领分赴南口附近村庄，通过发表讲演、分发传单、印刷标语口号等方式，向周围村庄人民群众进行抗日救国宣传，以资唤醒民众。从这则新闻报道可以看出，九一八事变爆发后不久，昌平南口地区的青年学生就立即起来，发出了不愿做亡国奴的呐喊。

　　九一八事变后，蒋介石国民党政府采取"攘外必先安内"方针和不抵抗政策，整个东北三省富饶河山，在仅仅4个多月时间内被日本侵略者占领，3000万同胞惨遭蹂躏。

1931年9月29日《北平晨报》有关南口师生进行抗日宣传的报道
（报刊原版存于首都图书馆）（昌平区委党史办供图）

值此危难之际，中国共产党发出抗日救亡的呼声。1931年9月20日，中国共产党中央委员会发表《中国共产党为日本帝国主义强暴占领东三省事件宣言》。同日，中共北平市委印发《反对日本帝国主义吞并满洲宣传大纲》，揭露和谴责日本帝国主义侵略中国的罪行和国民党政府奉行不抵抗政策，推动北平及全国的抗日救亡斗争。

九一八事变后，日军占据沈阳各衙署各通信机关、驱逐中国警察消息接连传来。青年学生迅速响应，从9月21日起，北平学校陆续罢课，游行请愿，要求"一致对外""救亡图存"。在中共北平市委领导和北平学生抗日救国联合会组织下，以青年学生为先锋的抗日救亡运动蓬勃开展起来。北平地区各校学生到北平市区、近郊讲演，组建纠察队，发放反日宣传品，组织长途宣传队，前往昌平、南口等平绥铁路沿线城市、乡村开展宣传。

九一八事变的消息传来，昌平地区学生疾呼救国，发出昌平人民不愿做亡国奴的怒吼。1931年9月24日，南口扶轮学校师生400余人在校长齐振璘带领下，携带大量自行印制的标语、宣言和画报，除了前往南口镇各村进行宣传外，分别赶往附近车站、村庄遍散传单，呼吁抗日救国。

9月28日下午1点，扶轮学校教职员工带领学生们来到南口车站进行抗日宣传。当时正好有一辆列车驶入站台。师生们抓住这个机会，一部分人在车厢外贴满抗日标语和宣传画，一部分人高呼口号，登上列车向乘客们散发反日宣传品，并进行演讲，大声斥责日本侵略者的残酷暴行。演讲队伍中大都是八九岁的小学生，他们激昂愤慨的演讲赢得车厢内一阵阵掌声。在头等车厢里，几名来自美国的游客也被这群热血沸腾的学生感染，不停地端起相机对着学生拍照。当时车厢内还有两三名日本游客，他们见到反日救国团，便后退躲避起来，唯恐被中国人认出来受到牵连。直到下午4点，下一班列车马上要进站时，学生们才结束演讲，下车离开。9月29日，《北平晨报》对此进行了报道："自24日起，（校长同全体职员）率领学生，携带宣传品，分队出发，赴南口附近村庄讲演，以资唤醒民众，甚为激烈""学生并在车上讲演，小学生仅八九岁，亦高声疾呼，语且痛切，乘客鼓掌如雷"。

除利用宣传、演讲、标语、传单等形式揭露日本帝国主义侵略中国的

罪行，反对国民党不抵抗政策外，昌平各界爱国人士纷纷行动起来，积极
开展抵制日货的活动。南口是平绥地区重要的陆路商埠，自20世纪20年代
以来，在此倾销的日本货物就占有相当比重。九一八事变后，为了抗议日
本侵略中国，一些爱国商人主动封存、销毁日本商品，改为销售国内商品，
在抵制日货的活动中发挥了积极作用。

（执笔：刘斌）

《反日专刊》与北平中学生抗日主张

中国人民抗日战争纪念馆基本陈列中展示的《反日专刊》，由北平私立大同中学校抗日救国会宣传科编辑并发行，是具有代表性的抗日救国宣传刊物。

北平私立大同中学校始建于1923年6月1日，由蔡元培、蒋梦麟、谭熙鸿、丁燮林、颜任光等几位北京大学的教授和学生创办，"大同"即孙中山倡导的"世界大同"之意。

1931年9月18日夜，日本关东军制造了震惊中外的九一八事变。消息传入北平，引起北平人民的愤怒。抗日救亡运动在北平轰然而起，青年学生成为运动的先锋。9月19日起，北平各大学纷纷发表通电、宣言，抗议日本帝国主义侵占我国领土，表示誓雪国耻的决心。中共北平市委于9月23日秘密召集党的活动分子会议，决定广泛开展抗日救国宣传。北平私立大同中学校虽为国民党所控制，但学校进步师生一直没有停止追求真理、探寻光明的步伐，中国共产党的地下组织和进步人士在学校的活动始终没有中断。《反日专刊》也正是在这样的背景下诞生的。

《反日专刊》目前仅可查到1931年11月第2期。该刊旨在围绕九一八事变，宣传抗日救国主张，揭露日本侵华的罪行与目的，动员青年积极参与抗日，并督促政府抗日。主要刊登有该校师生的反日演讲，宣传抗日的文字、诗歌、告民众书和宣传大纲，报道师生的抗日宣传活动。刊首语中声明："我们是中学生，认识既不深刻，思想尚未达于健全，幼稚当然在所不免，但这已是若干同学的深思苦求的结晶，若能以此引起多数同学的兴趣和注意——那是编者最大的希望。"

《反日专刊》编辑者不详，主要撰稿人有陈辉、陈兆襄、黎用恩、陈峰、徐桓、周炳琳等人。主要栏目有言论、诗选、戏剧、记载等。在第2期中，言论一栏主要刊文探讨中学生如何挽救国难、如何正确认识日本出兵以及反日教育等问题；诗选一栏主要刊登诗歌等文学作品，悼念东三省遇难民众，揭露日本横征暴敛的事实，号召民众积极参与抗日救国运动；此外，还穿插介绍日本的对华投资、对华贷款等相关情况，用于探讨日本与中国的关系。正如刊首语所写的"反日并不是一件太单纯的事，语云'知己知彼，百战百胜'，当我们转头看到日本对我们研究的深刻时，回头再来看看自己，则不禁汗颜自己的对日认识之薄弱了。所以，对于日本或共和中国关系的探讨，也是一件刻不容缓的事，于是，这本刊物就决定献在同学们之前了"。

《反日专刊》第2期中，较重要的文章有《中学生如何挽救国难》《我们对于日本出兵应有的认识》《从"反日"谈到"教育"》《驱除三敌救我国家》等。

《中学生如何挽救国难》是北大经济学教授周炳琳的演讲词，被收录在言论一栏的第一篇。文中分析了日本以暴力占领东三省的性质，即将日本人和朝鲜人尽量地移植过去，代替中国人。事件发生后，政府只是报告国际联盟，请其主持公道，得到的结果还是得由中日直接交涉。文中提出："我们要督促政府，从速备战""现在，希望内战从速停止，以图团结，组织个雪耻的政府，集中全力，来干下去"。对于中学生团体，周炳琳提出："至于我们中学生，更要准备，看我们自己的学龄、身体和种种方面，到自己比较可能的一件事上去准备。我们要咬定牙关，卧薪尝胆，政府有办法，我们随着政府走，政府没办法，我们仍要卧薪尝胆！""我们要对于家庭、朋友……之间积极宣传，我们要咬紧牙关，手拿着枪，伏在战壕里准备着放……我们要准备，准备！"

《驱除三敌救我国家》一文探讨了应如何努力挽救国家的问题。作者指出，自五四以来的群众运动留下了两个深刻的教训，一是运动激起之后，除了游行示威、贴标语、演讲、喊口号之外，再找不到其他工作了。二是群众运动无法保持持久性。因此，"想本理智态度从我们青年本身今后应该怎样去努力的问题，发表一点意见"。随后，作者从民族精神、知识技能和国民体格三个方面分析比较了中日之间的差别。最后，作者认为，此次日本人在东三省的凶暴行为，诚人世所罕有，但人必自侮而后人侮之，所以雪耻的根本工作在于全体同胞觉悟起来，进行自救。"目前救国的途径，直截了当地说，只有三点：恢复民族精神；切实充实知识；培养健全的体格！"

《反日专刊》发行后，其抗日救国的主张和言行，引起北平广大学生的积极响应。受这种进步思想影响下，北平中学生团体爱国热情日益高涨，一批优秀青年迅速成长。4年后，在意义深远的一二·九学生运动中，北平私立大同中学校近200名学生参加中共领导的民族解放先锋队，并在其领导组织下投身各种抗日斗争和活动，在民族解放的历史上写下光辉一页。

《反日专刊》第2期封面
（中国人民抗日战争纪念馆供图）

（执笔：马兴达）

东北中学流亡学生的不屈抗争

"白山摩空，黑水犹龙。四百万方里，物阜民丰。痛'九一八'之惨变，恣丑虏以侵凌。三千万同胞沉沦浩劫，水深火热相哀鸣，怅望故乡，满腔热血如潮涌。发冲冠，剑如虹，誓专攻学术，积健为雄，精诚团结，奋斗牺牲。扫阴霾，重整河山万年红。"

这是东北中学校歌的歌词。学校冠名为"东北"，校址却不在东北，最初是在北平办学。东北中学是在张学良关怀下建立起来的，王化一作为第一任校长，为学校筹建做了大量工作。中国人民抗日战争纪念馆便珍藏着王化一赠送给张学良侍卫官李凯忱的一个瓷杯。

九一八事变爆发后，日本帝国主义侵占东北，东北各界爱国人士先后入关。他们在北平奉天会馆组织东北民众抗日救国会，从事抗日救亡、收复失地、打回老家去的活动。不堪日本帝国主义奴役的大批东北青年，主要是大、中学校学生也纷纷逃离家园，聚集北平。青年学生远离故土，没有社会关系又没有钱，万般苦楚可想而知。心系东北人民的张学良表达了对学生的关心，东北民众抗日救国会乃商请张学良，决定成立一个机构，接纳并教育东北青年。

王化一时任辽宁省教育会副会长，同时在救国会军事部工作。张学良指示他设法筹办学校，救济东北失学青年。王化一各方奔走、历尽周折，终于向北平市社会局借到了西单皮库胡同24号北平儿童习艺工厂厂址作为校址，后募集到一些设备、用具，于1931年10月初开始收容学生。

起初以为学生不会很多，没想到后来人数日渐增加，开支也越来越大。为谋求根本解决，王化一征得张学良同意，决定成立东北学院，实行救济与教育并举。王化一邀请当时同在北平的东北各界领导人士10余人组成董事会，推王卓然为董事长，聘王化一为校长，李梦兴为总务主任，孙一民为教务主任，崔笠堂为训育主任，积极进行筹备建校工作。同时确定了"以救国为目的，以读书为工具"的教学方针。

办学之初，张学良给东北学院拨款1万元。经王化一多方动员，1931年12月18日东北学院正式开学。因当时收容的学生文化程度参差不齐，大学、中学、小学都有，所以取名东北学院。随后经过整理，大学程度的离校升学，小学程度的编为补习班作为中学预备生，其余学生完全为高初中程度，分设班级。之后，东北学院另觅校舍迁出，于1932年改名为北平私立东北中学校（统一简称"东北中学"）。学校将东北入关的中学学生按学历分编为初、高中共10个班，并聘请流亡入关的各中学教师担任各科教师。除教授普通课程以外，还增加军事训练和时事科目。

1935年国民党政府与日本达成"何梅协定"，规定凡有抗日色彩的团体、学校一律撤出华北。东北中学高举"收复失地""打回老家去"旗帜，自然为日军所不容，不得已于1935年南迁河南省鸡公山。1937年学校又迁往湖南桃花坪，后因长沙大火，日军进窥湖南，迁校到四川自流井。这次迁校，经湖南、贵州、四川3个省，走了8个月，1938年初夏到了自流井静宁寺。从1932年建校到1942年停办的10年中，先后担任校长的有张学良（兼）、王化一、孙恩元、马廷英、王汉倬、杨予秀。

东北中学的骨气不仅表现为流亡东北群体的团结一心，还体现在学生不畏强权的抗争上。从1935年到1940年秋，东北中学发生过4次规模较大的学生运动。

一是1935年在河南省鸡公山校区，学生驱逐教导主任魏益新的运动。因为魏益新同国民党走得近，恶意干扰东北中学事务。二是1937年在湖南桃花坪校区，学生反对国民党当局解聘学生爱戴的校长孙宜民，原因是孙宜民不亲近国民党，换来了国民党党棍、大烟鬼赵雨时和特务赵尺子。这次学潮历时3个月，学生还到武汉请愿，终于以赶走赵雨时而获胜利。三是1937年，学生请愿驱除训育主任时志鸿，他是当时一个党棍特务头子的妹夫，学生经过抗争赶走了他。四是从1939年起，在四川自流井静宁寺，东北中学中出现了以王焕彬为首的三青团组织，学校中的进步力量不断与三

东北中学校长王化一赠李凯忱瓷杯
（中国人民抗日战争纪念馆供图）

青团做斗争，许多进步同学或者中共地下党员，包括进步老师被三青团势力赶走。国民党为进一步控制学校，派来了党棍杨予秀任校长。1940年，进步学生郎人骏和徐克静（中共地下党员）被开除，这一过程中，进步学生不断与三青团势力斗争，形成一次持久的学生运动。

从白山黑水间走出的东北学子，被迫奔波流亡于各地，面对诸多威胁与压迫，他们始终秉持一颗赤诚之心，用实际行动证明青年学子的不屈、高洁与斗争意志。

1942年，迫于国民党反动当局的压力，东北中学解散。10年间，这所学校为抗日战争、解放战争乃至新中国成立后的各项建设工作，培养了大批人才。

（执笔：王蕾）

北大学生南下示威专刊

　　1931年，九一八事变爆发后，为抗议国民党政府所谓"攘外必先安内"的方针和不抵抗政策，声援东北人民抗日斗争，北平学生掀起抗日救亡运动。1931年12月上旬，北京大学340余名学生组成南下示威团，赴南京示威请愿。

　　北京大学校史馆展示的一本《北京大学示威运动专刊》（以下简称《专刊》），生动翔实地记录了北京大学南下示威运动的壮举。《专刊》由国立北京大学非常学生会编印，1932年1月15日印行。封面中央是一幅版画风格的宣传画，描绘的是运动中摇旗呐喊示威游行的场景，张力十足，激愤之情和必胜之心跃然纸上。

　　《专刊》登载了包括《发刊词》和《编后》在内的40篇文章（篇目见附表），刊发了《北京大学示威运动的意义及其前途》《北京大学南下示威团代表团报告》《南下示威感言》等报告或感言，收录了《北京大学全体同学南下示威告全体民众书》《北京大学南下示威团被捕同学宣言》《北京大学南下示威团招待新闻记者演辞》《北大示威团覆卫戍司令部函》《北京大学非常学生会成立宣言》等重要宣言、函件及演讲，内容涉及北京大学学生南下示威宣传团的组织成立、活动经过、意义影响、总结思考等，是中国青年学生积极参加抗日救亡运动的重要史料。

　　《专刊》刊载的一篇署名为"代表团"的《北京大学南下示威团代表团报告》，较为详细地记述了北京大学南下示威团的活动经过。1931年12月，北大学生分两批加入南下示威队伍。第一批230余人、第二批110余人先后于3日、4日到达南京，住在中央大学体育馆。

　　12月5日，北大南下示威团从中央大学出发，前往国民党政府教育部示威请愿，要求"立即收回东北失地"，"立即全国总动员对日本绝交"。示威学生遭到军警毒打、捆绑、囚禁，有些人因此惨死。在狱中，北大学生开展绝食斗争，引吭高歌："北大！北大！一切不怕！摇旗呐喊，示威南下。既被绳绑，又挨枪把。绝食两天，不算什么！作了囚犯，还是不怕。不怕！不怕！北大！北大！"

12月7日凌晨，南下示威学生被押送上由浦口北上的列车。到达徐州后，因津浦交通中断，"囚车"改由陇海路转平汉线北上，9日晚抵达北平。至此，为期一周的北大学生南下示威运动告一段落。

南下示威团返回北大后，继续开展抗日救亡运动，他们与留校学生会合组成"北京大学非常学生会"，执行北京大学学生会及抗日运动委员会一切职权。非常学生会成立后，决定编印《"一二五"示威运动纪念特刊》，征稿启事于12月24日发出，并刊登在12月26日和28日的《北京大学日刊》上。在北大师生的广泛支持和帮助下，1932年1月15日，纪念特刊正式出版，定名为《北京大学示威运动专刊》。

除公告、宣言、函电、报告等史料外，《专刊》刊载的文章还包括亲历者对运动过程的记述和回顾等。

北京大学经济学系学生千家驹执笔《发刊词》。他从经济角度，分析了国际帝国主义野蛮扩张瓜分中国的原因；认为南下示威运动虽然没有根本地解决民族存亡的危机，但是示威运动及示威烈士的鲜血，对唤醒民众自救的自觉具有重要意义；提出"只要认清了道路，迈步地前进，民众们的热血终有一天会冲洗去污浊的血腥和剥削的世界，终有一天会由必然的王国达到自由的王国！"除千家驹外，还有一些同学撰文，分析和评价南下示威运动。例如孙平野在他的文章《"北大成功了"？》中提出，南下示威运动"掀起了汹涌而伟大的革命浪潮，吓破了卖国军阀们鼠胆，振起了全国民众的颓心"，但北大并没有成功，因为"东三省不但没有收回，而且亡得益加巩固了。国联瓜分中国的决议不但没有推翻，而且立刻就见诸实行了，南京政府不但没有停止卖国的勾当，而且毅然接受国联瓜分中国决议了。中华民族不但没有免于危亡，而且危亡的征象更加显明了"。

这些文章让我们看到，北大学生没有为短暂的成功而沾沾自喜，没有因势单力薄和困难重重而裹足不前，更没有因未能实现示威目的和救亡目标而妄自菲薄，反而更加激起了勇往直前的斗志和热情，继续为抗日救亡而努力。

《北京大学示威运动专刊》
（北京大学校史馆供图）

《专刊》在南下示威运动结束后月余即完成出版，既是北大学生对南下示威运动的重要纪念，也表达了北大爱国师生团结抗日的决心。轰轰烈烈的南下示威运动，激起了全国学界乃至社会各界汹涌澎湃的抗日浪潮，对唤醒民众反帝爱国自觉性具有重要意义。时任北大政治学系教授的陈启修认为，北大学生南下示威运动"把全国沉默空气冲破"，"给国内政局一个转变的影响"，"是1931年的五四"。

北京大学南下示威团前往火车站的场景（北京大学校史馆供图）

附表:《北京大学示威运动专刊》篇目总表

篇目	作者
发刊词	千家驹
对全国学生的一个建议	
北京大学示威运动的意义及其前途	编者
马占山将军休矣	
北京大学南下示威团代表团报告	代表团
大学生的"军事训练"	
南下示威纪	张孟休
"五四"运动与"一二五"示威运动	子敏
学生运动的纵横观	田文彬
"北大成功了"?	孙平野
卫戍司令部之夜	全
孝陵卫的一夜	曹曾保
"特种教育委员会"	
一个武装同志的信	杨增
南下示威感言	震旦
关于"一二五"运动前后的"哭"	息珍
示威随笔	章林夕
无题——献给北大	萧家驹
戴"将军"的教导青年论	
国殇	泥鞋
示威行	弓玄
给读者的一封公开信	
北京大学全体同学南下示威告全国民众书	
相逢何必曾相识	

续表

篇目	作者
北京大学南下示威团再告民众书	
北京大学南下示威团为同学被捕告民众书	
北大示威团与南京民众告别书	
面子问题	
北大示威团与中大同学告别书	
北京大学南下示威团被捕同学宣言	
北京大学南下示威团招待新闻记者演辞	
流氓政策与群众运动之会见	
关于北大旧学生会及留校全体学生会为示威运动事文电一束	
蒋校长致姜绍谟等密电	
首都卫戍司令部致北大南下示威团公函	
北大示威团覆卫戍司令部函	
北京大学非常学生会成立宣言	
北京大学非常学生会为关纾充任北大密探事致蒋校长函	
北京大学非常学生会对时局宣言	
编后	

（执笔：刘静）

反帝大同盟的传单

中国人民抗日战争纪念馆馆藏文物中，珍藏着两份反帝大同盟的传单，一份为1932年2月3日北平反帝国主义大同盟书记局发表的《为上海事变告劳苦群众书》，另一份为1933年1月8日河北反帝大同盟北平市临时执行委员会发表的《为反对日本帝国主义占领榆关秦皇岛滦州塘沽进攻平津告北平市劳苦民众书》。

反帝大同盟是一个进步的国际组织，由法国著名作家、共产党员巴比塞和作家罗曼·罗兰，苏联作家高尔基和中国的宋庆龄等国际著名人士在比利时发起成立。1929年7月，在中国共产党的领导下，反帝大同盟首先在上海建立。随即，全国各地如河北、哈尔滨、绥远等也先后建立了反帝大同盟，成为中国共产党领导下的反帝爱国团体。

北平反帝国主义大同盟的前身为反帝爱国团体北平援助留日被捕同胞会，该会于1930年1月5日在北平成立，由中共顺直省委和北平市委指导，北京大学学生发起组织。该会成立后，首先在北大、师大、燕大、清华、中法、朝阳等大学以及弘达、汇文、孔德、今是、山东等中学建立支部。同时通电全国社会各界，揭露日本帝国主义的暴行，并派代表到各地组织后援会，先后参加后援会的各界团体达60多个，有力推动了北平的反帝斗争。1930年1月底，后援会召开第3次代表大会，并宣布成立北平反帝国主义大同盟，简称"北平反帝大同盟"。

北平反帝大同盟先后创办出版《反帝战线》《反帝新闻》《反帝青年》《工农周报》《工农兵学报》等刊物，经常在青年和知识分子中开展反帝革命教育。

1930年4月20日，在中共北平行动委员会领导下，北平反帝大同盟与青年反帝同盟、革命互济会、妇女互助会、无产阶级文化运动大同盟及人力车工人、印刷工人代表等联合发起，召开五一运动筹备委员会代表大会，正式成立五一运动筹备委员会，作为号召和领导北平进步群众开展反对国民党的示威活动的总机关。大会通过罢工、罢课、罢操、罢岗，举行五一大示威，争取8小时工作制等提案。会后举行示威活动，遭到反动便衣侦缉队的袭击，伤10余人，被捕50多人。

1932年1月28日，日军进攻上海。2月3日，北平反帝大同盟书记局立即发表《为上海事变告劳苦群众书》，号召全华北工、农、兵、学生以及一切革命民众："……反对日本帝国主义进攻上海，拥护上海总罢工！……反对日本帝国主义增兵中国，驱逐帝国主义在华军队出境！绝对反对帝国主义设立上海中立区域！"

3月5日，北平反帝大同盟发表《为上海事变第三次宣言》，继续揭露日本帝国主义灭亡中国的危险和国民政府的腐朽反动本质。4月，与中国革命互济会北平分会等5个革命团体联合发表反对国联调查团宣言，指责国联调查团是帝国主义强盗的使者，号召工农兵及市民反对国联调查团来北平调查。

5月上旬，北平反帝大同盟发起召集河北反帝全省代表大会，保定、天津、唐山、正定、通州等地方反帝组织相应派出代表，并于6月1日在北平召开大会。会上一致通过成立全省反帝大同盟，成立领导全省反帝运动的总机关——河北省反帝大同盟执行委员会。北平反帝组织受河北省反帝大同盟直接指导，城内分东、西南、西北3区，城外西郊一区共分成4区，各区建立区委会，管理各支部。其所属支部成年共24个、青年29个，团体有左联、社联、妇联、总工会、剧联、语联、教联等7个，总共60余支部，盟员约700人，成员大部分为学生知识分子。

1933年1月初，日本帝国主义大举进攻华北的门户山海关（因地处河北省临榆县境内，又名"榆关"）。中国驻军何柱国部奋起抵抗，打响了长城抗战的第一枪，史称"榆关抗战"或"榆关事变"。1月8日，河北省反帝大同盟发表《为日本帝国主义侵占榆关夺取平津告兵士书》传单，号召士兵们团结起来停止内战共同抗击日军侵略。同日，河北反帝大同盟北平市临时执行委员会发表《为反对日本帝国主义占领榆关秦皇岛滦州塘沽进攻平津告北平市劳苦民众书》传单，号召全北平劳苦民众自动武装起来，组织义勇军扩大民族革命战争，联合起来共同抗击日军侵略。这些传单反映了全国人民停止内战、联合抗日的愿望。

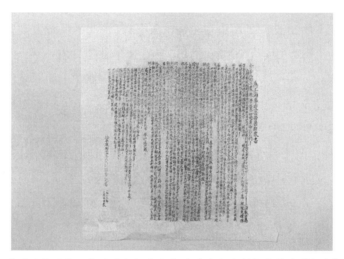

北平反帝国主义大同盟书记局发表的《为上海事变告劳苦群众书》
（中国人民抗日战争纪念馆供图）

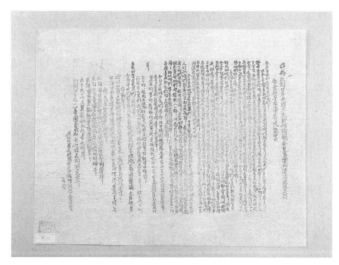

河北反帝大同盟北平市临时执行委员会发表的《为反对日本帝国主义占领榆关
秦皇岛滦州塘沽进攻平津告北平市劳苦民众书》（中国人民抗日战争纪念馆供图）

北平反帝大同盟与河北反帝大同盟北平市临时执行委员会，是抗战初期中国共产党较为重要的外围团体组织，其活动有力地推动了北平反帝斗争的持续发展，对中共北平党组织工作的开展起了重要作用。

（执笔：姚新婧）

东北民众抗日救国会与《救国旬刊》

中国人民抗日战争纪念馆收藏的《救国旬刊》，长26厘米，宽19厘米，是东北民众抗日救国会编辑发行的刊物。《救国旬刊》自1932年2月创刊，至1933年9月截止，共刊行54期。

1931年9月27日，九一八事变后的第9天，为支援东北抗日斗争，流亡北平的东北爱国人士，在北平西单牌楼旧刑部大街12号奉天会馆东院，正式召开东北民众抗日救国会成立大会。与会代表一致通过了执行委员会27名委员名单和9名常务委员会委员名单，又成立了总务组、宣传组、军事组，分别由辽宁省商会副会长卢广绩、奉天基督教青年会总干事阎宝航、辽宁省教育会副会长王化一任组长。大会确立救国会的宗旨是：抵抗日本侵略，共谋收复失地，保护主权。入会条件为：不限东北籍人员，凡有国家观念，有国家理想者，为进行以武力抵抗日军之人员，皆可入会。大会通过《救国会宣言》，决定把奉天会馆东西两院作为救国会办公地点。东北民众抗日救国会是在全国最早扛起抗日救亡大旗的民众组织。

救国会成立后，即在关内、关外同时开展抗日救亡宣传工作。为了揭露日本帝国主义侵华暴行，报道东北义勇军战绩，扩大抗日宣传，救国会克服重重困难，于1932年2月编辑发行《救国旬刊》，由政治部宣传科负责，政治部干事李全林为该刊主编兼总发行，政治部副部长霍维周为主要撰稿人。

发刊词写道：本刊"志在阐扬中华民族精神，叙述抗日战绩，报告抗日消息，采集抗日策略，团结抗日分子"。"我全国同志，应举全力集于抗日救国旗帜之下，共发伟论，以达抗日最后目的。"

《救国旬刊》着力报道东北抗日义勇军的活动，包括建立、组织、作战、战绩等。从第22期开始，每期最后一版开始连载《义勇军旬报》，专题报道义勇军抗日。号召全国人民支援义勇军的抗日斗争也是该刊宣传重点，第1期刊登《东北同胞应该积极援助义勇军》，第2期刊登《东北义勇军之苦难》，借此希望全国人民切身感受到抗日义勇军在东北孤军奋战的艰辛不易，号召所有同胞捐款捐物、出人出力，团结一心、共抗日寇。

《救国旬刊》以大量篇幅揭露日本侵略者在东北的种种暴行。第13期至15期连载《最近日本侵略东北之阴谋及其暴行》，揭露日本侵略者在经济上大肆掠夺东北的各类资源；第5期《日人设立伪国之经过》和第7期《暴日操纵下之傀儡政府》揭露日本侵略者在政治上扶持汉奸傀儡，"以华治华"；第54期刊登《日本铁蹄下的东北现状》，揭露日本侵略者实行殖民统治的丑恶行径。这些报道充分揭露了日本的侵略面目，反映了东北人民在沦陷区的悲惨生活，加深了全国人民对东北同胞的同情，进一步点燃全国人民的抗日怒火，加速反日高潮的到来。

《救国旬刊》还着力揭露国民党政府无作为、不抵抗，屈服于日本侵略者的卖国罪行。第44期、第45期刊登主编李全琳撰写的《当局速定和战大计》《对日妥协是死路一条》《交涉不忘抵抗》，第46期和第47期不仅发表揭露日蒋勾结签订《塘沽协定》的文章，还刊登救国会分别给蒋介石、何应

《救国旬刊》第48、第49期（中国人民抗日战争纪念馆供图）

《救国旬刊》第53、第54期（中国人民抗日战争纪念馆供图）

钦、黄郛的公开信，强烈谴责他们"一二在位之士，非尽贤达，所言所行未必合于公意，或反与事实相谬"。

1933年7月，东北民众抗日救国会被国民党政府强令取缔，被迫停止活动，《救国旬刊》也于次月停止发行。《救国旬刊》虽然只存在短短1年半时间，但揭露了日本帝国主义在东北地区的残暴统治和血腥掠夺，鼓舞了全东北人民以及全国人民的抗日斗志，使抗日爱国主张得到广泛共识，在宣传抗日、唤醒民众、团结抗日力量方面发挥了重要作用。

在国家和民族生死存亡的危难关头，爱国人士挺身而出，自创刊物，以笔作枪，奔走呼号，投身轰轰烈烈的抗日救亡运动。这是不畏强暴、勇于斗争的民族气节，也是天下兴亡、匹夫有责的真实写照！

（执笔：谢艾雯）

北平学联的抗日救亡宣言

为反对日本侵略者策动"华北自治"，1935年12月6日，在中国共产党领导下，北平大中学校学生抗日联合会（简称"北平学联"）发表《北平市学生联合会成立宣言》，提出反对日本帝国主义吞并华北九大纲领。随即，北平学生发起一二·九运动，掀起全国抗日救亡运动的新高潮。2021年，中国人民抗日战争纪念馆举办纪念全民族抗战爆发84周年专题展览《中流砥柱——中国共产党抗战文物展》，展示了这一见证历史的珍贵文物。

1933年《塘沽协定》签订之后，日本暂时将对中国"武力鲸吞"的露骨侵略方式转变为有序推进的"渐进蚕食"方式，企图一口口啃噬掉中国。华北成为日本侵略的下一个目标。1935年五六月间，日本侵略者密谋策划，并以武力相威胁，先后迫使南京国民政府接受与其达成"何梅协定"和"秦土协定"，把包括平津在内的河北、察哈尔两省的大部分主权奉送给日本。

在民族危机严重的情况下，中国共产党决定发动群众开展抗日救亡运动。1935年8月1日，中共驻共产国际代表团草拟《中国苏维埃政府、中国共产党中央为抗日救国告全体同胞书》（即《八一宣言》），并于10月1日在法国出版的《救国报》（后改为《救国时报》）上发表，提出停止内战，一致抗日的政治主张，要求全国各党派、各界、各军团结起来，建立抗日民族统一战线，成立组织国防政府和抗日联军。《八一宣言》发表后，引起社会各阶层强烈反响，极大鼓舞了青年学生和知识分子的抗日爱国热情。

北平党组织成员彭涛、周小舟等，从北京饭店法文图书馆出售的英文版《共产国际通讯》和《共产国际半月刊》上看到《八一宣言》，深受鼓舞，决定广泛发动学生，采取公开合法的形式，开展抗日救国运动。中国共产党领导下的北平进步学生团体——北平学联应运而生。

北平学联的前身是"黄河水灾赈济会"。1935年夏秋之际，黄河水灾泛滥，淹没华北广大农村。8月15日，中共河北省委号召灾民团结起来，组织起来，武装起来，自己拯救自己。中共北平工委宣传部部长彭涛主张由民族武装自卫会出面组织黄河水灾赈济联合会，利用合法形式进行革命活动。彭涛的主张得到周小舟、杨子英、姚依林、黄敬、郭明秋等人支持，并立即组织各大中学校筹办水灾赈济会。北平师范大学、清华大学、东北大学、女一中、艺文中学、汇文中学、崇实中学等校的水灾赈济会代表在女一中开会，正式成立"北平大中学校学生黄河水灾赈济联合会"。北平女一中吴闺箴被推选为临时主席，清华大学姚依林被推选为秘书长。会后，赈济会在北平社会局正式登记备案，取得了合法地位。赈济会成立之后，学生们在北平大街小巷公开开展募捐活动，组织义演，各校还派代表携善款、物资和抗日宣传品到灾区慰问。

1935年11月，黄河水灾赈济活动结束。11月18日，在彭涛、周小舟、谷景生、姚依林等人领导下，决定将"黄河水灾赈济会"改组为"北平大中学校学生抗日联合会"，又称"北平学生联合会"，简称"北平学联"。北平女一中学生郭明秋为学联主席，清华大学姚依林为秘书长，镜湖中学学生孙敬文为总交通，东北大学学生邹鲁风为总纠察，燕京大学学生黄华为总交际。中共北平工委在学联建立了党团组织，彭涛为书记。北平学联的成立，成为中国共产党领导下学生抗日救亡运动的新起点。

此时，日本加紧侵略步伐，策动所谓"华北自治运动"。1935年11月25日，日本扶植汉奸殷汝耕在河北省通县成立"冀东防共自治委员会"。殷汝耕自任"委员长"，宣称"冀东22县脱离中国中央政权"。宣布后，塘沽和大沽也被殷汝耕强行划入辖区。面对日益严重的民族危机，国民党当局顺应日本的无理要求，对日本侵略采取了妥协退让方针，计划于12月在北平成立以宋哲元为委员长的冀察政务委员会。华北事变使平津上空乌云密布，整个华北危在旦夕。

在中共河北省委特派员李常青和彭涛、周小舟等组成的中共北平临时工作委员会领导下，北平学联广泛发动学生开展抗日救国活动。1935年12月3日，北平学联在女一中秘密召开代表大会，通过《通电表示否认任何假借民意之"自由运动"》和《联络北平市各大中学校发起大规模请愿》两项决议案。12月6日，再次召开代表大会，通过并发表了《北平市学生联合会成立宣言》，要求立即停止内战，武装全国民众，并联合全世界民众，共同反对日本帝国主义。《宣言》提出反对日本帝国主义吞并华北的九大纲领：

1.反对分割中国领土的华北防共自治运动！

2.反对一切屈服投降的秘密外交！

3.争取言论出版集会结社及救国运动的绝对自由！

4.立即停止内战，全国陆海空军总动员，对敌宣战！

5.全国人民总动员，总武装，保卫华北，驱敌出境！

6.成立民众武装自卫组织，领导中华民族革命战争！

7.没收仇货及汉奸财产，充作抗日经费！

8.成立中苏人民互助协定！

9.联合全世界被压迫的民众，共同反对日本帝国主义！

《北平市学生联合会成立宣言》发表后，平津15所大中学校联合发出通电，反对"防共自治"，要求政府讨伐汉奸殷汝耕，动员全国人民抵抗日本的侵略。在中共北平临时工作委员会领导下，北平学联于12月9日和16日先后发动和组织全市学生举行大规模的请愿和游行示威，是为一二·九运动。

为把抗日救亡引向深入，1935年12月下旬，在中国共产党领导下，北平学联与天津学联共同组成平津学联南下扩大宣传团，深入河北广大农村，进行抗日救亡宣传。1936年2月初，在宣传的基础上，成立中华民族解放先锋队，对团结广大青年，促进抗日救亡运动起了

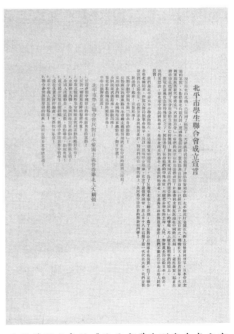

北平学联发表的《北平市学生联合会成立宣言》（中国人民抗日战争纪念馆供图）

重要作用。

李大钊在《青春》一文中写道："以青春之我，创建青春之家庭、青春之国家、青春之民族、青春之人类、青春之地球、青春之宇宙。"青年是整个社会力量中最积极、最有生气的力量，国家的希望在青年，民族的未来在青年。中国共产党组织和领导北平学生联合会进行抗日救亡运动，发出属于青年的声音，发挥青年的先锋力量，对全国抗日救国运动的发展起了重要的推动作用。

（执笔：姚新婧）

一二·九运动与《告全国民众书》

　　中国人民抗日战争纪念馆《伟大胜利 历史贡献》主题展览展厅里，陈列着一张《告全国民众书》的传单。1935年12月爆发的一二·九运动是在中国共产党的领导下，由北平学联组织发动的一次大规模的抗日爱国运动。这场运动中，清华大学学生自治会救国委员会发表了《告全国民众书》，发出了"华北之大，已安放不得一张平静的书桌了"的呐喊。

　　1935年五六月间，日本侵略者密谋策划，在天津和河北等地制造事端，并以武力相威胁，先后与南京国民政府达成"何梅协定"和"秦土协定"，占有了河北、察哈尔两省的大部分土地。

　　面对严重的民族危机，热血沸腾的广大青年学生，奋不顾身地起来斗争。北平、天津的学生走在斗争前列。这时，中国共产党号召团结抗日的《八一宣言》已传到北平。11月18日，在中国共产党的领导下，北平大中学校学生抗日联合会（简称"北平学联"）成立。12月6日，国民党政府为迁就日本"华北自治"要求，准备在北平成立冀察政务委员会的消息传出，学联立即召开代表大会，通过《北平学生联合会成立宣言》，提出反对日本帝国主义并吞华北九大纲领。号召全市大、中、小学生，一齐起来进行抗争。12月8日，学联在燕京大学召开各校代表会，决定于第二天即冀察政务委员会成立之日，组织游行请愿。

　　在为游行做准备的过程中，《清华周刊》总编辑、清华地下党支部书记蒋南翔，起草了一篇游行宣言。他独自躲到清华学堂地下室的印刷车间，抱着满腔悲愤，连夜写成了《告全国民众书》。后来，蒋南翔在《我在清华大学参加"一二·九"运动的回忆》中这样写道："这篇宣言接连写了两三个晚上，当时痛感华北人民面临亡国奴的威胁，地处国防前线的北平学生，已在上着'最后一课'。华北之大，已经安放不得一张平静的书桌了。我一面写作，一面不能自已地泪流满面，激动的心情，难以言宣。"

《告全国民众书》全文900余字，以青年知识分子群体角色同"全国民众"平等对话，向全国父老同胞痛陈日军入侵、民族危亡的严峻局面，言辞恳切，真诚实在，字字血泪，句句愤火，全从胸臆中涌出。"我们愿意暂时丢开书本，尽力之所及，为国家民族做一点实际工作"，并号召全国民众"人人都应负起保卫中国民族的责任"。

12月9日，古城严寒，朔风凛冽，在李常青和彭涛、周小舟等组成的中共北平临时工委领导下，在姚依林、郭明秋、黄敬、宋黎等的组织、指挥下，学生们的请愿活动开始了。

东北大学与北平大学法商学院、东北中山中学的部分学生冲破军警包围，在向新华门进发的路上会合。中国大学、北平师范大学、市立女一中、师大女附中等学校的学生先后会合，最早抵达新华门。清华大学和燕京大学离城较远，在西直门遭到军警阻拦，城门被关闭，无法进城，便在西直门一带召开群众大会，向附近军民和守城军警进行抗日宣传，一直坚持到傍晚。

上午10点30分，东北大学、北平师范大学、中国大学、民国学院、北平大学法商学院和部分中学等10多所学校的学生数千人在新华门前会集。学生们高呼"打倒日本帝国主义""停止内战一致对外""反对成立冀察政务委员会""反对秘密外交"等抗日救亡口号，强烈要求何应钦出来接见。遭到拒绝后，学生们进行示威游行。当队伍行至西单牌楼平津卫戍司令部附近时，遭到军警大刀、水龙的暴力驱赶。学生们和军警展开搏斗，最终，在王府井大街，游行示威队伍被冲散，学生30多人被捕，数百人受伤。

虽然游行遭到镇压，但一二·九的抗日怒吼，震撼了古都北平，很快传遍了国内外，唤醒了广大民众。北平学联决定自12月11日晚，各校学生举行总罢课，并积极酝酿更大规模的示威游行。

一二·九运动当天，由蒋南翔起草的《告全国民众书》被油印成传单，在游行队伍中广为散发，张贴在北平的大街小巷。第二天，《告全国民众书》由油印变成了铅印，在清华学生自治会救国委员会编印的《怒吼吧》第一

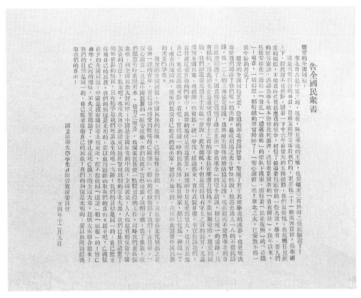

清华大学学生自治会救国委员会发表的《告全国民众书》
（中国人民抗日战争纪念馆供图）

期上发表。"那一句'华北之大，已经安放不得一张平静的书桌了！'迅速传遍国内，见诸报端，甚至成了'一二·九'运动的旗号。"

一二·九运动是中国共产党领导下的大规模学生爱国运动，具有广泛影响和深远意义。1939年12月，毛泽东在《一二·九运动的伟大意义》一文中指出，一二·九运动"是动员全民族抗战的运动，它准备了抗战的思想，准备了抗战的人心，准备了抗战的干部"①。《告全国民众书》这篇战斗檄文值得人们永远纪念。

（执笔：马兴达）

---

① 《毛泽东文集（第2卷）》，人民出版社1993年版，第253页。

中华民族解放先锋队的宣言

　　中华民族解放先锋队（简称"民先队"）是中国共产党创建和领导的先进青年组织，在抗日救亡运动中发挥了巨大作用。它是一二·九运动的产物，正如毛泽东所说："一九三五年十二月九日，北平学生运动，在我们党领导之下，发动了英勇的爱国运动，成立了中华民族解放先锋队，并把这种爱国运动推广到了全国各大城市。"中国人民抗日战争纪念馆"伟大胜利历史贡献"主题展览展厅，陈列着一张印有《中国民族解放先锋队对时局宣言》传单，向人们静静诉说着这段历史。

　　《中国民族解放先锋队对时局宣言》全文1000字左右，在揭露日本军国主义侵占中国领土，奴役、屠杀中国人民的事实后，明确指出："对抗已迫切了，我们相信只有建立起巩固的民族解放统一战线，方能给敌人以致命的打击；只有统一战线之具体化的各界救国联合会的成立，方能领导抗日的各种力量；只有成立民众的武装组织，方能保证对日抗战的胜利。"随后，提出中华民族解放先锋队对于当前时局的两项主张：促成华北各界救国联合会；在全国各地，尤其是华北，成立民众的抗日武装组织。宣言号召："热血的青年们，加入我们的队伍吧，和我们一块儿担负起民族解放先锋的任务；各界的人们为了在抗日大旗下共同为民族独立而斗争来和我们携手吧！"

　　中华民族解放先锋队前身是平津学生南下扩大宣传团。九一八事变后，以蒋介石为首的国民党政府，执行所谓"攘外必先安内"方针，对日采取不抵抗政策，致使日军侵占东北三省，并步步紧逼，加紧对华北的侵略。1935年12月9日和16日，在中国共产党的领导下，北平爱国青年学生举行了两次抗日救国请愿游行，要求国民党政府停止内战、一致对外。为使学生运动坚持下来并不断发展，1935年12月20日，中国共产党通过共青团中央发表《为抗日救国告全国各校学生和各界青年同胞的宣言》，号召广大青年："把反日救国运动扩大起来！到工人中去，到农民中去，到商民中去，到军队中去！"

1936年1月初，北平、天津两市部分爱国学生，在中共北平市委统一领导下，共同组成"平津学生南下扩大宣传团"。宣传团分为4个团，沿平汉路南下，深入农村，向农民宣传抗日救国道理。此次南下宣传，平津学生对中国农民正遭受着的残酷剥削和压迫有了更深切的了解，对贫苦农民的同情心也大大加深。学生们逐渐抛弃轻视工农、轻视劳动的观念，开始走与工农相结合的正确道路。由于受国民党政府军警和便衣队重重阻拦，宣传团的活动一度被迫停止。

1936年1月16日，返回北平的宣传团团员在燕京大学召开会议，成立以反帝、反封建民族解放运动为宗旨的中国青年救亡先锋团。1月21日，大部分宣传团团员在河北保定同仁中学礼堂召开全体队员大会，一致要求把宣传团发展成为一个永久性组织，并称之为民族解放先锋队。

随着抗日救亡情绪日益高涨和建立广泛抗日民族统一战线的迫切要求，中共北平市委决定采纳宣传团意见，筹建一个先进的、抗日的、具有广泛群众性的青年组织。1936年2月1日，南下扩大宣传团团员代表大会在北师大文学院召开，把中国青年救亡先锋团和民族解放先锋队两个组织合并，改组成中华民族解放先锋队，总部设在北平。会议通过了《斗争纲领》、《工作纲要》和《组织系统》等纲领性文件，明确了民先队工作宗旨，即反帝国主义、反封建主义，追求民族解放。

2月16日，民先队发表宣言，宣布自己的斗争纲领是：（一）动员全国武力，驱逐日本帝国主义出境；（二）成立各地民众武装自卫组织；（三）成立各界救国会；（四）铲除汉奸卖国贼；（五）打倒傀儡政府；（六）没收日本帝国主义者的在华财产及汉奸卖国贼的财产，充作抗日军费；（七）联合世界上以平等待我之民族共同抗日；（八）联合世界弱小民族及被压迫民众共谋解放。新成立的民先队成员300人左右，有北平、天津两个分队。随后，很快向华北乃至全国发展，在天津、陕西、武汉、广州、成都、济南、上海等地相继成立分部，国外的东京、巴黎等地也均有活动。截至1936年底，已经在巴黎、里昂、东京等国外30多个城市建立了民先组织。

北平民先队积极组织队员学习《中国大革命史》《国家与革命》等革命书籍；组织队员学习军事知识，举办军事训练和军事演习；广泛联系大学教授、教员和第29军官兵，开展统一战线工作；组织捐款捐物，支援抗日前线将士；组织歌咏队、文艺团体，到工农群众中宣传抗日救国。

1937年7月7日，日本帝国主义制造卢沟桥事变，发动全面侵华战争。中国军队奋起抵抗，全民族抗战由此爆发。第二天，民先队、北平学联、华北各界救国联合会等29个救亡团体成立各界人民抗战后援会，组织慰问团、看护队、战地服务队，赴宛平前线慰问英勇抗击日本侵略军的第29军官兵。得知部队修建防御工事急需麻袋，民先队立即通过学联发起"万条麻袋运动"，很快征集了堆积如山的麻袋，保证了部队需要。7月29日，北平沦陷。遵照中共北平地下党组织指示，民先队总队部迅速组织2000多名队员和爱国学生撤离平津，分赴各地投身抗日、开辟工作，推动国民党政府抗战。一些民先队队员从西直门的水道钻出城来，到平西组织了游击队。后来打得日军城门昼闭、一日数惊的八路军晋察冀军区第5支队，指战员绝大多数都是民先队队员。发动平郊游击战的同时，一批又一批民先队队员走向华北乃至大后方等其他各个战场。据《新华日报》统计，从1937年9月至1938年8月不到一年的时间里，经民先队介绍到各抗日根据地的革命青年达7000余人。

全民族抗战爆发后，民先队总部从北平撤至太原，太原失陷后撤至临汾，继而又撤至西安。之后不久，为了保卫武汉，总部又撤至武汉。至1938年6月，全国的民先队队员已发展到5万多人。民先队日益壮大引起了国民党当局的仇视和恐慌，1938年8月20日，武汉卫戍区总部政治部下令解散了包括民先队在内的三个当时影响最大的青年救亡团体。民先队虽然解散了总部，但不少地方组织仍坚持斗争。根据地的民先队组织，后并入青年救国会。

纵观民先队发展历程，从1936年2月成立至1938年8月被国民党政府通令停止活动，两年多时间里，队员从最初的几百人发展到数万人，从北平发展到全国各地，为抗日救亡运动的发展、抗日民族统一战线的形成、

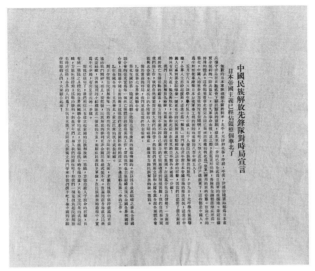

中华民族解放先锋队发表的《中国民族解放先锋队对时局宣言》
（中国人民抗日战争纪念馆供图）

抗日战争的胜利做出积极贡献。正如1949年任弼时在新民主主义青年团第一次全国代表大会的政治报告中所指出："在一二·九运动中产生的中华民族解放先锋队，不仅在当时的学生运动中起了骨干作用，而且，抗战以后，大批民先队队员走上抗日前线，在坚持敌后斗争，开辟抗日根据地的工作上，也起了不小的作用。"

（执笔：马兴达）

北平学生抗日救国示威团传单

一张泛黄的纸上，娟秀而工整的字体，使人仿佛聆听到了那强有力的呐喊声——"打倒帝国主义及其走狗""工农兵联合起来""民众自动武装起来，打倒日本帝国主义"。这些铿锵的口号，出自北平学生抗日救国示威团散发的一张传单。

1931年，日本在东北制造侵占中国领土的九一八事变，震惊了全中国。消息传到北平，激起了北平人民的怒火，一场以青年学生为排头兵的抗日救亡运动迅速兴起。

9月19日，北平大学法学院的东北籍学生组成东北学生抗日会，致电南京政府及全国人民，要求"一致对外，民众群起，杀贼救国，宁为玉碎，不为瓦全"。一时间，北平各大学校争相发表通电、宣言等文件，表达对日本帝国主义侵占东北领土的愤怒和誓雪国耻的决心。从21日开始，各大学校陆续罢课，并组织宣传队、话剧队等，深入群众开展抗日宣传工作，各校学生会、自治会也纷纷改组为抗日会。24日，北平60余所学校成立北平学生抗日救国联合会，统一指挥学生救亡运动，最大程度集中、发挥学生的力量。学生的爱国热情和抗日热忱极大地鼓舞了北平各界民众。25日，北平文教界、商界、妇女界、宗教界、工界和农民成立了北平市各界抗日救国会。

九一八事变后，一些地方的学生派代表或自行结队到南京向国民党中央请愿，迫使蒋介石出面接见学生，答复质问。11月23日，清华大学200余名学生来到前门东站，准备乘平浦线列车南下请愿，遭到北平当局强烈阻拦，不许学生上车。在滴水成冰的北平，学生横卧在铁轨上，誓死抗争。北平当局出于无奈，半小时后终于拨出两节车厢送学生南下。一时间，北平各校纷纷南下请愿，形成一股浪潮。其中，北京大学300余名学生组成的南下示威团也出发了。

12月3日，北京大学学生示威团到达南京。由于他们打着的是"示威"，而非"请愿"的旗号，引起国民党中央党部的极大仇视。5日，当同学们进行示威游行时，大批军警对学生大打出手，导致30多名学生受重伤，185名学生（内有女生32人）被捕，翌日夜军警将示威团中被捕学生武装押运回北平。国民党的蛮横暴行激起了北平、南京和各地学生更大的愤慨，留在南京的北大示威团学生和南京中央大学的学生重新组织队伍，向南京卫戍司令部抗争，要求释放被捕学生，惩办凶手，无果。随后，北大示威团派代表到上海联络，争取到了上海各校学生的支持。

面对一波又一波的请愿和示威运动，国民党当局双管齐下，一方面多方阻挠，一方面铁腕镇压。12月4日，北平市政府下令解散北平学联。下午，国立北平大学法学院等9所大中学校的2100余名学生在前门东站会集，准备南下请愿，遭到车站方阻挠。随后，学生们在车站进行了三天三夜的卧轨斗争，引起国内各界舆论哗然。张学良鉴于学生运动的威力和抗日舆论的谴责，被迫于7日下令开车，送北平学生南下。据参与过南下示威的刘靖回忆，当时"十一时四十五分火车仓促开行，很多轮换休息的学生未及上车。已上车的学生来自北师大、法学院、女子文理学院、农学院、华北大学、辅仁大学、中国大学、清华大学、艺术学院、北平大学、铁路大学、朝阳学院、盐务、民大、俄文法政学院、大同中学、十七中、女一中、平大附中、郁文、留日学生、归国抗日救国团等二十余校，约两千一百余人，共乘十五节车厢。而后又有北平学生陆续乘车南下，前后共有四千余人。"[①]

示威团到达南京后，即走上街头进行演讲、散发传单、召开新闻发布会，宣传南下的目的和要求。14日至15日，学生来到国民党政府外交部前示威，高呼"对日宣战""公开外交"等口号。学生的示威运动迫使国民党政府当局答应释放被捕学生并停止追捕示威人员。

---

① 刘靖：《回忆"九·一八"事变时的学生爱国运动》，《吉林大学社会科学学报》，1981年第6期，第35页。

北平学生抗日救国示威团散发的"一二·一五事件宣言"传单（中国人民抗日战争纪念馆供图）

事后，示威团向社会散发了"一二·一五事件宣言""告农人书""告兵士书"等传单，希望得到各界的援助，希望社会各界能"团结起来，武装起来，打倒帝国主义及其走狗"。

12月17日，在南京的北平、天津、上海、济南、南京等地的3万余名学生捣毁国民党中央日报社，遭到国民党南京卫戍司令部万余军警镇压。这期间，30多人死亡，100多人受伤，100多人被捕。18日，国民党军警强行将北平示威团的学生武装押至下关车站送回北平。南下示威运动在残酷的镇压下失败了。

北平学生南下请愿、示威运动表达了爱国学生的抗日心声，使蒋介石的不抵抗政策遭到了社会舆论的猛烈抨击。

（执笔：李君娜）

清华大学与湖南合作办学始末

    清华大学档案馆收藏着一份特别的历史档案，是1936年清华大学与湖南省政府签订的合作协议。协议确定，清华在长沙办理高等教育及特种研究事业，湖南省政府通过拨地等形式给予支持。熟稔清华历史的人都知道，清华的根在北京，自1911年建校以来，尤其是1928年改为清华大学后发展迅速，为何要到长沙异地办学？要回答这个问题，就要回到当时那个风云变幻的年代。

    近代以来，日本一直觊觎中国大好河山，对华侵略不断。1931年九一八事变爆发，中国人民掀开了伟大抗日战争的序幕。此时，清华虽然照常进行教学，但校方及师生知道战争日益临近，预先在心理上和组织上做了准备。时任清华大学历史系主任的蒋廷黻后来回忆，当时很多教授主

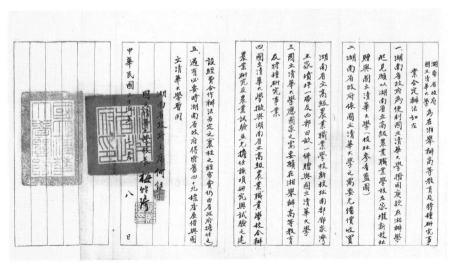

清华大学、湖南省政府合作协议（清华大学档案馆供图）

张从速准备，"以应付可能发生的战争。为了使学生准备作战，许多教授也改变了他们的授课内容"。1932年度开学时，校长梅贻琦甚至提出了"至于本学年未来之一年中，能否仍照这样安安静静地读书，此时自不可知"的担忧。1936年度开学典礼上，秘书长沈履明确指出："清华是在北平，北平现在已经是国防的最前线，这是不可否认的事实。"他提议清华战时迁移地点选择湖南，因为他认为"日本的侵略决不会远及湖南。尤有进者，湖南生产稻谷，即使日本想要封锁中国，清华教职员和学生也不致挨饿"。

选择长沙，除了长沙地处内地、生产粮食外，还有一个更重要的原因是，1935年国民党政府将长沙列为抗战大后方的战略基地，并开始着手大规模建设。

经过与国民党政府、湖南省政府积极沟通，1935年，清华果断决定停止在校内修建一所规模颇大的文、法学院大楼，把40万元基建款项转投长沙岳麓山，筹建一套新校舍，以作为华北战事爆发的退路。

1936年春，清华大学决定在湖南筹设分校。2月，校长梅贻琦与工学院院长顾毓琇等赴湖南考察，与湖南省主席何键商洽。何键对清华在湘设分校表示欢迎，并希望首先筹设农学院。为稳妥起见，清华大学拟先设农业研究所，然后逐步改为农学院。关于校址，原拟购圣经大学旧址，后因其索价60万，清华无力承担，而由何键拨长沙岳麓山空地100余亩赠予清华作为建校之用，何键与梅贻琦分别代表双方签订了合作协议。

这份协议，是清华大学与湖南省政府在外患日益深重背景下签订的，双方都很重视，执行很快。经教育部批准后，当年即正式动工兴建校舍，清华在岳麓山修建6所校舍。分别是甲所（理工馆）、乙所（文法馆）、丙所（教职员工宿舍）、丁所（学生宿舍）、戊所（工场）、己所。

1936年12月9日，清华大学第117次评议会通过决议，确定学校在湖南的特种研究计划，包括农业研究、金属学、应用化学、应用电学、粮食调查、农村调查等。[①]1937年1月6日，召开第120次评议会，进一步细化了清华在湘办学的原则和办法，明确"本校在湘以举办各种研究事业为原则，

---

① 《清华大学档案》全宗号1，目录号2-1，案卷号207，第16页。

清华大学第117次评议会记录（清华大学档案馆供图）

不设置任何学院学系或招收学生""研究项目以确能适应目前国家需要及能有适当研究人才者为原则""各项研究应尽量取得政府机关之联络并希望其补助"等原则。①

1936年冬，清华秘密运送一批图书、仪器到汉口，每批10列车，每车约40箱。这些成为以后长沙临时大学、西南联合大学非常重要的教学设备，对保证战时正常教学以及有限的科研，发挥了极为重要的作用。

1937年7月，全民族抗战爆发。8月14日，教育部决定清华、北大、南开三校组建临时大学。鉴于清华此前已经在长沙筹设分校、修建校舍、输运仪器设备，做了相当的准备工作。因此，三校组成的联合大学校址定在长沙。

9月初，清华在长沙成立办事处。9月11日，梅贻琦自南京抵达长沙，参加筹备临时大学工作。在天津、南京、上海、汉口4处清华同学会的协助下，办理通知清华南下师生职员到长沙开学等事宜。

清华南迁的决策，固然是战时国民党政府的决定，清华校内其实也早有共识。与湖南省政府签署协议是最重要的依托，清华大学教授冯友兰回忆："北京不守，本来早就在人们的意料之中。应变的计划，清华早已有了准备，几年之前，已经着手在长沙设立分校，并动工在长沙岳麓山建筑校舍，图书馆的图书，已经陆续运到长沙，已经决定在新校舍建成后，把几个研究所先行搬去。所以此时对于全校南迁没有多的讨论、争执就决定了。

① 《清华大学档案》全宗号1，目录号2-1，案卷号207，第17页。

实际上是除此之外，也没有别的路可走。"

正是因为此前几年清华大学未雨绸缪，才能在卢沟桥事变后不到两个月时间，长沙临时大学便筹备完毕。三校师生克服交通、经济等重重困难赶赴长沙。临时大学原定10月10日开学，因时间过于紧迫，延至10月25日开学，11月1日上课。临时大学综合了清华、北大、南开原有的院系设置，设4个学院17个学系。截至11月20日，在校学生共有1452人。

长沙临时大学初期，清华计划利用原来在长沙岳麓山南为特种研究所修的建筑，做暂时驻扎打算，但长沙临时大学成立时，这些校舍尚未全部落成。令人惋惜的是，1938年4月11日下午，在日本27架飞机轰炸下，这些校舍大部被毁。

1937年底，南京沦陷，武汉危急，战火逼近长沙，长沙临时大学被迫再度迁校至昆明。正如西南联大校歌中吟唱的"万里长征，辞却了五朝宫阙。暂驻足衡山湘水，又成离别"。

（执笔：金富军）

《良友》画报记录的卢沟桥事变

2015年，纪念中国人民抗日战争暨世界反法西斯战争胜利70周年主题展览"伟大胜利 历史贡献"开展。展厅里陈列着一本珍贵的画刊。红底的封面上部印有"芦沟桥事件画刊"7个美术大字，鲜明夺目。封面正中是一幅第29军战士英勇抗击日军的照片。画面上，硝烟弥漫的卢沟桥上，石狮肃立无语，一名全副武装的士兵正全神贯注地伏在沙袋掩体后警戒。士兵身穿灰布军装，头戴军帽，长长的大砍刀和子弹带斜背在左肩，左胯上挂着刺刀刀鞘，步枪架在沙袋之上，枪口已经上好刺刀。

《卢沟桥事件画刊》封面
（中国人民抗日战争纪念馆供图）

这本画刊是1937年卢沟桥事变后，良友图书公司紧急编辑出版的，生动直观地向世人再现了卢沟桥事变的历史。

良友图书公司是中国近现代第一家以图像出版为主的民营出版机构，1925年由伍联德在上海创办。1926年2月，伍联德创办《良友》画报，这是中国近现代第一本大型综合性彩色画报。《良友》画报内容涉及国内外政治、军事、经济、文学、艺术、文化、体育、时尚等，题材广泛，图文并茂，雅俗共赏，编印精良，成为当时中国销量最大的画报，在海内外影响极为深远。

1937年7月7日，日军悍然炮轰宛平城，制造了震惊中外的卢沟桥事变。中国军民团结一致，奋起抵抗，全民族抗战爆发。《良友》画报素来重视国内外时事新闻，为满足广大读者对战事要闻的需求，《良友》画报褪去时尚外衣，专注于抗战新闻报道。画报记者不顾个人安危，奔赴前线采集新闻，及时报道战争动态，宣传中国军队的战绩和部队建设，揭露日军残暴罪行，唤醒国民的家国意识。除了在7月15日出版的《良友》画报第130期上刊登卢沟桥事变系列图文专题报道，良友图书公司又特地紧急编辑出版了《卢沟桥事件画刊》。

《卢沟桥事件画刊》详细介绍了卢沟桥事变的背景、经过以及相关信息，不仅为当时的读者及时提供了最新、最直观的战地信息，也为后人保存了珍贵的第一手资料。

画刊的首页，是一幅由卢沟桥远眺宛平城西门的照片，照片下配有"历史的境地""日军发炮进攻向我挑衅之处""我忠勇之廿九军将士誓与此桥共存亡"三条按语，直接将读者带到战争现场。后面两页是"永定河边战云密布"，配有驼队经过卢沟桥、卢沟晓月碑、横跨永定河的平汉铁路桥、平津形势图等多张图片，介绍了卢沟桥的沿革，由于日军步步威逼，宁静的卢沟桥畔大有山雨欲来风满楼之势。

接下来着重介绍了"日军之挑衅"，不仅刊登了日军演习、行军、修筑工事、铁路桥下站岗等照片，还有日军中国驻屯军司令香月清司、旅团长河边正三、第1联队联队长牟田口廉也等照片，揭露了日军蓄意侵略的罪恶。

其后是画刊最精彩的部分，刊有第29军士兵在卢沟桥站岗、磨刀、卢沟桥上雨中跪射、擎起大刀、宛平城上高射炮阵地、修筑工事、宛平城墙上作战、轻机枪队、战斗胜利间歇外国记者采访、战地救护、受伤战士由长辛店运至保定，以及宋哲元、冯治安、刘自珍、吉星文、金振中等将领的照片，不仅反映了当时战斗的激烈和艰苦，还展现了将士们保卫国家的抗战英姿。

画刊还采用专题报道方式，表现了卢沟桥事变的很多细节。如"双方谈判"，刊登了双方谈判代表缒城而入、接洽和谈的我方人员持旗在宛平城门口等照片，揭露日军假借谈判，实际暗地增兵扩大战事的侵略行径。而

《卢沟桥事件画刊》内页（中国人民抗日战争纪念馆供图）

"民众踊跃慰劳"，集中展现了各团体各阶层对抗战的积极支援，北平新闻界、东北妇女救国会慰劳团、中华民族抗日先锋队、长辛店工人、长辛店扶轮小学等踊跃慰劳抗战将士的画面和场景令人感动。

对日军战争罪行的控诉也是画刊的重点内容。在"战后之宛平城""被威胁之故都""天津竟是谁家天下"的专题报道中，有被日军炮击的宛平城楼、被炮火击中的宛平县政府等照片，以及长辛店、丰台、唐山、塘沽、天津等地火车站日军运兵、运输军用物资等照片，图文并茂地展现了战后一片狼藉的场面和当时人们对卢沟桥事变的认识。

画刊的最后部分为《卢沟桥事件经过》，分"日军炮击卢沟桥，首先发动中日战""宋哲元由鲁抵津，中日战争移平郊""日军一边谈判，一边增兵"等部分，详细介绍了战事经过。可惜的是第32页之后缺页，封底也缺失。

翻阅这本画刊，使人有如亲临其险。诚如11月1日出版的《良友》画报第131期所言，卢沟桥事变是"对日全面抗战的导火线"，而《卢沟桥事件画刊》"是华北战场的壮烈写真"，"是全面抗战的最初史实"。

全民族抗战爆发后，良友图书公司迅速调整刊物风格，全力配合抗战宣传工作，以服务抗战为准则，以图说新闻的方式宣传抗日救亡。该刊对研究抗战初期新闻媒体宣传动员群众抗日和卢沟桥事件等史实真相，也具有重要的史料价值。

（执笔：陈亮）

《伦敦新闻画报》与北平抗战

　　1937年至1938年1月,《伦敦新闻画报》开辟了"抗战现场"专栏,不断刊发中国抗日战争的报道。许多外国记者来到中国,用相机记录下他们眼中的中国抗战。中国人民抗日战争纪念馆珍藏着一套《伦敦新闻画报》,成为见证这段历史的重要史料。

　　《伦敦新闻画报》(*The Illustrated London News*)创办于1842年,是世界上最早的以图画为主的新闻周刊,也是伦敦最早的采用插图的刊物。

　　画报中有一组照片,记录了卢沟桥事变时中日谈判的情形。一个中国军人举着旗子走出宛平城门,试图与日军谈判,而在双方关系日趋紧张时,中方的谈判代表只能通过绳子从宛平城上吊下去(lowered over the walls of

A CHINESE MILITIAMAN, COMING OUT OF A TOWN WITH A WHITE FLAG FOR A PARLEY, OBLIGINGLY HALTS WHILE PHOTOGRAPHS ARE TAKEN.

NEGOTIATIONS BEGIN BETWEEN CHINESE AND JAPANESE: AN OFFICER LOWERED OVER THE WALLS OF YUANPING TO MEET JAPANESE REPRESENTATIVES.

《伦敦新闻画报》,1937年7月31日(中国人民抗日战争纪念馆供图)

《伦敦新闻画报》，1937年7月31日（中国人民抗日战争纪念馆供图）

Yuanping）与日军代表见面。对峙期间，双方在永定河两岸修筑工事，大战似有一触即发之势。

　　在中日双方对峙中，卢沟桥与宛平城也被照相机记录下来。《伦敦新闻画报》如此描述它：一座风格优雅的用汉白玉筑成的桥，它的11个桥拱跨越永定河（A graceful marble structure whose eleven arches span the Yungting River）。可是，在这张平静的照片旁边，有一张日军炮击宛平城后残破不堪的区公署客厅的照片。日本帝国主义的侵略，使静谧的宛平城变得喧嚣、破败。在这两张照片的下方，有两张当时宛平城门口与城内景象的照片。

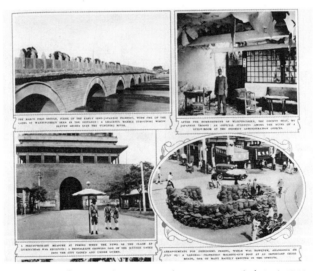

《伦敦新闻画报》，1937年8月7日（中国人民抗日战争纪念馆供图）

《伦敦新闻画报》，1937年8月7日（中国人民抗日战争纪念馆供图）

因为日军的突然攻击，宛平城必须采取防守措施，城门被关闭，城内筑起工事，以防备日军的再次进攻。

在卢沟桥附近，负责守卫卢沟桥的中国守军第29军骑兵背上插着大刀四处侦察。《伦敦新闻画报》在这张照片旁文字注明"著名的中国第29路军"（the famous Chinese 29th route army）。日军在卢沟桥一带遭遇第29军的顽强抵抗。城内，学生们举着印有"东北旅平各级救国联合会慰劳团"等标语的旗帜游行，激励第29军将士保家卫国。

第29军的将士从卢沟桥到南苑，奋力抵抗日军进攻。可是，双方实力过于悬殊。相较于日军先进的武器装备，中国军队往往需要就地取材，将日常生活中使用的工具变为武器装备。《伦敦新闻画报》刊载的一组照片揭示了当时中国军队的战斗场景。第29军士兵为应对日军的空中侦察，用雨伞来隐蔽和伪装。画报刊出了两张对比图，一个没有"雨伞伪装"（umbrella-camouflage）的机枪手和一把用雨伞伪装起来的机枪。中国的士兵用一种特别的方式保护自己。这听起来是多么不可思议的事情，可是，在当时的条件下，这件事确实发生了。《伦敦新闻画报》指出，中国士兵那具有"戏剧性"的雨伞已经成为一种重要军事装备。第29军靠着简陋装备，与日军在北平及其附近鏖战将近一个月。

《伦敦新闻画报》当时所拍摄的珍贵影像资料与撰写的文章，为后世了解与研究这段历史提供了生动真实的依据。

照片揭示的是一个落后的中国与一个军事工业强国日本进行的一场现

《伦敦新闻画报》，1937年8月14日
（中国人民抗日战争纪念馆供图）

代战争。清华大学教授朱自清记录的一件事更说明了这点。卢沟桥事变发生后，当时他在北平。7月底，日军向北平发动进攻，"警察挨家通知，叫塞严了窗户跟门儿什么的，还得准备些土，拌上尿跟葱，说是夜里敌人的飞机也许来放毒气。我们不相信敌人敢在北平城里放毒气。但是仆人们照着警察吩咐的办了"。朱自清的记录，与《伦敦新闻画报》刊载的照片，真实且生动地表现出当时中国社会的落后。如果没有这些照片，人们必定难以想象，这场战争中日之间的差距到底有多大，也更加难以想象中国人民是怎样在这场战争中坚持下来并获得最终胜利的。

（执笔：林云伟）

永恒的图文和失踪的作者

"如果你没法阻止战争，那你就把战争的真相告诉世界。"这是一个战地记者永远的格言。中国人民抗日战争纪念馆就珍藏着3份战地通讯资料：1937年8月1日发行的《世界知识》第6卷第10号、1938年范长江主编的《沦亡的平津》和《卢沟桥到漳河》。这3份文献收录了《卢沟桥抗战记》《前线忆北平》《保定以北》《保定以南》《平汉线北段的变化》等战地报道和数张照片。翻开这些发黄纸页，能找到同一个名字——小方。他是近代中国摄影史上最富传奇色彩的人物之一，许多研究者认为他是抗战期间为国捐躯的第一位战地记者。

方大曾（1912年—？），原名方德曾，笔名小方，出生在北京东城的一个外交官家庭。他小学时就喜欢摄影，中学时代，母亲用7块大洋买了第一部相机，从此他与摄影结下不解之缘。之所以称为"小方"，是因为他童心未失，秉性活泼，喜欢同孩子们一起。他说："方者，刚正不阿也，小则含有谦逊之意，正是为人处世之道，我就是要做一个正直的，于国于民有用的人。"

1929年，17岁的方大曾发起创立少年影社，理想是成为一名优秀的战地记者。1930年，他考入北平中法大学经济系，其间经常利用假期外出旅行、写稿和照相，摄影作品发表在画报、杂志上，具有一定影响力。1932年，他与方殷共同主编《少年先锋》。大学毕业后，在北平基督教青年会任干事。1935年，又转到天津青年会工作，被天津中共地下党组建的中外新闻社聘为摄影记者。这一时期，他先后到天津、山西、内蒙古等地拍摄了大批反映当地民众生活状况的照片，发表在《良友》《申报》《世界知识》等报纸杂志上，获得广泛好评，并逐渐在国内摄影界崭露头角。

九一八事变后，日军侵占东三省，民族危机日益严重。方大曾预感中日战争不可避免，也为祖国命运担忧。他参加了学校的反帝大同盟，并编写机关报《反帝新闻》，撰写了大量文章。新闻，作为揭露日军无耻侵略行径、团结民众共同抵御外侮的最为直接、有力的武器之一，成了方大曾重新选定的方向。

绥远抗战爆发后，为把前线有关情况第一时间传递给国人，方大曾从北平出发，踏上极其艰辛而凶险的采访历程。他带着自己的武器——一支笔和一台照相机，在零下30多摄氏度的塞外寒冬中，搭车、骑马、徒步，日夜兼程。他在《绥东前线视察记》中这样写道："听到车窗外面咆哮的大风，就觉到冷栗，而体会到战壕中守卫国土的将士之身境。啊，冷！冻得死人的冷！"

尽管条件艰苦，方大曾仍凭借超人的毅力圆满完成在绥远前线43天的战地采访。通过他留下的数百张照片，我们看到中国军民面对侵略奋起抗争的动人景象：身穿棉服的军人在皑皑白雪中修筑城防工事，士兵戴着防毒面具进行军事演习；全副武装的官兵积极操练，随时迎击来犯之敌；负伤士兵神情坚毅，后方百姓踊跃支前，爱国学生进行集会宣传。在他留存于世的837张底片中，以抗战为主题的作品为最多，其中包括报道"冀东伪政府成立一周年"和"绥远抗战"两个专题。在他大约30篇的文字报道中，抗战题材更是占了绝大多数。渗透在这些影像和文字之中的，是国难的深重，战争的残酷，以及人民的不屈和必胜的信念。

1937年7月7日夜间，震惊中外的卢沟桥事变爆发，揭开了全民族抗战的序幕。7月10日一早，得知消息的方大曾匆匆与家人告别，骑上自行车朝着卢沟桥方向奔去。抵达长辛店时，遇到从前线撤下来的伤兵，浓重的血腥味让气氛骤然紧张起来。但他没有退缩，而是忠实地记录着眼前的一切，也记录下中国军人誓死保卫卢沟桥的决心："卢沟桥即尔等之坟墓，与桥共存亡，不得后退。"

与难民相对而行，他向那些疑惑好奇的人们道出自己的心声："战地记者的意义在于通过报道、通过纪实照片，将战士们英勇抗敌的精神传递出去，这种精神的洗礼，是当下的中国最需要的。每多拍下一张纪实照片，也许就能多一个唤醒国人的机会，全体国人四万万颗心一起跳动，就能让中国变得坚不可摧。"

在他的《卢沟桥抗战记》中，有这样一段叙述战斗的场景："在日军二次进攻的夜里，我军有一排人守铁桥，结果全部牺牲，亦未能退却一步。及后援军赶到，始将铁桥再行夺回。一个伤兵告诉我：他在那天参加夺桥的战役，他冲到日军的战壕里，把一个敌人用刺刀扎死，没有把刀拔出来的时候，旁边的一个敌人把他左背刺伤，他就放弃了枪，右手从背上拔出大刀，立刻把刺他的那个敌人斩去半个头，并且接连着还杀伤两个敌人。这时他腹部又受了另外一刺刀，他觉得够本了，就跳出敌人的战壕跑回来。"

这篇通讯大概有7000多字，详细地描述了事情发端，当时守军的态度，以及敌方的动向，是今天人们了解卢沟桥事变的一篇非常重要的现场报道。即使这么多年过去了，战争的惨烈仍然让人心有余悸，仿佛那一切就发生在眼前。通过他的镜头，人们更能直观地看到卢沟桥石狮子旁扛枪守卫的英姿、举手高呼救亡口号的骄傲脸庞、英姿飒爽的军官、背着大刀作战负伤仍面不改色的战士。

随着战事的继续，7月底，北平陷落，方大曾有家不能回。为了能继续报道，他找到当时在《大公报》任职的著名记者范长江帮忙。范长江在《忆小方》中写道："平津陷落之后，我回到了上海，后来接到他从北方来信说，'我的家在北平陷落了！我还有许多摄影材料工具拿不出来，我现在成了无家可归的人，我想找一家报馆做战地记者，请你为我代找一个岗位。'那时上海《大公报》正需要人，就请他到平汉线工作。"

1937年8月至9月间，方大曾奔走于抗战战场，一篇篇真实动人的文字喷涌而出。在两个多月的时间里，他共在前线采写《前线忆北平》《血战居庸关》《保定以北》《保定以南》等长篇通讯8篇，留存下《我们为自卫而抗战》《日军炮火下之宛平》《卢沟桥事件发生后之北平》等珍贵照片40多张。这些文字和镜头，向世界揭示了战争真相，极大鼓舞了中国军民的抗战士气。除了记录战场的真实情况，方大曾还善于观察总结，在《保定以南》通讯中，他指出了第29军在战斗中存在的问题："29军兵士，每个人都背着一把大刀，但是却没有铁铲，他们只有冲锋的能力而缺乏守阵地的训练；29军救护工作不够，担任抬伤兵的大半都是临时雇的民夫，救护工作常识丝

收录方大曾战地通讯的《世界知识》第6卷第10号、《沦亡的平津》、
《卢沟桥到漳河》(中国人民抗日战争纪念馆供图)

毫也没有。切盼着内地的救亡团体动员大批有训练并且能够刻苦耐劳,勇
敢沉着的服务队到前方来。"

　　1937年9月30日,方大曾的《平汉线北段的变化》在《大公报》发表。
自此,人们再也没收到他的只言片语,也再没有人见过他,这个身挎相机
在平汉路前线不断奔袭的年轻身影,就这样消逝在硝烟炮火中。

　　2006年3月16日,方家三代人将精心保管近70年的837张方大曾摄影
作品底片,无偿捐赠给中国国家博物馆,成为永久的民族记忆。

　　　　　　　　　　　　　　　　　　　　　　　　　　(执笔:董晓)

记载谢振平殉国的一组档案

2015年8月24日，在中国人民抗日战争暨世界反法西斯战争胜利70周年之际，民政部公布了第二批在抗日战争中为国捐躯的600名著名抗日英烈和英雄群体名录，谢振平是其中之一。该名录中记载：谢振平（1892—1937年），北平市卫生局局长。身为卫生局局长的谢振平是如何成为抗战英烈的？这里边有着怎样的故事？

北京市档案馆保存着这样一组档案，内容包括：1946年北平市卫生局、社会局、民政局关于填报谢振平烈士事迹表及入祀忠烈祠的来往函件；河北高等法院关于谢振平案的敌人罪行调查表和结文；1947年北平市抗战军民忠义事迹审查委员会褒恤谢振平的公函；等等。这些档案真实记录了1937年卢沟桥事变后，时任北平市卫生局局长的谢振平，受命留在北平，以军人的荣誉、医生的职责，誓与北平市共存亡，后被日本宪兵队逮捕并秘密杀害的事实，展现了其坚贞不屈的铮铮铁骨和舍生取义的民族气节，是北平人民用鲜血和生命抵抗日本侵略者的缩影。

1933年春，日军大举进犯热河，随即向长城各隘口推进，当地驻军在长城沿线进行英勇抵抗。谢振平当时任第29军军医处处长兼长城战役兵站医院院长，随军驻守冀察抗日前沿。3月，喜峰口战役中，第29军大量伤员须从前沿阵地转运至后方进行安置医疗，谢振平日夜奔忙于前线与后方之间，随军救死扶伤，与士兵同甘共苦，深受官兵爱戴，多次受到第29军军部嘉奖。

1936年1月，谢振平调任北平市卫生局局长。当时正是日本对华侵略步步紧逼、华北形势危急的时候，目睹北平一些亲日分子和汉奸为日本人效力，谢振平愤恨不已。曾有汉奸潘毓桂多次向卫生局借汽车给日本人用，被一概拒绝，潘不得已亲自向谢振平索要。听说是给日本人用，谢振平严词回绝说：卫生局的车是为北平市清理垃圾专用的，怎么能供日本人驱使！

1937年7月7日夜，驻丰台日军借口演习时一名士兵失踪，要求进入宛平城搜查，遭到拒绝后，当即向中国守军发起攻击，炮轰宛平城，中国驻军第29军被迫奋起抵抗。眼见战火在家门口燃起，谢振平明确表示："我是一个军人，只有服从命令抗战到底；我又是北平市一局之长，亦将与北平市共存亡。"他"昼夜督率卫生局所属员役构筑市内防御工事，并协同中央防疫处筹办市民防空、防毒器材，更负责前方受伤将士救护事宜"。他还把卫生局所辖各清洁队组织成战斗队，并筹办武器，用以准备巷战。

7月28日拂晓，日军向驻守南苑的第29军阵地发起攻击，并切断南苑至北平的公路，战况异常激烈。血战中，中国守军牺牲5000人以上，最终南苑陷于敌手。当夜，第29军主力撤离北平，谢振平受命以地方官员身份担负照顾卢沟桥受伤官兵任务。当时从前线撤下来的伤员很多，仅在位于东四五条的卫戍医院一处，就有受伤官兵800余人。谢振平每天白天到各

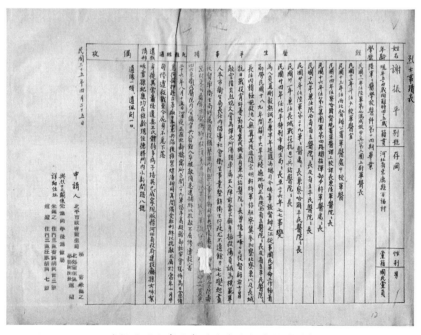

谢振平烈士事迹表（北京市档案馆供图）

个医院安抚伤员、检查工作，晚上则在家里和所属人员商讨安置救治事宜，常至深夜。遇有特殊情况发生，他便立即前往现场处置，常常彻夜不归。

8月8日，日军进驻北平。谢振平一家和其他军人家属一样搬出自己的寓所，外出避难。谢家避居在西什库天主教堂的若瑟总院里，他也常在此商讨处理伤员的工作。8月15日晚上，谢振平在北新桥大头条2号寓所，与第29军留在北平的高级干部会商对策，与会的有教育处处长徐菊航、第29军军部处长俞之喆等四五人。当晚10时左右，有一个日伪警察带人敲门，说要见谢振平。闻听此言，大家认为不宜久留，商量着要谢振平和他们一起从后院逃走，谢振平却说：一起走都难逃脱，不如你们从后院走，我去前面应付他们一阵子。未承想，别人都从后院跳墙逃走了，他出去后却再也没有回来。

家人四处奔走打探才得知，谢振平被捕后，在煤渣胡同日本宪兵队里遭到严刑拷打，但他宁死不屈，约10月中旬被敌人杀害，殉难时年仅45岁。谢振平牺牲后，家人非但没有收得尸骨，就连殉难的确切日子也不得而知！

抗战胜利后，1946年初，谢振平之子谢培英申请追捕杀害其父的日本战犯。5月，河北高等法院对谢振平被敌人杀害的事实进行了调查取证。从这份敌人罪行调查表中可以看出，日

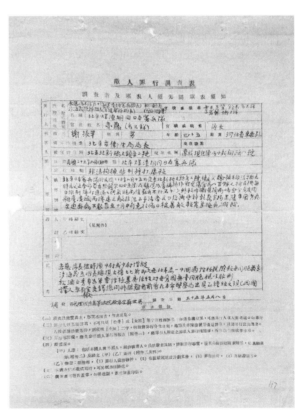

河北高等法院关于谢振平被杀案的敌人罪行调查表
（北京市档案馆供图）

本宪兵队对谢振平实施了"非法拘捕、非刑拷打、虐杀"。

1946年5月9日，河北高等法院出具了对谢振平案的甲、乙两份调查结文。其中结文（乙）中显示，记者郑方中曾与谢振平在日本宪兵队被同拘于一室，他证实了谢振平被捕及遇害的经过：

"民国二十六年八月十五日夜，北平日本宪兵队在北新桥大头条二号将北平市卫生局局长谢振平非法捕去。时民与谢某在煤渣胡同宪兵队同被拘于一室，亲睹谢某每日被日宪非刑拷打，追逼口供，气绝而复苏者不计若干次，终致内脏受损而咯血，全身皮肉痈肿溃烂，而惨虐之敌非但不予治疗，反日给与些许干腐食物果腹。卒因苦病交迫，卧病不起。直至十月中旬，于病中被暴敌杀害并掩尸灭迹。"

1947年1月25日，南京国民政府追认谢振平为抗日烈士，颁给"克效忠贞"匾额一方。4月1日上午，北平市民政局在中山公园为谢振平等烈士举行了入祀忠烈祠典礼。

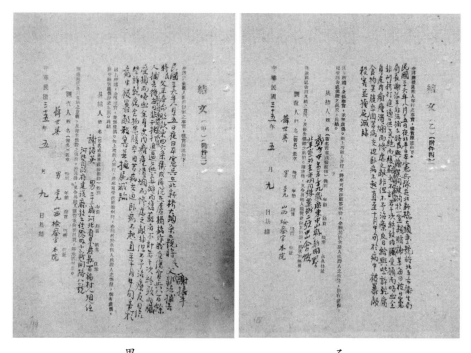

甲　　　　　　　　　　　乙

河北高等法院关于谢振平被杀案的调查结文（甲、乙）（北京市档案馆供图）

1947年4月1日，谢振平等烈士入祀八宝山　　1947年4月1日典礼仪式结束后人们步出中
忠烈祠（北京市档案馆供图）　　　　　　　　山公园（北京市档案馆供图）

　　2007年6月26日，谢振平的长孙谢纪康等5位孙辈子女向北京市档案馆捐赠了一批文物，包括谢振平生前的老照片、谢培英撰写的《追忆先父谢振平抗日壮烈牺牲史实》回忆录和部分函件，谢振平烈士遇害70年来的相关档案史料得到进一步完善。谢振平的生命定格在45岁，正值壮年，可谓倏忽短暂，但却在历史长河中留下了壮烈的篇章。

　　　　　　　　　　　　　　　　　　　　　（执笔：王海燕）

国民抗日军的红蓝袖标

2021年5月，为庆祝中国共产党成立100周年，"百年历程 红色昌平"大型展览在天通苑文化艺术中心向公众开放。展厅展柜里，一个红蓝两色布箍吸引了众人的视线。

抗日战争时期，昌平五峰山下，有一个百余户人家的山村——白羊城村（今属昌平区流村镇），这里地势险要，三面环山。卢沟桥事变后，北平郊区的一支人民抗日武装——国民抗日军就诞生在这里。因官兵都戴着这样的红蓝袖标，老百姓称之为"红蓝箍"。

1937年初，流亡在北平的东北抗日义勇军成员赵桐（也作赵侗）、高鹏、纪亭榭等人，秘密筹划建立抗日武装队伍。为在平郊寻找举义之地，他们通过关系结识了白羊城村人、保卫团团总汤万宁，向汤万宁等人晓以

展出的红蓝两色布箍（作者供图）

国民抗日军起义地旧址白羊城村（昌平区委党史办供图）

抗日救国大义，动员他们共同组织抗日队伍，汤万宁当即痛快答应。卢沟桥事变后，他们在中共中央北方局所属东北工作特别委员会（简称"东特"）的支持下，加紧武装起义的准备工作。

1937年7月20日，赵桐、高鹏、纪亭榭等人分三路闯出北平，到预定地点白羊城村与汤万宁等会合，于7月22日宣布举义，成立国民抗日军，打响平郊民众抗战第一枪。

国民抗日军起义后，负责人到流村南山上的永安庄准备研究进一步行动计划。7月25日，国民党第29军驻南口部队接到柏峪口劣绅张孝先密报，诬称这支队伍为"土匪汉奸队"，于是派人包围了这支队伍并发动攻击，使之伤亡殆半，濒于流散。后国民抗日军撤出永安庄。东特军事部负责人张希尧获悉后，向书记苏梅做了汇报。经东特党委会讨论决定，先后派出一批共产党员、民先队队员和进步青年到国民抗日军，使其处于中国共产党直接领导下。

8月22日，刚刚成立一个月的国民抗日军，奇袭位于北平德胜门外的第二监狱，营救了一大批被关押的共产党员，缴获捷克式机枪、步枪、手枪等一批枪支弹药。这一壮举很快轰动北平城，身处华北前线的英国记者

国民抗日军部分领导人合影（摄于1937年）（昌平区委党史办供图）

詹姆斯·贝特兰称："这是中国人自日军占领北平以来所做的最有胆识的事情。"

德胜门外第二监狱原是一座名为功德林的庙宇，清朝末年始改建为监狱，号称北京模范监狱。民国时期，先后更名为京师第二监狱、河北第二监狱。这里关押着几百名犯人，有一部分是共产党员和左翼人士等。因日军占领北平不久，还没有派兵接管第二监狱，戒备不是很严密。

8月22日晚，国民抗日军按照预定计划，直扑第二监狱。见外无看守，大门紧闭，遂由1人装扮成日军，用日语喊话，骗取伪狱警打开门，数十名队员随即一拥而入，顷刻间破坏警报器，割断电话线，俘获全部伪狱警。狱中人员听到营救的消息，非常振奋，里外一齐动手砸牢门，前后约1个小时，所有牢房全部被打开。这次行动共缴获马枪29支、套筒枪10支、轻机关枪2架、捷克式机枪4支、勃朗宁手枪1支，子弹共3000余粒，钱款约三四千元；营救出在押党员群众共计500人①。

奇袭第二监狱是国民抗日军成立以来的第一场重大胜利，被营救的人

———
① 《北郊区署给警察局的报告》（1937年8月23日），《北京档案史料》，1987年第3期。

德胜门外第二监狱（作者供图）

国民抗日军打开第二监狱（油画）（作者供图）

大部分参加了国民抗日军，为革命事业保存了骨干力量。奇袭第二监狱，极大鼓舞了北平同胞的抗日热情。北平城的爱国学生、知识分子，郊区的贫苦农民，踊跃加入国民抗日军。一些流散的第29军和冀东保安队士兵，也纷纷归附，国民抗日军的力量很快就壮大到1000余人。

由于部队成分复杂，国民抗日军违反纪律的现象时有发生。为加强纪律，9月5日，国民抗日军在平西北郊三星庄村召开全体军人大会，通过了"全军约法"，选举了军政委员会，任命了司令部组成人员。全军下设三个总队。在这次全军大会上，由军政委员会秘书长汪之力授旗，正式打出了国民抗日军的旗帜，还向全体战士配发了红、蓝两色的袖标。红色在上表示战斗，蓝色在下代表祖国河山，意为用战斗打败侵略者，恢复祖国大好河山。

中共党组织在部队中也逐步建立健全起来。经上级批准，成立队委会，各总队也建立党员小组。党组织的任务是执行党的抗日民族统一战线政策，做好争取上层、团结基层的工作，把这支成分复杂的统一战线性质的武装，逐步改造成为中国共产党直接领导下的人民武装。此后，国民抗日军转战平郊各地，"红蓝箍"之名声振内外。

三星庄整军之后，9月8日，国民抗日军在黑山扈地区与日军进行了第一次正面交锋，击退日军多次进攻，毙伤日军20多人，并取得用轻武器击落1架日军飞机的重大胜利。当时，在巴黎出版的中共海外抗日报刊——《救国时报》，连续以大量篇幅报道了国民抗日军不断胜利的消息，称国民抗日军"义声所播，民气大振"，是"北平近郊抗日的中心力量"。

黑山扈战斗后，国民抗日军迅速发展壮大，一度扩大到3000多人，活动地区主要在昌平县南口以南，流村、阳坊、前后白虎

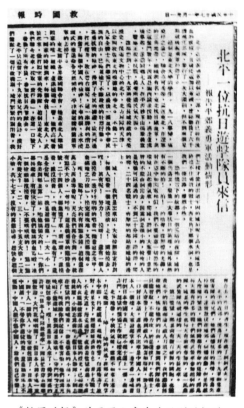

《救国时报》关于黑山扈战斗胜利的报道
（昌平区委党史办供图）

涧，以及前后沙涧、北安河、温泉、清河一带，整个部队背靠大西山，面对北平西部、北部的广大郊区。

盘踞北平的日军将国民抗日军视为心腹之患，于10月3日实行秋季合围"扫荡"，妄图消灭这支人民抗日武装。国民抗日军迅速向西山地区转移，迂回于昌平西部的高崖口、马刨泉、长峪城、镇边城、横岭等地。这些地区群众基础较好，抗日爱国热情很高，各村村民纷纷踊跃参军，国民抗日军的政治影响力和武装力量随之进一步扩大。

据不完全统计，仅白羊城、照甲台、柏峪口、漆园、瓦窑、大水峪、王峪等11个村，就有45人参加了国民抗日军。瓦窑村大庙和尚郑福子也脱下袈裟，穿上军装，拿起武器，走上抗日战场，后来在战斗中牺牲。纪亭榭手书挽联，上联：出僧门入红门抗日救国是英雄；下联：离佛堂赴沙场为国捐躯真烈士。挽词表达了抗日军民对郑福子的崇敬之情，一时传为佳话。昌平西山的老百姓在极端困难的条件下筹集粮食，保证了国民抗日军3000多人的给养。

10月底，八路军总部派人将朱德、彭德怀亲笔签名的长信带给国民抗日军，信中详细介绍了中国共产党抗日的有关政策，以及建立根据地与进

身着八路军军装，训练的国民抗日军（作者供图）

行游击战的方针，对国民抗日军的工作做了全面指示。

当时，队伍里的党员和积极分子都渴望能与中共党组织和八路军建立直接联系。经过艰难工作，国民抗日军决定派汪之力等3人去和晋察冀军区第1分区联系。经晋察冀军区司令员聂荣臻同意，11月中旬，国民抗日军开赴蔚县，补充被服、弹药等。随后，又开赴晋察冀抗日根据地阜平进行整训。经八路军总部批准，国民抗日军改编为晋察冀军区第5支队，赵桐任司令员，高鹏任副司令员，汪之力任政治部主任，汤万宁任司令部参议员。改编后的国民抗日军随即开展新的斗争。

1938年5月，第5支队攻克昌平县城。7月，又奇袭了卢沟桥、香山、南口、阳坊、温泉等地日、伪军，连续炸毁石景山发电厂两台锅炉，使北平全城连日停电。八路军晋察冀军区司令员聂荣臻向中共中央、八路军总部详报了第5支队的战绩，称赞其"政治影响极好，枪炮声震动北平城内，电灯全熄，群众抗日情绪为之更有提高，感觉中国抗战不会失败的"。1938年8月，第5支队与晋察冀军区第1分区新编第3团合并，组成主力部队之一，后调离平西，奔赴新战场。

（执笔：潘洁）

捣毁北平河北第二监狱的档案记载

1937年8月22日夜8时许，位于北平德胜门外不远处的河北第二监狱内，往常的寂静忽然被一阵枪声和叫门声打破。守在大门处的看守急忙报告给看守长，看守长随即带人赶到大门口，从小窗里往外窥探。只见门外一群士兵模样的人，服装不整，气势汹汹，高声喝令开门，说有要紧公务，一边说着，还一边用木棍铁锤不停地砸门。

看守长还来不及反应，忽然间，大门西侧的铁窗被撞破，两三个人从窗口跳进来，打开大门。门外的数十人呼啦啦一下子拥了进来，他们一个个二三十岁左右，里面还有些东北口音的人。这些人或持手枪，或持大枪，闯进大门后，连放数枪，还在大门和二门处架设了轻机关枪。监狱内寥寥几个看守，根本没战斗力，早就被吓破了胆，被赶到几个房间内看管起来，不能说话，不能动。

来人把两部电话砸毁后，押着看守长来到武器室，把里面的枪支弹药席卷一空，同时派人把牢门打开，把犯人都放出来。等到大约晚9点，来人退去，看守们这才战战兢兢地出来查看，发现监狱内关押的500多名犯人几乎都被放跑。

这个像电影情节一样惊心动魄的劫狱行动，是历史上真实发生的，它的具体经过被记录在北京市档案馆馆藏的几份历史档案中。1937年8月23日伪北郊区警察署署长王金波给伪北平市警察局局长所写的报告，以及8月24日伪河北高等法院、法院检察处致伪北平市警察局的快邮代电中，都详细记述了事情经过。

伪警察口中的这支"服装不整""年约二三十岁""内有东北口音者"的队伍，就是抗战期间活跃在北平郊区的一支英雄的抗日武装——国民抗日军。

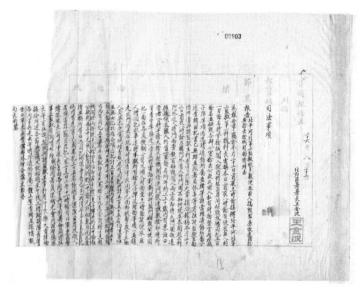

伪北郊区警察署关于河北第二监狱被捣毁的报告（北京市档案馆供图）

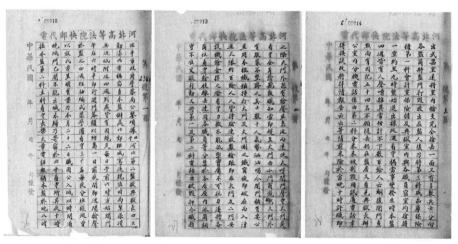

伪河北高等法院为第二监狱被捣毁给伪北平市警察局的快邮代电
（北京市档案馆供图）

　　1937年一二月间，流亡在北平的东北大学生、抗日义勇军成员赵侗（一作"同"）、高鹏、纪亭榭等人，受一二·九运动和西安事变影响，商议组织队伍，到北平周边开展抗日武装斗争。他们一面用张学良通过东北救亡会给予的4000元购买枪支，一面联络人员，到四五月份，已经购买了10多支手枪，联络了30多人。同时，还联络了昌平白羊城村自发组织的保卫团，动员其共同组织抗日队伍。卢沟桥事变后，他们加紧了武装起义的准备工作。7月22日，在白羊城村关帝庙前的空场上，赵桐正式宣布成立抗日军，后正式定名为国民抗日军。

由于反动分子诬报，国民抗日军成立后不久，就在离白羊城村不远的永安庄被国民党第29军围攻，遭到重创，一些人发生动摇。就在这时，中共中央北方局直接领导下的中共东北特别工作委员会决定，派出一批共产党员、民先队员和进步青年到这支队伍中去，争取和团结他们共同抗日。

1937年8月22日夜，国民抗日军攻打河北第二监狱后，收缴了一大批武器装备，很多被放出来的犯人愿意参加抗日、加入队伍，人员得到了壮大。在当晚获救的"政治犯"中，还有一批共产党员，其中就有中国共产党创始人之一李大钊的侄子李海涛等。

国民抗日军捣毁第二监狱的胜利消息传来，极大鼓舞了北平同胞的抗日决心，很多爱国学生、贫苦农民都踊跃前来投奔，一些流散的第29军和

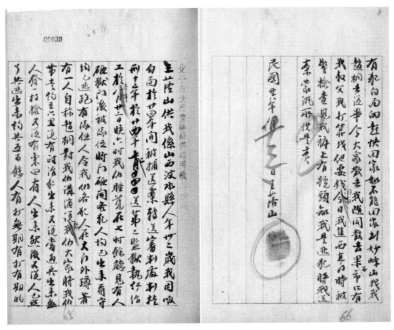

伪北平市警察局审问逃犯王落山的供词
（北京市档案馆供图）

伪冀东保安队的士兵也纷纷归附，队伍进一步壮大，还陆续收编了一些小股的武装力量。由于人员成分复杂，队伍中违反纪律现象时有发生。部队中的共产党员、进步学生和爱国志士都对此表示不满，部队领导层内的矛盾也逐渐尖锐。在此形势下，1937年9月，部队在温泉以北的三星庄村进行整顿，宣布了由共产党人组织起草的全军基本纪律和约法，明确军政委员会成员和各级领导人名单。

此时，部队中的中共党组织也逐步建立、健全起来。经上级批准，成立了党的队委会，各总队建立了党员小组，共产党员大都担任了各级领导职务。当时党员的身份和党的组织都是秘密的，部队中党组织的任务是执行抗日民族统一战线政策，做好争取上层、团结基层的工作。党组织的秘密工作，使这支成分复杂的统一战线性质的抗日武装，逐步改造成为中共直接领导下的人民武装。

1937年底，国民抗日军经过整训，正式编为晋察冀军区第5支队，参与到开辟和建设平西抗日根据地的战斗中去。

（执笔：王海燕）

漆园村村民保存的刺刀

昌平区流村镇漆园村村民胡长海家中，收藏着一把日军三八步枪的刺刀。这把刺刀看起来很普通，背后却有着不平凡的故事。

1935年11月25日，日本侵略者扶持汉奸殷汝耕等人，成立伪冀东防共自治委员会。伪政府倒行逆施，鱼肉百姓，致使治安恶化，盗匪丛生。昌平县西部山区的西峰山、瓦窑、南流村、北流村、漆园、白羊城、高崖口7个村的村长决定组织起来，成立民团，进行自保。民团的发起人一共有17人，村民按照17人的年龄，分别尊称为"大爷""二爷"等。漆园村的村长胡德清最年长，被称为"胡大爷"，排位第七的是白羊城乡绅汤万宁，被称为"汤七爷"。1936年3月，昌平县西部山区前七村民团成立，选举汤万宁为民团团总，团部设在白羊城村。

1937年初，流亡在北平的辽南少年铁血军总司令赵桐（也作赵侗、同）、高鹏、纪亭榭等人商议组织抗日队伍，到北平郊区开展抗日武装斗争。赵桐与流亡关内的东北军下级军官郑子丰等人结识，交换了在西山地区创建抗日武装的想法，郑子丰正好有个东北老乡包旭堂，曾经担任过昌平县瓦窑乡警察所所长，了解前七村民团的情况，由此，赵桐等人通过包旭堂与汤万宁等人建立了联系。

1937年7月22日，在白羊城村的关帝庙广场前，赵桐等人和汤万宁父子、包旭堂、王士俊等二三十人，宣布成立国民抗日军。北平郊区第一支抗日武装队伍诞生。

1937年8月，中共中央北方局领导下的中共东北特别工作委员会主要负责人张希尧，以东北救亡总会的名义，到北安河、温泉等地慰问国民抗日军，经汤万宁介绍，张希尧与胡德清取得联系，胡德清被发展为北方局秘密联络员。

国民抗日军成立以后，随着影响力扩大，人数很快就到了1000多人。由于队伍扩充太快，人员成分复杂，违反纪律现象时有发生，遂在河北宛平县三星庄村进行了整军，国民抗日军中的中国共产党组织也逐步建立健全起来。整军过程中，担任国民抗日军参议的汤万宁提出，士兵没有军装，都穿着老百姓衣服，不好识别，不如戴上我们民团的红蓝袖标，这样士兵们有个标识，便于管理。这个建议得到了大家的认可。汤万宁派人到漆园村找到胡德清，请他帮助缝制3000个袖标。胡德清到昌平县阳坊镇布铺买了红蓝各两匹土布，在附近各村找了些妇女缝制袖标，还找到当地一位绣花能手，绣成红底黑字的国民抗日军军旗。

1937年10月3日，日军在飞机和骑兵的配合下，对平西进行拉网式"扫荡"，活动于宛平县温泉、北安河等地的国民抗日军决定向妙峰山转移。日军随后跟来，以飞机为掩护，向妙峰山上的国民抗日军发动进攻。国民抗日军边打边撤，分散成小股部队从妙峰山北香道撤往昌平县前七村。

汤万宁带领30余名战士沿大风口茶棚，翻越凤凰岭，从漆园村南的雅思山上撤下来。汤万宁想到，部队撤到前七村以后，敌人得到消息，肯定会尾随而来，这样一来，乡亲们会遭到日、伪军的袭击。于是，他进村找到老村长胡德清，要他跟自己一起转移。

老村长对汤万宁说："村里的公粮都在村公所，咱们的部队还没有领走，我不能撇下这堆粮食便宜小日本，我藏好粮食再走。"汤万宁见状，说道："我给你一杆枪吧，留着防身用。"胡德清说："部队上还有些战士没有枪，扛着大刀呢，我不要！""那我就给你留一把刺刀。"说着，汤万宁从战士手里拿过一把缴获的日军三八步枪，卸下刺刀，递给老村长。

后来日军占领前七村，并在瓦窑村建了炮楼，疯狂报复抗日军民。

1939年8月，日军来到漆园村，架上机枪，强迫村民们到北庙开会。日军进村时，抓到民兵赵长润并绑到北庙院内上刑，试图从赵长润的嘴中得到老村长胡德清的下落。

胡德清前天夜里刚从平西抗日根据地沿河城回村，他看到日军给赵长润上刑，便走上前去，对日军翻译说："你们别问他了，有事跟我说。"翻译

日军三八步枪的刺刀（作者供图）

问道："你是条汉子，报上姓名来。"胡德清说："我是村长胡德清。"翻译说道："今天要找的人，就是你！你有胆，送上门啦。"说着，几名日军就把老村长绑了起来。日军队长让翻译对村民说，老村长私通八路，为八路提供粮食，日军第一个要处死他。胡德清被压上杠子，日军从井里提了一大壶水，混着辣椒面，就往他嘴里灌，不一会儿，肚子就被灌得鼓胀起来。最后胡德清被日军折磨而死，牺牲时53岁。

胡德清牺牲后，中共昌宛联合县八区书记对胡德清的儿子胡殿栋说："区里发展你为中共预备党员，任漆园村村长，你父亲胡德清为抗日牺牲，你要继承他的遗志，继续带领乡亲们打鬼子。"胡殿栋怀着家国仇恨，接受了党组织交给他的任务，积极工作，筹集军粮，保护乡亲。漆园村终于迎来抗战胜利。当年汤万宁送给胡德清的这把刺刀，被他的后人胡长海保存至今。

（执笔：高建军）

白塔寺《感文》控诉日军暴行

中国人民抗日战争纪念馆"伟大胜利 历史贡献"大型主题展览中,有一个白塔寺模型的陈列窗口,一张泛黄的手写《感文》无声地向观众讲述那段刻骨铭心的抗战历史。

这份《感文》写道:

今年重修此塔,适值中日战争。六月廿九日[①],日军即占领北京,从此战事风云弥满全国,飞机大炮到处轰炸,生灵涂炭,莫此为甚,枪杀奸掠,无所不至,兵民死难者,不可胜计,数月之中而日本竟占领华北数省。现战事仍在激烈之中,战事何时终了,尚不可能预料,国家兴亡难以断定,登古塔,追古忆今而生感焉,略述数语,以告后人,作为永久纪念。

民国廿六年十月初三日

罗德俊

全文虽仅有148个字,却饱含作者对家国命运的担忧。罗德俊应是北平沦陷后日军残酷殖民统治的亲历者。这篇感文与白塔寺有什么关联?随着各种史料不断浮出水面,这段历史的来龙去脉愈加清晰地呈现在世人面前。

1937年7月7日,日本侵略者为了达到以武力吞并全中国的罪恶野心,制造了震惊中外的卢沟桥事变。北平沦陷后,民众义愤填膺。而这篇"感文"的落款日期为"民国二十六年十月初三日",也就是1937年11月5日,

---

① 此处为农历六月廿九日即1937年8月5日,北平沦陷7日后。

卢沟桥事变爆发的4个月后。一位名为罗德俊的市民，将卢沟桥事变后日军侵占我国领土的史实和自己的见闻感受记录在纸上，并将其悄悄放入白塔顶端。

白塔寺，又名妙应寺，位于现北京市西城区阜成门内大街路北，因寺中有一座雄浑高耸的白色喇嘛塔故而得名。现存白塔的历史，始于元世祖忽必烈定都于大都后，为供奉迎来的释迦佛舍利，特聘尼泊尔匠师阿尼哥于辽塔遗迹上修建而成。元末一场雷火焚毁古刹，只有白塔幸存。明代天顺元年重建改名为妙应寺，寺院经明、清修建，形成今貌。人世沧桑，物换星移，这座高50余米的白色喇嘛古塔历经时代变迁，始终屹立不倒，成为古都北京醒目的一个地标。

1976年，因为河北唐山大地震造成的影响，距离震中180公里的北京，不少建筑遭到破坏，白塔寺便在其中，寺内白塔受到严重损坏。1978年9月，相关部门对白塔和寺院进行全面修缮，整修过程中，一名文物工作者在白塔寺塔刹夹缝中发现了这张泛黄的《感文》。

如今重读这篇白塔寺《感文》，依然能够感觉到字里行间的悲愤之情。透过寥寥几笔精简的文字，仿佛看到了1937年北平沦陷战火纷飞，作者登上白塔，眺望着曾经恢宏繁华的古都，变得满目疮痍，悲愤地记述下日本

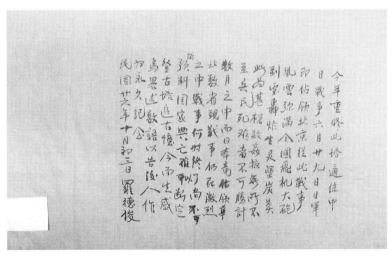

1937年北平市民罗德俊白塔寺《感文》（中国人民抗日战争纪念馆供图）

侵华的罪行。但关于罗德俊的身份，至今都是一个未解之谜，有待后人继续考证。

这篇《感文》是在日伪统治下的黑暗年代，一位普通的北平市民对日军暴行的控诉和反抗。它不仅是罗德俊的心声，也是当时北平千千万万个胸怀民族大义的普通百姓的心声。它不仅是全民族抗战铁血铮铮的历史物证，也彰显着中华民族不屈不挠的民族之魂，时刻提醒着后人勿忘国耻、振兴中华。

（执笔：鲁晓宁）

北平学生移动剧团的两本日记

　　中国人民抗日战争纪念馆收藏着两本珍贵的日记。翻开第一本日记的封面，"北平学生移动剧团""愿我永恒""中华民国二十七年二月二十三日始""璧华"几列竖行字映入眼帘，这些字的右下端还画着几个发光的小星星。第二本日记的扉页上则是河南、山东相关学生剧团的联欢会签名录。日记主要记录了北平学生移动剧团在战火中辗转各地、热火朝天的抗日宣传，生动鲜活的内容将我们带回抗战的峥嵘岁月。

　　从九一八事变到华北事变，日本对中国的侵略逐渐扩大，社会各界抗日救亡的呼声日益高涨。在中共北平地下党组织领导下，北平学生纷纷组织起来，成立宣传队到农村进行抗日宣传。

　　卢沟桥事变爆发后不久，北平沦陷。为了保存实力开展抗日活动，中共北平市委决定将北平学生中的党员、民先队队员和进步青年学生分批撤离北平，到全国各地开展抗日活动。时任北平市委书记的黄敬找到宣传队成员张楠（中共党员），并指派荣千祥（荣高棠）等党员进入宣传队，要求他们带领队伍取得公开合法的身份和活动经费，到河北、山东一带开展抗日宣传工作。于是，宣传队取名"农村服务旅行团"，几经周折于1937年8月离开北平，不久在济南集结。在济南，他们看到邹韬奋发表的《战地移动剧团》一文，深受启发，将宣传队名称改为北平学生移动剧团，并且开始了抗日剧目的创作。

　　为了取得公开合法身份，避免滞留济南，剧团又辗转到达南京，开始正式宣传演出。演出剧目有话剧《打鬼子去》《北平：七·二八之夜》，大鼓《卢沟桥之夜》和歌曲《松花江上》《海军歌》《空军歌》等。其中，《北平：七·二八之夜》讲述了北平沦陷之夜的故事，《卢沟桥之夜》写了卢沟桥事

235

变中国军人吉星文率团抗击日军的事迹,《打鬼子去》则表现了日本侵略者在一个北方村庄烧杀淫掠,逼得村民抗争杀敌的故事。剧团生动鲜活的表演,深深打动了观众。

由于演出的成功,再加上沈钧儒从中引荐,剧团得到邵力子、陈立夫的帮助,最终经国民党教育部次长张道藩同意取得合法身份。随后剧团执行中共党组织的指示,决定再次返回济南。两个月后,日本军队入侵南京并进行了惨绝人寰的大屠杀。

剧团回到济南,山东教育厅厅长何思源热情地接待了剧团,并将其收编为教育厅下属组织,每月提供固定经费,剧团也改名为山东省教育厅移动剧团。11月,济南面临沦陷危机,剧团再次起程出发,辗转流离多地,直到1938年10月剧团大多数成员顺利到达延安。

其间,移动剧团辗转北平、天津、南京、山东、河南多地,颠沛流离,行程万余里,为群众和士兵演出百余场戏,座无虚席。韩复榘、李宗仁、张自忠等高级将领都曾亲自观看剧团演出,并对演出做出极高评价。青春与战火、心酸和掌声,都被记录在剧团的日记里,一字一句述说着当年的情形。

北平学生移动剧团日记起自1938年2月23日,终于1938年10月6日。第一个在日记本上留下字迹的是庄璧华。庄璧华是剧团中年龄最大的女生,在济南加入剧团。她认真记录了2月23日至3月26日剧团的生活和工作内容,字迹工整,描述生动,充满热情。3月29日,剧团决定由全体成员轮流书写日记,每人一星期,由此形成了迥异的日记风格。其中,张瑞芳的记述平和细腻,张楠的记述沉稳大气,胡述文的记述仔细认真,荣千祥的记述总览全局,管振堃的记述稚嫩活泼,郭同震的记述则极其简练……读起来令人饶有兴味。

日记内容也十分丰富。4月29日,荣千祥写道:“晨,开干事会分配整日工作”“晚八点募捐公演”。5月30日,王拓记道:“筹备漯河的公演整整忙了一天”,又接着写道:“戏在漯河一带的人士看来,总是满意的。掌声像鞭炮一样的响成一片。”除了工作,剧团成员的生活状况也写在日记中。3月28日,张瑞芳写道:“今天的警报可真有些怕人,一个上午来了三次,五架飞机毫不客气地掷下许多炸弹,西站和城里都被炸了,动员委员会门前炸死十几人。我们躲在明壕里，眼见着飞机往下投弹。真担心会扔在自己头上。我们的地方也太危险了，在高射炮阵地与两车站之间，轰炸这三个目标若扔偏了就照顾上我们。"这样的记述在日记中多有出现。

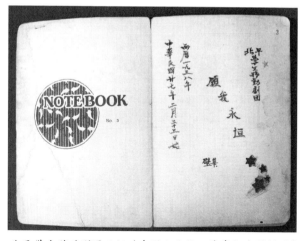

北平学生移动剧团日记（中国人民抗日战争纪念馆供图）

疾病也时常缠绕着剧团成员。6月8日，程光烈在日记中记述道："王拓和小江都病了，害的是痢疾。"张昕更是在7月25日的日记中带着无奈和担忧说道："今天这个人，明天那个人，总之每天都有人在生病。"而且，剧团的居住生活环境也非常差，漏雨的屋子、脏乱差的车厢、拥挤的房间……但这些都没有减退热血青年们心中的信仰和抗日的热情。日记记述的琐碎而又真实的生活，不仅是剧团每个成员真实的经历，也是战争年代大众生活的一个缩影。

曾任北平学生移动剧团总干事的荣千祥后来回首往事时说道："那是我们每个人一生中最值得记忆的生活，那样的生活我们后来再也没有过。"

（执笔：李君娜）

清华学生杨式德《湘黔滇旅行日记》

这是一本1938年的日记，它曾在抗战岁月里随主人跨越湘、黔、滇三省，行程1600多公里。作者名叫杨式德，河北行唐人，1936年考入清华大学土木工程学系，1940年西南联大毕业后留校任助教，1945年赴美留学。1949年回国后到清华大学土木工程系任教，曾任结构力学教研室主任等，对我国结构抗震抗爆的研究做出积极贡献。

1937年，全民族抗战爆发后，清华大学、北京大学、南开大学迁至长沙，合组长沙临时大学。1937年底，南京沦陷，随着战火日益逼近，1938年1月20日，长沙临时大学常委会第43次会议议决学校西迁昆明。1938年2月第一学期结束后，临时大学便开始搬迁。学生中有人从军，有人去战地

杨式德日记（清华大学档案馆供图）

服务，有人去陕北学习，大约600多名学生或退学参加抗战，或转学其他院校，志愿入滇赴昆明继续完成学业的有821人。杨式德当时是长沙临时大学土木系二年级学生，清华学籍，随校西迁。

2月，师生分三路赴滇。甲路由约300名师生组成湘黔滇旅行团，从长沙到昆明。乙路自2月中旬起分批从长沙出发，乘火车经粤汉路到广州，再到香港，由香港乘船到越南海防，转乘滇越铁路火车过境到云南。这一路多为女生和体弱多病、经医生证明不宜步行者。除了甲、乙两路之外，还有十几名教师，如陈岱孙、朱自清、冯友兰等，从长沙出发，沿湘桂公路经桂林、柳州、南宁进入越南，从河内转乘滇越铁路火车过境到云南。

西迁三路人马中，湘黔滇旅行团独领风骚。旅行团的宗旨是"借以多习民情，考察风土，采集标本，锻炼体魄，务使迁移之举本身即是教育"。经过自填志愿、体格检查，核准284人参加湘黔滇旅行团。由身体强健的师生组成，从长沙出发，徒步经晃县、贵阳、盘县等地前往昆明。旅行团实行军事管理，由国民政府军事委员会指派中将参议黄师岳担任团长，参加步行的11名教师组成辅导团，其中包括闻一多、曾昭抡、黄钰生、李继侗、袁复礼、许骏斋、李嘉言、王钟山、毛应斗、郭海峰、吴征镒。旅行团学生一律轻装，穿军装、裹绑腿，按行军要求上路。有两辆卡车随行装载设备、炊具、铺盖卷、煤油灯等。离大城市越远，城镇就越小，住宿就越难找。他们一路只能尽可能找学校、寺庙宿营。在寺庙过夜时，有人只能睡在棺木上。在乡村小店，常与猪、狗、牛、羊为伴。

他们穿越湖南、贵州、云南三省，全程1663.6公里，除去乘船乘车外，实际步行1300公里，历时68天，于4月28日到达昆明。两个多月的行程中，旅行团师生经由湘西蛮荒之地，攀登贵州险峻的关索岭，经受了险山恶水各种艰难困苦的考验，还经历过土匪、雪困。但他们也瞻仰了红岩碑、伏波祠、诸葛祠等名胜古迹，领略了桃花源、飞云岩、火牛洞、九峰山、黄果树瀑布等秀美旖旎的风光。

栉风沐雨，翻山越岭，艰难的行程磨炼了旅行团师生的身体，锻炼了他们的意志，拓宽了他们的视野。

行进途中，杨式德自始至终坚持每天写日记。

行进途中（清华大学档案馆供图）

1938年2月19日，旅行团全体成员在圣经学校门前集合宣誓，次日出发，踏上征程。当天日记记载："晚八时发船。天阴。船停在中山西路的西端。午后五时集会于圣经学校大草坪，张治中主席的代表陶履谦先生训话，告诉我们到乡间去的重要及为何应吃苦耐劳……"

2月26日晚，旅行团在常德开了娱乐会，团长黄师岳、生物学家李继侗教授、地质学家袁复礼教授分别讲话。日记记道，袁复礼说"他在中国旅行已17年了。他主张记日记，并要科学地记载，并鼓励同学们沿途多多考察随处皆可有所获得，如山的高度，地名，地质构造，化石搜集，气候的记载都是有用的"。

杨式德细致记述了途中各地气候山川及风土人物，并以简图指示要点。途经桃花源，他写道："今天是最快乐的一天……十二点便到了桃源洞了。公路向南，东西两边全是山，远望山上绿树铺满，层层叠叠。桃源洞在东面，一道小路通上山去，两旁全是桃树，桃蕾有黄豆大小，向着这幽深的山壑走上去，迎面一个牌坊，上面刻着三个大字'桃花源'……"

师生一路步行，访问了侗家村落和苗民、彝民山寨，亲身接触了各地风土人情，并且亲手采集了各种标本，收集到上千首民歌民谣。

杨式德是学习土木工程的，对工程技术方面给予特别关注。他在3月2日的日记写道："我预备在此次旅行中着重在以下二事的调查：①西南人如何利用水？②此段公路上的情况，如大站之设备、机构。"

艰苦行军途中历经的种种困难，使杨式德对中国社会有了深入认识：

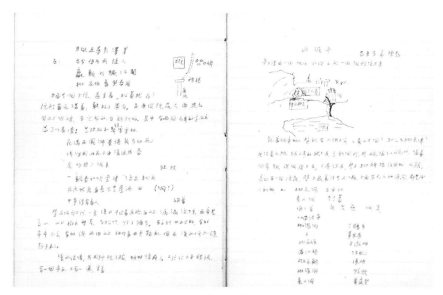

杨式德日记（清华大学档案馆供图）

"我们饮用洗濯全是用的江内的水，污浊而带黄色，虽比黄河、长江的水清澈多了，但是仍然难以入口，同学们讨论到自来水的问题。像长沙这样大的都市，竟没有自来水的设备，沿江一带，一切皆用江水，实在太不卫生了。""镇远四周是很高的山……虽然命令禁烟，可是吸烟的仍然很多……"

4月28日旅行团到达昆明，杨式德的日记仍在继续。这本日记上记录的最后一天是5月8日。

5月2日的日记中，他抒发了战乱流离之痛："昆明，不，就说云南吧！一年前我做梦也想不到要到这里的。更料不到要在一年内，飘落到这个天涯海角来的。更远的像美国，像英国我都曾幻想着将来要去游一趟。却是想不到要居留在云南这中国的堪察加①境内，而且又来的这么凄怆。我的故乡我的亲属都在敌人践踏下呢。"

在教师的要求倡导下，旅途中几乎每个人都坚持记日记，杨式德日记是旅行团留下的日记、记录文献的重要组成部分。旅行团指定了丁则良、高亚伟、杨桂和3人为日记参谋，全面记录旅行团活动，写成了约20万字

---

① "堪察加"在俄语中是"极远之地"的意思。

的日记，寄到香港交商务印书馆刊行，因太平洋战争爆发而不幸失落。即便如此，仍有不少刊行，如外文系三年级学生林振述（林蒲）的《湘黔滇三千里徒步旅行日记》（1938年春发表于《大公报》副刊《小公园》）、中文系二年级学生向长清的《横过湘黔滇的旅行》（1938年10月发表于巴金主编的《烽火》）、政治系二年级学生钱能欣的《西南三千五百里》（商务印书馆，1939年版），以及生物系助教吴征镒的《长征日记——由长沙到昆明》（《联大八年》，1946年版）。

杨式德日记于1999年出版，收录在《中国教育史上的一次创举——西南联合大学湘黔滇旅行团纪实》中。2010年再次出版，收录在《联大长征》中。2016年，杨式德之子、清华大学1978级校友杨嘉实，将父亲的《湘黔滇旅行日记》及32张珍贵的行军照片捐赠给清华大学。

这些珍贵的记录，使约300名师生组成的湘黔滇旅行团、3000多里长途跋涉、历时两个多月的"小长征"，多年之后仍历历在目，成为联大精神的象征。"小长征"影响了这300名旅行团成员，也影响了西南联合大学的风尚。确实如美国学者易社强所说，经由一遍遍的言说与书写，"长征的现实夹杂着神话和传奇的色彩"；"这次长征是一次艰苦卓绝的跋涉之旅，此后是八年患难，它成为中国知识分子群体才能的象征；因此，也成为中国高等教育和文化持续不辍的象征"。

（执笔：王向田）

为抗战牺牲的清华校工阎裕昌

在名师档案云集的清华大学档案馆，一张编号为"京烈字第080351号"的革命烈士证明书格外引人注目。它的主人是清华园一名普通校工——阎裕昌。证书左侧记载，阎裕昌于1938年8月入党，生前所在单位及职务为冀中军区制药厂技师，1942年2月5日在河北省安平县武莫营村被日伪抓捕和杀害。2016年，阎裕昌之孙阎禄德将这张革命烈士证书及阎裕昌生前用品、学习笔记、实验器材等，悉数捐赠给清华大学。一件件珍贵的文物，默默地记录了这位清华校工的动人事迹。

阎裕昌（1896—1942年），又名门本中，北京人，幼年因家庭贫困，仅在私塾里读过几年书。1919年，他经人介绍到清华学校当工友，因勤奋好学，被物理系教授叶企孙提升为仪器设备管理员，负责保管仪器设备，并在课堂中协助进行演示实验操作。想要做好实验，首先要理解课本中的理论知识。毫无物理学基础的阎裕昌，时常利用工作之余刻苦自学，一张张

阎裕昌革命烈士证明书（清华大学档案馆供图）

243

阎裕昌烈士
（清华大学档案馆供图）

名片大小的纸张上密密麻麻地写满物理学知识。为让学生更好地理解实验过程和结果，他努力钻研，自制了很多实验器材。阎裕昌敦厚的品格、勤勉的态度和精深的技能，深受师生好评。清华物理学系学生、后来成为"两弹一星"元勋的王淦昌曾评价："阎先生为人正直，工作勤恳，手艺高超，思维敏捷，我们同学都从他那里得益不少，受他教益不少。"

卢沟桥事变后，清华大学南迁，为保护北平校产，学校成立清华平校保管委员会，阎裕昌与40余名教员留校担任该委员会保管员。不久，北平沦陷，日军占领清华园，在校内耀武扬威，肆意掠夺校产。《清华大学一百年》中记载："1937年10月3日，日军竹内部队进入清华园，以'参观'为名行检查之实，临行将图书仪器等用大汽车装载而去，是为日军窃取本校什物之始。自此，每日'参观'，每日攫取。"

物理学系珍贵的仪器设备自然也在日军觊觎范围之内。他们威逼阎裕昌交出实验室钥匙，阎裕昌坚贞不屈，冒着生命危险据理抗争，始终不肯交出钥匙，遭到日军毒打，满身伤痕。他回到家中愤恨地对家人说："一定要打日本鬼子，将这些强盗赶出中国去！"为保护学校财产，他设法避开监视，偷偷将物理实验室的稀有贵金属转移到家中，再送交在天津的叶企孙运往昆明。这些贵金属后来在西南联大的教学科研中发挥了重要作用。

1938年，阎裕昌协助叶企孙办理完清华物理学系师生南撤之事后，经叶企孙指导介绍，与中共地下党员取得联系，改名门本中，经保定前往冀中抗日根据地。阎裕昌来到根据地后，克服物资极度匮乏的困境，运用所学知识，迅速投入雷管、炸弹、手榴弹、地雷研制中，为冀中军区军工生产做出重要贡献，后成为冀中军区技术研究社主要成员之一。

阎裕昌将个人生死置之度外，多次往来于北平、天津、保定等地，穿越敌人封锁线，筹集根据地各种军需物资，并帮助更多平津地区人员前往

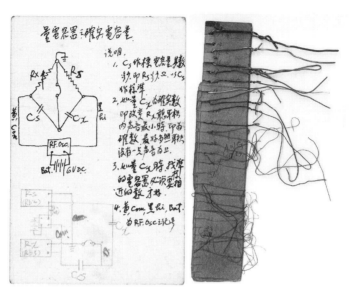

阎裕昌手写的物理学习卡和自制的实验线规（清华大学档案馆供图）

根据地参加抗日工作。在燕京大学物理系当助教的葛庭燧回忆说："1938年秋天的一个晚上，阎裕昌突然来到我宿舍，他说：'我参加了游击队，此次是奉命来要求你利用燕京大学作掩护为游击队做一些事：搞一些关键器材，如雷管和无线电元件；查阅一些资料，提供一些技术书刊；介绍科技人员去游击区工作。'这些要求我当然义不容辞地答应。"最终在阎裕昌的帮助下，葛庭燧也来到冀中抗日根据地，为抗日根据地贡献力量。

为解决冀中抗战物资问题，阎裕昌奉命驻守冀中安平县武莫营村生产炸药。1942年，日军对冀中地区"扫荡"，阎裕昌不幸被捕并惨遭杀害。关于阎裕昌被捕和牺牲的经过，担任过冀中军区司令员的吕正操在《冀中回忆录》中写道："一次敌人进了村，阎裕昌把器材坚壁好就藏在大街上的一条大船底下，敌人走时到处抓鸡，一只鸡钻到船下，结果他被搜了出来。敌人对他用刑，他就大骂。他说顶多是死，毫不在乎。敌人用铁丝穿着他的锁子骨在街上转，问老百姓谁认识他。老乡都说认识他，但没有一个人揭发他是制造炸药、雷管的，没有一个人不为他哭泣的。他高呼：'日本鬼子一定失败，日本鬼子是中国人民的死敌！'最后，敌人把他残杀了。"

阎裕昌牺牲后，阎家人在张家口艰难度日。中共晋察冀军区供给部部

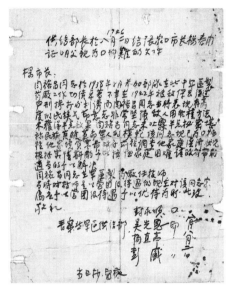

晋察冀军区有关负责人证明阎裕昌为烈士的信（清华大学档案馆供图）

长封永顺等4人致信张家口市市长杨春甫，希望政府调查了解他家境贫寒的情况，予以帮助。信中介绍阎裕昌不畏严刑拷打与利诱、为国壮烈牺牲的经过，写道："阎裕昌同志当时表现有高度的民族气节，意志非常坚强。敌人用各种方法，未获得半点效果。阎裕昌同志未吐露半点秘密，堪称民族英雄，革命军人模范。"1983年6月1日，中华人民共和国民政部向阎裕昌亲属颁发了革命烈士证明书。证书正文写道："阎裕昌同志在抗日战争中壮烈牺牲，经批准为革命烈士，特发此证，以资褒扬。"

（执笔：郭故事）

抗日模范村——房山马安村

平西抗日战争纪念馆收藏着两面珍贵的锦旗,一面是抗日战争时期房涞涿联合县政府授予马安村的抗日模范村锦旗。这面锦旗长110厘米,宽72厘米,虽有一点边残,但表面整洁,字迹清晰。另一面是中华人民共和国成立后,授予马安村的,上印有毛泽东亲笔题词"发扬革命传统,争取更大光荣"。

马安村位于今北京市房山区十渡镇,距平西抗日战争纪念馆北侧2.5公里。1938年8月,房良联合县抗日民主政府组织部部长赵然,在马安、十渡村发展党员,建立了党组织。这里成为八路军挺进冀东的大后方,不仅驻有地方党政机关和部队,还有冀中第10分区的兵工厂和后方医院。在中共党组织的带领下,村民积极参军参战,不足百户的小村庄出现了母送子、妻送郎、兄弟争相上战场的感人场景。

1940年至1943年间,日军经常对十渡地区进行大规模"扫荡",马安村曾3次遭敌人烧杀。1941年8月底至9月初,日军出动万余人,"扫荡"平西拒马河两岸地区。进犯平西的日军兵分两路,直扑房涞涿联合县政府所在地十渡。8月23日晚,从红煤厂出发的日军向霞云岭、东村方向进犯,从涿县出发的日军沿拒马河谷向河路沟蒲洼地区进犯,另一路从涞水太平庄出发经深山峡谷,从背后突袭,也向十渡蒲洼地区进犯,妄图以分进合击战术破坏抗日根据地。日军所到之处,群众的房屋全被烧毁。

日军在西庄村设立据点后,派汉奸送信,命令各村组建伪维持会,强令各村给他们送粮、送肉、送菜、送柴、送民夫。当时房良联合县政府就在马安村,政府干部和八路军伤病员需要转移,10余万斤军粮等物资需要坚壁,一些重要文件需要隐藏。这些艰巨的任务都落在了马安村党支部和全体村民肩上。日军第一天让马安村送若干粮菜肉和50名民夫，马安村没给；第二天要100名，还是没给；第三天要150名，并威吓如若不从，就杀个鸡犬不留。

信息送到马安村后，面对残暴的敌人，马安村村长刘显彬连夜召开会议研究对策。经过讨论，村民一致表示：坚决不当日本侵略者的"顺民"，要抗战到底，决不资敌降敌。

为防止敌人进村烧杀，村党支部对工作做了周密安排，处理了大批文件，掩埋了大量物资，坚壁了10余万斤粮食，保护县委、县政府和几十名伤病员安全转移。同时，在村里安放了岗哨，一有动静，即鸣锣为号，立即组织干部群众上山，随时准备歼灭入侵敌人。

日军发出信的第三天拂晓，在汉奸带领下向马安村扑来，这时大多数群众已听到锣声安全转移。日军进村后，没有搜出一粒粮食，也没有找到一个伤病员和一个县委干部。敌人扑了个空，既抓不到人，又抢不到粮，气急败坏，挨家挨户放火，烧毁了马安村470余间房屋，还杀害了13位来不及转移、手无寸铁、老弱病残的村民。

马安村人民没有被日军的"三光"政策所吓倒，他们自觉地武装起来，组织民兵开展游击战争。

马安村东山的石梯，是连接十渡、马安和霞云岭的一条重要通道。为阻断抗日根据地与房良联合县县委、县政府的联系，日、伪军在马安村东山上建立据点，盖起炮楼，监视马安村的行动，还经常往山下扔手榴弹，恐吓村民。抗日军民安全受到严重威胁。

县委要求马安村党支部设法除掉炮楼。日、伪军在山上，山下的情况看得很清楚，白天上山端炮楼难度很大，村干部决定夜间偷袭。经过两次侦察，摸清了情况，一天深夜，村长带领20多个民兵，扛着木棒、镐，乘着夜色悄悄上山，活捉了3名汉奸，拔掉了日、伪军在东山上的炮楼。几个月后，转移的伤员全部康复，返回部队，转移的军粮无一粒霉烂，文件一份也没丢失。1941年10月，盘踞西庄据点的日军不得不后撤，沿拒马河谷缩回张坊外的平原区。

1941年10月，房涞涿县政府在西庄村的龙王庙召开表彰大会，县长王天瑞亲自将写着"抗日模范村"的一面锦旗授予马安村。马安村成为平西抗日根据地第一个抗日模范村。

抗战期间，马安村人在中国共产党领导下克服了种种困难，端据点、反"扫荡"、踊跃支前，全力支持抗战。村里的男人们负责为八路军备粮、备草、运粮、运物资、抬担架，配合主力部队外线作战，接送爱国人士、

1941年房涞涿县政府赠给第二区马安村"抗日模范村"锦旗
（平西抗日战争纪念馆供图）

1951年中央访问团授予马安村"发扬革命传统 争取更大光荣"锦旗
（平西抗日战争纪念馆提供）

党员、青年学生、隐蔽干部等，妇女们除了要看护伤病员以外，还要做军衣、军鞋等。村里不仅承担了重要的后勤保障工作，还先后组织50多人参军参战。

小小的村庄涌现出荣获独立自由勋章的刘万忠和刘占怀，攻打三尖城的战斗英雄刘德森，有3人成长为师级干部，有7人成长为团级干部，还有多名营、连、排干部。马安村人民为抗战做出了突出贡献。

新中国成立后，1951年8月中央人民政府赴北方老根据地访问团慰问平西人民，将毛泽东为革命老区亲笔题词"发扬革命传统 争取更大光荣"的锦旗授予马安村，同时还赠送了中央人民政府的慰问信及纪念章。

（执笔：李春燕、曹梦玲）

马栏村抗日第零零壹号 "光荣纪念证"

　　门头沟区斋堂镇马栏村的冀热察挺进军司令部旧址陈列馆，有一位义务讲解员张秀敏。从1997年陈列馆在马栏村落成开放那天起，她主动做义务讲解，一讲就是20多年。这是缘于她对那段抗战岁月有一份特殊的感情。

　　张秀敏的爷爷是在抗战时期牺牲的。她家中摆着一份京矿字第零零壹号 "革命牺牲民兵民工家属光荣纪念证"，是1955年10月9日，中央人民政府授予她爷爷张兰珠的。证书长20厘米，宽26厘米，金黄色华表分列左右两侧，紫底黄蔓草纹相连为框，上方正中庄严的国徽昭示了证书的分量。证书正文底色为淡蓝色，套印正中的是毛泽东手书 "永垂不朽" 4个大字。正文书：

　　　　查张兰珠同志在革命战争中，积极参战，英勇牺牲，丰功伟绩，永垂不朽，其家属当受社会上之尊崇。除依中央人民政府 "民兵民工伤亡抚恤暂行条例" 发给其家属恤金外，特发给此证以资纪念。

主席：毛泽东

一九五五年十月九日

　　这张珍贵的光荣证，先是由张秀敏父亲珍藏，后来传给张秀敏。爷爷英勇就义的1942年，张秀敏还没有出生，但是他不畏强敌、勇于牺牲的故事一直激励着张秀敏。

　　马栏村明清时期曾经作为养马场，村名也因此而得。1938年3月，中共

张兰珠光荣证（门头沟区斋堂镇党群办公室供图）

中央晋察冀分局派邓华率队到宛平七、八区，开辟以斋堂川为中心的平西抗日根据地，在东斋堂村创建了平郊第一个中国共产党领导下的县级抗日民主政府——宛平县政府。1939年10月，八路军冀热察挺进军的司令部就设在斋堂地区的马栏村。

马栏村作为抗日堡垒村，成为日本侵略者的眼中钉。敌伪汉奸多次到村里去做"自首"动员，威逼利诱村民揭发检举，或者劝说参加抗日的人自首，最后都无获而返。马栏村民兵根据可靠情报周密调查揪出奸细，并一举铲除。踞守斋堂的日军小队长赖野恼羞成怒，于1942年6月27日清晨，带领100多人包围马栏村，将村里没来得及转移的老人、妇女及儿童驱赶到村中戏台前。3挺机枪黑洞洞的枪口对准手无寸铁的乡亲。赖野假惺惺地说："不要怕，我们是来抓八路和游击队的，只要说出他们在哪儿，你们就可以回家。"

面对嚣张的敌人，被圈在戏台前的人们很平静。妇女抱紧了怀中的孩子，老人们相互搀扶，眼中的愤怒似乎要化成火焰喷射而出，人们用沉默表达对敌人的蔑视和反抗。

敌人不断从人群中拉出人来毒打。突然洪钟一样的声音传来："我是八路军家属,放了乡亲们!"循声望去,原来是张兰珠老人,他的两个儿子都在抗日前线。赖野没想到这个老汉口气这么坚决,他举起明晃晃的战刀对着张兰珠做出劈刺的架势。张兰珠把头扭向一边,眼里浮现出从容坚毅。他深情地看了看乡亲们,又回过身来,身躯就像马栏山一样岿然不动。随着寒光一闪,赖野罪恶的战刀砍向了老人。张兰珠倒下了,殷红的鲜血洒在马栏的土地上。

如今人们走进马栏村,绿水青山新农村建设成果处处可见,以冀热察挺进军司令部旧址陈列馆为中心的红色文化建筑群,将浓浓的爱国主义教育氛围点染得恰到好处。抗日英雄张兰珠的全身塑像肃立村中,时刻提醒人们勿忘过去,自强不息。

（执笔：高丽敏）

英雄母亲邓玉芬的劳动生活用品

中国人民抗日战争纪念馆馆藏文物中，有一个对于今天大多数人来说非常陌生的器物，铸铁制作，圆形圈足，中心向上稍凸，还配有一个大小相当的盖子。这个锈迹斑斑、制作简陋的器物，叫作煎饼鏊子，北京市密云县的乡亲们又称它为"米黄钵钵"。

这是当年密云县"英雄母亲"邓玉芬为八路军伤病员制作干粮的炊具，它是一位母亲伟大情怀的生动见证，也是八路军与人民群众鱼水深情的历史见证。

邓玉芬（1891—1970年），出生于北京市密云县云蒙山深处水泉峪村的一个贫苦家庭。丈夫任宗武是邻村张家坟村一个朴实勤劳的庄户人，两人结婚后年复一年地辛苦劳作，含辛茹苦地拉扯着7个儿子。

1933年5月长城抗战失败后，密云县长城以外的地区被日本侵略者占领，邓玉芬的家乡被划入日本侵略者扶植成立的伪满洲国。1937年7月7日卢沟桥事变爆发，日伪对密云的统治更加严密残酷，邓玉芬和乡亲们对日伪统治万分痛恨，日夜盼望着中国军队能早点打回来。

1940年4月，八路军冀热察挺进军第10团在团长白乙化率领下，挺进平北，开辟了以密云西部山区为中心的丰滦密抗日根据地。八路军战士来到了猪头岭，向乡亲们宣讲抗日道理。邓玉芬听了，心里变得十分亮堂，感到只有跟着共产党、八路军打鬼子，才能真正改变国家、家庭和自己的命运。

6月，八路军第10团到各村组织游击队。邓玉芬和丈夫商量，先后将长子任永全、次子任永水、三子任永兴送去参加白河游击队。不久，随着游击队升编为主力部队，三个儿子都到外地作战。邓玉芬在家也积极投入抗

邓玉芬为八路军伤病员制作干粮的煎饼鏊子（中国人民抗日战争纪念馆供图）

日斗争。她承担起全部家务活，并带领几个小儿子开荒种地，让丈夫为八路军运送军粮弹药，传递情报。

邓玉芬冒着生命危险，掩护、救治八路军和县区干部。她给八路军伤病员喂汤喂水，拆洗缝补衣物，从不嫌苦嫌累。把自家大部分粮食省下来，甚至连杏干、杏仁、倭瓜子等也精心收攒起来，留给八路军战士。为了给伤病员补充营养，邓玉芬特意养了几只母鸡，下的蛋都攒着，自己从不舍得吃。她按照以前贫苦人家改善生活时粗粮细做的办法，找来煎饼鏊子，支上火，将小米、玉米等碾成粉，配上鸡蛋，做成软硬适中、营养丰富的厚煎饼，给八路军伤病员吃，既有营养，又香甜可口。而她自己和孩子们则以粗糠、树叶、野菜搭着充饥。她告诉孩子们，八路军战士早日恢复健康，就能消灭更多的敌人，最终大家才能过上好日子。经过邓玉芬的悉心照料，一个又一个八路军伤病员康复了，重新走上抗日战场。第10团的指战员和丰滦密根据地的县区干部、游击队员人人都知道，猪头岭上有个温暖的家，家里有一位亲切慈祥的邓妈妈。

在日伪统治下，密云山区人民的生活非常艰苦。然而，最使人难以忍受的是，日本侵略者不但不许中国人使用中国年号，还要求中国人敬拜日本的"天照大神"，妄图以日本的国家神道教，取代中国的传统习俗和民间信仰。邓玉芬虽没有文化，也清楚这意味着什么。为了让儿子们记住自己

抗战时期邓玉芬使用的蜡扦子（中国人民抗日战争纪念馆供图）

是中国人，每到春节、清明等中国传统节日或是祖先忌日，邓玉芬就偷偷将藏起来的一对蜡扦子取出来，点上蜡烛，放上几件简单的供品，和丈夫与孩子们一起纪念。她心中充满了对日伪的仇恨，一次又一次地教育儿子们："记住，咱是中国人！"

1941年，邓玉芬又将丈夫任宗武、四子任永合、五子任永安三人送去加入抗日自卫军模范队。1942年3月，父子三人响应抗日政府回山搞春耕的号召，回山里参加生产运动，后遭日军偷袭，丈夫和五子遇害，四子被抓走。1942年秋，长子任永全在保卫盘山抗日根据地的一次战斗中英勇牺牲。1943年夏，被抓走的四子任永合惨死在鞍山监狱中。1943年秋，次子任永水在战斗中负伤回家休养，因伤情恶化无药医治病逝在家。1944年春，日、伪军对猪头岭一带反复梳篦"扫荡"了7天7夜。为了掩护藏在山洞里的乡亲和战士们，邓玉芬的幼子也为抗战献出了生命。

一个接一个不幸接踵而至，但没有压倒这位坚强的母亲。邓玉芬对抗日工作更积极了，她把痛苦和仇恨都化作力量，春播、秋收、做军鞋、照料伤员，每天拼命地干。她对子弟兵也更亲了，在她的心里，每个八路军战士都是她的孩子，都是她的希望。

2014年7月，中国人民抗日战争纪念馆文物征集人员在密云县党史办、密云县石城镇政府的帮助下，来到张家坟村邓玉芬之孙任连国家中，征集到"英雄母亲"邓玉芬抗战时期使用过的用具。

为了民族的独立和解放，邓玉芬毁家纾难、无私奉献，先后将丈夫和儿子们送上战场，这种誓死不当亡国奴的爱国主义精神，为国家舍小家的无私奉献精神，永远值得人们学习和纪念。

（执笔：陈亮）

枪击日本天皇特使事件档案

　　1937年7月29日，北平陷落。不甘做亡国奴的北平人民，以各种不同方式与日本侵略者进行了不屈不挠的抗争，展现了中华儿女面对外侮时的不屈脊梁和爱国情怀。

　　1940年11月，看似平静的北平城，实则暗潮涌动，一场秘密谋划的暗杀行动正在悄悄酝酿中，暗杀的对象是日本天皇特使。北京市档案馆馆藏伪北京特别市警察局的卷宗中，详细记录了侦办此次案件的呈报、密令、公告等。通过对档案的解读，可以大致梳理出事件的来龙去脉。

　　1940年11月29日，上午9点50分左右，日本天皇特使高月中佐和乘兼

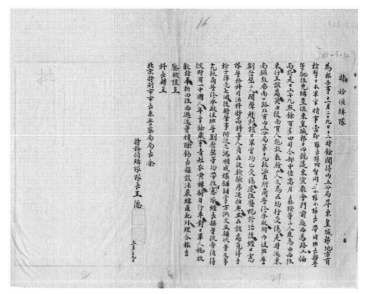

伪北京特别市警察局特务侦缉队关于日本军官在东皇城根被枪击事件的报告
（北京市档案馆供图）

中佐从华北日军驻北平司令部（今张自忠路3号，段祺瑞执政府旧址）出门骑马散步。两人骑着高头大马，一前一后，沿今天的平安大街向东，到达东四十条路口，再向南，沿东四北大街到达今天的东四牌楼，然后向西经过隆福寺和今天的美术馆、皇城根、沙滩到达北海，准备最后穿过北海向北到达今天的平安大街返回驻地。中午时分，当两人行至位于东皇城根的"远东宣教会"（今东皇城根大街14号）门前时，突然遭遇枪击，两人应声落马，高月当场死亡，乘兼重伤。两人中枪的一幕，恰好被巡街的伪警员佟承启目睹，他担心自己也中枪，躲在安全处看着两个日军中佐被运走之后，才敢走近查看现场。看着两匹中弹的东洋马以及满地的血迹，佟承启匆忙赶回位于南锣鼓巷南口路北的伪警局五分局第十九段警察分局，将目睹的过程禀报给伪队长刘发璧。听闻有日本人中枪，而且还是两个中佐，刘发璧不敢耽搁，立即带人赶往现场，经过仔细勘查，在现场找到7个弹壳和1个弹头。

伪北京特别市警察局关于侦缉东皇城根枪击日军案犯给所属官长警的密谕
（北京市档案馆供图）

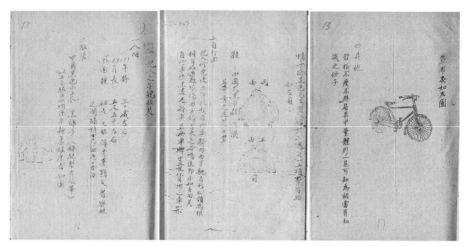

伪北京特别市警察局第四科密知特务科缉拿枪击日军人犯之年貌和服装
（北京市档案馆供图）

　　两名天皇特使在宪兵保护下在北平街头被袭击，华北日军驻北平总司令官多田骏得知消息后深感颜面扫地，责成伪北京特别市警察局立即侦破此案。伪警察局局长于晋和亲自向全城警署发出命令："所有警员，不予休假，苟有线索，务即侦查，嫌疑人等，一律拘押，破案获办者，奖洋五万，以助功劳。"

　　通过实地调查走访，伪警局终于获悉到一些线索，随即发出密令，对嫌疑人的形象做了描述并绘制了画图：该犯年龄三十岁上下，身长五尺五寸左右，脸长无须，肤色苍白，眼大、颧骨高，下颏尖，眉眼相隔稍宽，貌似知识分子，穿黑色小夹袄、黑色长裤，半新旧程度。戴黑色毛料扁帽，穿黑色布鞋、白袜，骑一辆无牌黑漆脚踏车，沿东皇城根由东往西骑行。

　　至此，整个事件最受瞩目的焦点集中在一个问题上：暗杀者究竟为何人？这就要从抗战时期国民党政府军统局下达"伺机刺杀日本军政要员"的命令说起。1940年，军统经过慎重筛选目标，决定对抵达中国不久的两位日本天皇特使采取刺杀行动。

　　为保证这次行动计划严密实施，他们选择北平站行动组组长麻克敌执行这次任务，并且将行刺地点初步定在从隆福寺到皇城根一带，具体计划是麻克敌负责开枪，然后由另一名狙击手邱国丰负责掩护。麻克敌，原名麻景贺，河北遵化麻家村人，早年在通州伪保安队任职，后加入军统华北站，进行暗杀汉奸敌伪的隐蔽性工作。麻景贺练得一手好枪法，为了表示抗战决心，他特地改名为"麻克敌"。执行任务前，麻克敌多次勘探踩点，掌握了高月和乘兼的行走路线和出行规律。

11月29日上午，麻克敌、邱国丰避开沿途岗哨和伪警巡逻，悄悄尾随两个天皇特使行至东皇城根。走到一个路口时，高月和乘兼突然骑马加快速度，与跟随的宪兵拉开距离。麻克敌见时机已到，骑自行车猛追，赶超到二人面前，放倒自行车，迅速开枪，高月当场中弹坠马而亡，乘兼也被打成重伤。听到枪声后，日本宪兵追赶而来，麻克敌骑上自行车向西边的东不压桥胡同逃去。

事发后，为了尽快抓到"嫌犯"，日伪政府机关军警、宪兵和特务全部出动，关闭所有城门，实行全城戒严，城头拉上电网，禁绝任何人出城。此外，还下令停开北平通往外地的所有车次。气急败坏的多田骏要求限期破案，日伪特务机关压力非常大，根据密令中描述的嫌犯特征，全城军警开始疯狂抓人。这时，与嫌犯长相接近的人可算是遭了殃，只要被抓到，不由分说，便直接被带到警察局审问。如果审问无果，再交由日本宪兵队加以酷刑，以促其招供。就这样，全城上下足足折腾了一个多月，被抓捕的无辜者多达300人之多，许多人被打成重伤和残疾。紧张的局势让30岁上下、身材五尺五寸左右的男人们都不敢上街，生怕刚一出门就被抓进宪兵队。

麻克敌完成刺杀任务后本应该立即撤出北平，但是他杀敌心切，继续隐匿在北平后海哥哥家里，策

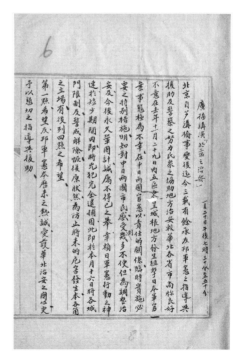

伪北京特别市警察局关于"北京之治安"
广播讲演稿（北京市档案馆供图）

划着对伪华北储备银行总裁汪时璟的刺杀行动。然而，这次行动由于戒备森严没有成功，撤退时麻克敌与汪时璟寓所内的警卫发生枪战，现场留下的弹壳为日伪侦破案件提供了线索。通过现场比对，汪时璟家里的弹壳与日本特使被杀现场的弹壳完全一致。

由于麻克敌已经暴露，他只好藏起来避风头。根据各种线索，日本特务机关找来已经叛变的原军统天津站工作人员裴级三，顺藤摸瓜找到北平站站长刘文修。由于不堪日本人酷刑的折磨，刘文修供出了北平站的基本情况，尤其是供出了交通员任国伦。任国伦虽然级别不高，但却掌握着北平站所有特工人员的地址和联系方式，就这样，他把麻克敌藏身的位置供了出来。日伪特务机关立即组织抓捕。1940年底，麻克敌不幸被捕。次年1月，麻克敌的搭档邱国丰也被捕。

1941年2月15日，麻克敌等被日伪当局枪杀于北平天桥刑场，时年36岁，而他的搭档邱国丰年仅25岁。在日伪统治下的北平，他们的刺杀行动给日伪当局极大震慑，他们行动所体现的民族气节被后人传颂。

（撰稿人：宋鑫娜）

毕业证书见证家国情怀

中国人民抗日战争纪念馆珍藏着一张抗战时期辅仁大学一名学生的毕业证书。证书长48厘米，宽40厘米，右侧印有"（临时）毕业证书"6字，发证时间是1941年6月。

这似乎是一张再平常不过的毕业证书。然而，它背后却有一个国仇家恨的故事，是抗战时期一个中国普通家庭两代人家国情怀的见证。

毕业证书的主人名叫于渤，1918年4月14日出生于吉林省磐石县朝阳山镇。于渤的父亲于登云，是一位爱国绅士，他主张革新创业、实业救国，曾任吉林省蛟河县税捐局局长。他思想进步，为了让儿女早日学到新知识，特意请来家庭教师教他们学习英语、语文等课程。少年时代的于渤家境优渥，生活无忧，受到良好教育。

九一八事变爆发后，侵华日军很快侵占辽宁各地，并大举进犯吉林省。

于渤的辅仁大学毕业证书（中国人民抗日战争纪念馆供图）

263

1931年9月21日，日军占领吉林，23日侵占蛟河和敦化。日本的野蛮侵略，激起中国人民的奋勇抵抗。目睹日军肆意蹂躏自己的家乡和人民，于登云悲愤异常，尽管不能亲自上战场杀敌，但是暗地筹粮筹款，资助抗日力量。

1932年2月8日，在中共党员李延禄等帮助下，东北陆军第27旅677团3营营长王德林率部反正，举旗抗日，宣布成立中国国民救国军，担任总指挥。于登云计划携眷属入关到北平，捐助王德林率领的救国军三千大洋。他还积极联络蛟河、敦化、吉林等地农、工、商、学等各界爱国志士，筹集捐款，购买棉服，提供情报，支援该军攻打敦化等地。2月20日，王德林率部收复敦化，至28日，又连克额稷、蛟河两城。3月，日军进攻蛟河，18日于登云等被日军驻吉林宪兵队逮捕关押。

从此，于渤就再也没有见到父亲。一天，母亲才玉清含泪将一张写满铅笔字的信交给于渤。他仔细一看，竟然是父亲写给自己的遗书！原来于登云在狱中自知难逃一死，秘密给儿子写下遗书。于登云在当地颇有口碑，受人尊敬。看守非常钦佩他的抗日爱国精神，偷偷将遗书带出，交给其

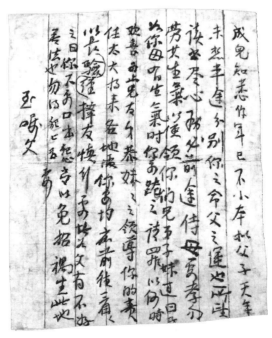

于登云给长子于渤的遗书（中国人民抗日战争纪念馆供图）

家人。

遗书中，于登云勉励儿子用心读书，孝顺母亲，做弟弟妹妹的表率，并要他增长经验，择友慎行，关爱与眷恋溢于字里行间。于渤手捧父亲的遗书，泪如雨下。

3月31日，于登云被杀害于吉林市郊九龙口。同时被杀害的还有蛟河、敦化两地农、工、商、警等各界爱国志士共13人。

王德林得知于登云等13人为国捐躯，不禁流下热泪，提笔挥毫写下"白山埋壮志侠骨不枯山不朽 黑水洒热血英气长存水长流"挽联，表达了对死难同胞友人的哀悼，以及与日本侵略者血战到底的坚定决心。

于登云遇害后，为免不测，妻子才玉清立即带领于渤等子女逃亡关内，投奔北平亲友。于渤本来生性活泼，非常淘气，自从父亲遇难，仿佛一夜之间长大了。以前他爱说说笑笑，现在则谨言慎行，变得沉稳多了。他谨遵父亲的教导，努力学习，孝顺母亲，以身作则带领弟妹，为母分忧。

通过刻苦学习，于渤考上了国立东北中山中学。东北中山中学专门招收当时在北平从东北流亡到关内的中学生，是抗战时期国民政府教育部直属的第一所国立中学。抗战时期，学校师生积极参加一二·九运动等抗日救亡运动。于渤的妹妹于树玉考上私立毓英小学。这个学校由东北逃亡来北平的知识分子创办，学校的老师都是思想进步的爱国青年，经常用各种方式传递抗日救国思想，组织学生参加抵制日货的游行和宣传。于渤兄妹不忘父亲教诲，在学校努力学习，积极参加抗日救亡活动，号召大家抵制日货，反抗日本侵略，收复东北失地。

卢沟桥事变爆发后，华北各大院校有的南迁另谋发展，有的只能坐待日军接管，名存实亡。辅仁大学由于所属罗马教廷与国际社会的关系，仍然招生，并坚持不悬伪旗，以示不屈，成为沦陷区的一片"净土"。于渤不愿在日伪控制的大学念书，毅然决定入学辅仁大学，秉承父亲实业救国的遗志，专攻物理。

1941年6月，于渤从辅仁大学毕业。考虑到年迈的寡母和年幼的弟妹无人照料，无奈放弃去国民党统治区谋职的打算，在铁路技术研究所任技术员，艰难度日。1943年，妹妹于树玉从北平师大女附中毕业，也不愿在日伪控制的大学念书，放弃了保送北平师范大学学习的机会，和兄长一样考入辅仁大学，在化学系学习。1949年于渤考入华北企业部训练班，毕业后分到重工业部，为国家建设贡献自己的力量。妹妹于树玉后来成为我国著名的营养学、生物化学基础理论及肿瘤生物化学研究的科学家。兄妹二人都继承了父亲的遗志，成为对国家对民族有用的人。

2010年，已92岁高龄的于渤老人将珍藏一辈子的毕业证书捐赠给中国人民抗日战争纪念馆。这件承载于渤父子两代赤子之心、见证中国人民不屈精神的珍贵文物，必将在爱国主义教育中发挥更大作用。

（执笔：陈亮）

人民第一堡垒焦庄户的地道战

　　北京焦庄户地道战遗址纪念馆"人民战争建奇功"主题展览里，展示着一组文物：铁锹、铁镐，均长90厘米，宽25厘米，比常规尺寸短小一些，是挖建地道使用的工具，由焦庄户村铸铁场制成；驴槽，高98厘米，长120厘米，宽45厘米。这组文物是抗日战争时期焦庄户人民坚持抗战的智慧结晶。

　　1939年2月，晋察冀军区派萧克到平西，以八路军第4纵队为基础组建冀热察挺进军。挺进军克服重重困难，着力巩固以平西为基础的抗日根据地，同时向平北、冀东、热南及察东发展。焦庄户村位于顺义西北地区，是连接冀东和平北抗日根据地（包括平谷西部、顺义、密云、怀柔区县）的一个连接点，依靠山区，俯瞰平原，是军事战略要地。

　　为遏制根据地发展，日军在华北推行"扫荡"政策。1939年春，八路军晋察冀军区冀东军分区副司令员包森在反"扫荡"时，成功运用遵化县西下营东关村简易地道脱险。因此，在冀东建立根据地时，他多次提出，要创造条件开挖地道。

　　1943年，抗日战争度过最困难的时期，冀东抗日根据地有了新发展。4月，焦庄户村村政权公开，共产党员马福担任村长，领导成立了民兵中队，焦克纯任指导员，马文藻任中队长，队伍由80多名青壮年组成，拥有土枪20多支，还有一部分地雷和手榴弹。村里还组织成立妇救会、儿童团等群众组织。在党的领导下，他们一面生产，一面开展武装斗争。7月，平三密联合县一分为二，成立了平三蓟联合县，焦庄户村一带属于第四区。附近县区的干部和八路军指战员经常到这里学习、整顿和休养。

　　为了坚持抗日和开展游击战争，马福和村里的抗日骨干结合军民斗争

铁锹、铁镐（北京焦庄户地道战遗址纪念馆供图）

驴槽（北京焦庄户地道战遗址纪念馆供图）

实践，提出用挖地道的办法来应对日军"扫荡"。马福一户一户地进行动员，向村民讲清当前形势和挖地道的意义。为调动群众积极性，焦庄户村制定了出工付酬办法，按照工程量计算出费用，按地亩分摊到户，合理负担。出工的群众每挖一方土，发给一定数量的小米。同时，派出民兵小分队，经常到据点干扰敌人，掩护群众挖地道；儿童团在村口站岗放哨，青壮年下地道挖土，老人妇女在地面装筐运土。一场开挖地道的人民战争打响了。到1944年4月，经过反复实践，焦庄户村的地道初具规模。

为适应斗争需要，焦庄户村村民对地道进行了各种改进，使地道的功能更加多样、完善。比如，在地道中建成防水、防烟、防毒气的防御设施翻板，形状为凹字形，在两端各有一块木板，人通过后可用黄土和清水进行掩盖，将地道隔断，有效起到防护作用；并利用炕洞、猪圈、驴槽等位置挖设隐蔽的地道出入口，作为掩护。

从抗日战争到解放战争，村民们使用这些简陋的工具，通过巧妙设计，挖建成村村相连、户户相通的地道网，南达龙湾屯、唐洞，北至大北坞，全长约11.5公里。焦庄户村利用地道开展和坚持游击战争，为顺义县坚持抗战和获得解放做出杰出贡献，被顺义人民政府授予"人民第一堡垒"称号。2013年5月，焦庄户地道战遗址被评为全国重点文物保护单位。

（执笔：王国兴）

焦庄户民兵的牛腿炮

北京焦庄户地道战遗址纪念馆有一架牛腿炮，俗称"大抬杠"，长98厘米，炮口直径9厘米。这是抗战时期焦庄户村民兵中队长马文藻带领民兵队伍在伏击日军战斗中使用的武器。

抗日战争进入战略相持阶段后，中国共产党领导敌后军民发挥人民战争的威力，开展游击战争。1939年夏，焦庄户组织开展抗日工作，逐步建立了抗日民主政权，并发展民兵、妇女救国会、儿童团、农民协会等群众组织，带动周边村落共同进行抗日活动。1942年，焦庄户民兵中队成立，马文藻成为第一任民兵中队长。

焦庄户村在挖地道抗击日、伪军"扫荡"的过程中，还发明了"野外地道"，在敌人来往的道路两旁，在坟头、道沟、大树、密林、丛草中设枪眼、岗楼，近距离打冷枪和拉地雷，以此来实行封锁敌人、开展围困敌伪的游击战，创造了游击战争的新形式。

1943年秋，平三密联合县第4区小队长张敬贤收到情报，得知日军会经过白岩去密云，且人数较少。张敬贤决定召集抗日力量，对这股日军进行打击。随后，他来到焦庄户村，找到时任民兵中队长的马文藻，两人商议作战计划，认为地雷和牛腿炮可以作为伏击的重要武器。马文藻和张敬贤又把情况与村干部进行会商后，决定抽调几个民兵去密云打伏击。

白岩村在密云城东十几里地，村子旁边有一条东西向的公路。此次伏击任务是炸毁日军汽车，经过讨论，张敬贤和马文藻决定用地雷配合牛腿炮打击日军。

伏击当天，马文藻带上马文通、马先、焦克生、焦克军等5个民兵，扛着2架牛腿炮，跟在区小队后面。来到伏击地点后，民兵很快埋好了地雷，

焦庄户村民兵伏击日军时使用的牛腿炮（北京焦庄户地道战遗址纪念馆供图）

把牛腿炮放置在隐蔽但不妨碍射击的地方。随后，参与伏击的队伍在路边的庄稼地里埋伏好，等待日军到来。

日军汽车出现后，张敬贤看到车上一共只有2名日军，一个是驾驶员，另一个是随行押车的，后边再没有其他汽车跟着。张敬贤与马文藻瞄准时机，下令拉响地雷，向日军发起进攻，伏击部队使用牛腿炮和手榴弹对敌人进行轮番攻击，最终2名日军被击毙，伏击战取得胜利。

随后，区小队和民兵冲到车上，搜查车上有无其他人员，确认后开始清点战利品。搬运战利品时，马文藻发现一个黄布袋包裹着的铁匣子，经查证为日军电台。

这次伏击战缴获2支三八式步枪，子弹40多发，电台1部，受到晋察冀军区第13军分区的通令嘉奖。

2架牛腿炮有一架在战斗中被炸毁，另外一架一直保存在焦庄户村民兵中队。1964年，焦庄户村建成焦庄户民兵革命斗争史陈列室（后改名为北京焦庄户地道战遗址纪念馆），村民兵中队第一时间将牛腿炮捐献出来。这架保存至今的牛腿炮，向前来参观的人们展示着焦庄户村民兵英勇抗日、不畏牺牲的精神。

（执笔：段开颜）

一双军鞋见证兵民是胜利之本

在中国人民抗日战争纪念馆的馆藏文物中，有一双老布鞋，它是焦庄户妇女手工缝制的。透过这双鞋，我们仿佛看到抗战时期焦庄户妇女们点灯熬夜，一针一线纳鞋底的场景。

抗战时期，焦庄户村隶属于冀东抗日根据地。1938年5月，八路军第4纵队挺进冀东，建立了抗日根据地，焦庄户成为冀东与平北的一个连接点，地理位置尤为重要。1939年夏，八路军第4纵队第3支队来到焦庄户村，宣传抗日救国，组织成立了青救会、妇救会、民兵自卫队、儿童团等，组织村民支援前线抗战。

焦庄户村妇女积极响应妇救会号召，为前线战士做军鞋、缝军衣。部队行军打仗，军衣、军鞋是必需品，尤其是军鞋，战士们行军赶路，路途坎坷遥远，鞋子很快便会磨损。抗战期间，根据地的军需缝纫工厂不完善，缺资金，缺原料，缺人工。在这种形势下，缝纫的工作落到了后方妇女们身上。

要做成一双双结实的布鞋，不下一番功夫是不行的。焦庄户的妇女们从村妇救会支取麻带回家自己搓成麻线。麻线搓完后要在白蜡上过一遍，这样用起来更加顺滑。做这道工序时，妇女们往往会将裤管卷起来，在腿上搓麻线，时间长了，小腿被搓得通红。然后是粘鞋底，由于条件落后，家家都不富裕，妇女们就将家里的破旧衣服和一些碎布条一层层用糨糊粘好，一直粘到一寸多厚，快干时再用大石头压上一两天，使之变得硬实。这些工作用当地话叫"打确子"。

做军鞋最辛苦的活儿当数纳鞋底，做鞋的时间也大多要花在这道工序上。因为麻线纳得越密鞋底才越结实。纳鞋底时，先用锥子在鞋底上使劲扎一个孔，然后将麻线穿过。妇女们一般白天种地干活做家务，做军鞋大多是在晚上的煤油灯下"挑灯夜战"。就这样，她们一针一线地将自己对前线战士的关爱之情，纳进了每一双鞋底里。鞋底纳完后，用刀将周围多余的部分切掉。至此，硬邦邦的鞋底便完工了。

布鞋的最后一道工艺是缝鞋帮，要用针线把鞋帮缝在厚厚的鞋底上。布鞋做完后，妇女们就会一双双捆好送到村里的妇救会，再由专人统一送到部队。在村妇救会带领下，焦庄户妇女们承担起为前线战士缝制衣服、做军鞋的各项工作，家家户户都变成了八路军的后勤供给加工厂。如当时的一首民谣《送军鞋》中唱道："八路军打日本真厉害，老百姓慰劳理应该，妇救会去送鞋，穿上鞋子跑得快，直打得日本鬼子跳了东海！"

1944年8月，平三蓟联合县一分为三，在三河、通县、顺义地区成立了三通顺联合县，焦庄户一带属第一区。这年秋天，区委领导了"减租减息"和"增资找价"斗争，村民的积极性高涨。同时，焦庄户修好了地道，遇到紧急情况，能躲进地道坚持斗争，焦庄户成为冀东抗日根据地一个安全可靠的堡垒。

焦庄户村民还承担了掩护接收八路军伤病员的任务。村民像亲人一样对待子弟兵。特别是妇救会的积极分子，总是守着伤病员问寒问暖，烧水做饭，消毒换药，端屎端尿，照顾得无微不至。一旦发现敌情，村民马上把伤病员抬进村里挖好的地道内，保证安全。时间久了，伤病员和焦庄户村村民建立起深厚感情。冀东第14军分区成立后，军分区医疗二所就设在这里。村里经常住着几十名伤病员，仅1944年，在焦庄户村疗养的伤病员累计就有五六百人。1944年5月，八路军部队在三河县的乔官屯伏击日军车队，区队长李满盈在战斗中身负重伤，辗转到焦庄户治疗，在妇救会主任石英宁等人的精心护理下，不仅挽回了生命，还在半年后伤愈归队。归队后，李满盈在新组建的第14军分区16团担任政委，参与指挥了解放杨各庄和攻打顺义县城的战斗。

1944年8月下旬，冀热边特委副书记、军区副政委李楚离，转道去延安参加中国共产党第七次全国代表大会，并率领一支由几百人组成的学员队，准备通过敌人封锁线去晋察冀区党委所在地。村长马福组织村民接待子弟兵，民兵队队长马文藻与民兵一起，在前面为队伍带路。在焦庄户民兵掩护下，几百人顺利地到达了大韩庄潮白河边，移交给下一站掩护部队。

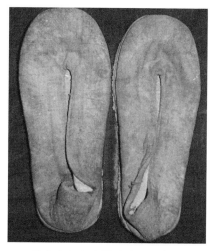

焦庄户妇女支援前线做的布鞋
（中国人民抗日战争纪念馆供图）

焦庄户村村民的抗日斗争是顺义县人民抗战的一个缩影。据《顺义县革命史概要》中记载，在顺义革命斗争史上，"有2万多人参军，6000多人入党，近3000人牺牲；支前粮食2564万斤，民工286万人，做军鞋、军袜22万多双，歼敌1万多人，为革命作出了巨大贡献"①。兵民是胜利之本，正是当年的村村为营、户户为堡，真正筑起了敌后抗日斗争的铜墙铁壁。

（执笔：李晓东）

---

① 中共顺义县委党史研究室编：《顺义县革命史概要（第5辑）》，北京燕山出版社1990年版，第49页。

平谷民众的红色账簿

　　2018年10月，平谷区档案局从马昌营镇毛官营村征集到一批具有较高历史价值的革命历史档案，不仅有抗战时期平三蓟联合县第3区区公所、第3区毛官营村村公所形成的账簿档案，还有解放战争到新中国成立初期的平谷县第6区的账簿，内容包括有关财粮征收、借调玉米、摊粮米、征柴草等原始记录以及会议记录、日记、收支登记等原始档案，共计85件、2000余页。

　　这批珍贵的革命历史档案，是由毛官营村赵姓家庭三代传承保存下来的，这批档案的创建人和保管者先后是贾兴飞、赵明久和张世亨。

　　赵明久1944年8月担任平三蓟联合县第3区财粮委员，负责全区粮油柴草棉油等物资征收、筹集和调拨。1947年春，他接手贾兴飞任平谷县第6区财务助理，因要调到第6区战勤指挥部，当年10月将其保管的区公所账簿等档案转交张世亨。1949年新中国成立，他和张世亨又一起到政府财政科做财务工作，这批档案交由赵明久管理，直到1953年10月区改乡，档案另立。因为他们对这批档案非常珍视，所以这批红色账簿并没有随着老区的撤销而丢弃，而是妥善地保管起来，工作调动后运到家里继续保存。

　　赵明久退休后，将这批账簿交给儿子赵士善保存，赵士善年岁大了以后，又交给上大学的孙子赵峥，后经赵峥与其母亲一起捐赠给平谷区档案馆。

　　赵明久原名赵玉，抗战时期化名赵明久。他1941年至1942年就参加了抗日组织青年报国会，担任宣传委员，参与平谷西部开辟地区工作。1943年至1944年建制时被选为财粮委员，为半脱产干部，负责财粮的转出转入。1944年6月至7月，八路军建立新政权机构，在北辛庄开了3天大会，赵明久被选为平三蓟联合县第3区财粮委员。

此后，为在战争中保护这批档案，赵明久付出了很多心血，历经风险。

1944年12月，冀热辽军区司令员李运昌等率部来到平谷大官庄和杏园一带，随部队一起到达的还有平西80多名地方干部。为了满足上千名干部战士的物资需求，平三蓟联合县政府要求周边几个区的财粮委员迅速抽调粮草，送到官庄村，赵明久就是其中一个。

12月27日上午，赵明久等人随区长孟兆东一同组织物资，然后和5名民兵武装护送粮食和柴草到官庄。那时对账簿管理有极为严格的保管纪律，人在账簿在，不准离身。傍晚，他们将粮草安全送到官庄村。因为还需另外将携带的10斤食盐和1罐油、1捆白布连夜送到东杏园，为减轻负担，赵明久让几个民兵赶着驴先回去，自己则怀揣账簿，背负物资赶往七八里远的杏园。到达地点时已是深夜，他被安排在一村民家安歇。28日清晨，赵明久返回官庄村，本打算早饭后便离开，可部队接收物资的干部不知因何事没有到场，赵明久没有拿到收据，只能原地等待。

大约上午10点，赵明久突然听到周边传来急促的枪声，接着还有炮声，原来是大批日军突然围攻大官庄，妄图一举摧毁中共冀东党政军首脑机关。军分区首长了解情况后，决定分五路突围。赵明久跟着政治部主任王文一起行动，往南边方向突围。突围开始，第2连在前，其他同志在中间按照预定的方向前进。到放光村东南角，尖兵班就遭遇北部刚赶到的一股日军，大家立即卧倒。相持观察中，尖兵班一名战士匍匐过来报告敌情。王文听后，立即决定改向峪口方向转移。

他们一路经过井峪村西北，跑到太后村后边的大岭山头，此时，每个人的额头、眉毛、发梢上都结上了冰霜。随后根据命令停止前进，就地隐蔽，在大岭顶部的山坳里藏了一天，枪炮声才渐渐地稀落下来。

次日拂晓，王文便命令向北行进。到魏家湾时，赵明久惦记着区里的工作和随身账本的安全，请示单独回去。王文沉思片刻后说，为了安全起见，今天你还是跟着我们走吧。进入北土门后，看周围比较平静，队伍决定进行休整，同时派几个人去镇罗营以北寻找部队。

大约下午两三点钟，找到了第5连，连长贺明登带领队伍与他们会合后一起住在北宫。到小峪子找第5连的侦察员又碰到了宣传队，至此，向西向

1944年毛官营庄收粮老账（作者供图）

1945年摊柴总账（作者供图）

北方向突围失散的队伍都集结到了一起。王文又派侦察员去官庄侦察。侦察员报告：敌人已经撤离，我方损失惨重。王文随即带领部队赶赴现场，掩埋牺牲的战友和无辜惨遭杀害的群众，赵明久在返回途中获准独自返回毛官营。全程他都携带着自己掌管的账簿，用一块蓝布将账簿裹严，外边再包上一层油布，防止雨雪或出汗将账簿弄湿。

赵明久是当年千千万万个做敌后保障工作的革命者之一，他们坚守自己的岗位，默默无闻，无私奉献，为保护和建设抗日根据地做出了自己的贡献。

（执笔：李润波）

飞机残片见证中美合作抗日

位于北京市平谷区山东庄镇桃棚村的平谷红谷主题教育馆内，展柜里摆放着的一件件珍贵实物。其中一个用飞机材料残片做的鞋拔子，见证了抗日战争时期一个重要历史事件，有着一段令人难忘的故事。

1945年初，当时的平谷还是平三蓟联合县的一部分。平三蓟联合县隶属于冀热辽军区下辖的第14地委、专署，它以平谷为中心，包括三河、蓟县、密云一部分，大约有三四百个村庄。第14军分区司令部设在平谷县刘家河村。日本侵略者这时已是穷途末路。平三蓟联合县的军民在中共党组织领导下，抓住敌人兵力不足的要害，对其据点、堡垒采取围困、逼退、各个击破的斗争方法，积极主动进击，并取得节节胜利。

1945年2月2日，年关将近，根据地的军民正准备一起欢度春节，到处洋溢着节前的喜庆气氛。

这天上午9点多钟，观察哨所报告，一架飞机从正东山海关方向飞来。不久，东面的天空中传来了飞机的嗡嗡声。接着一架大飞机出现在刘家河、峨眉山、东长峪一带上空，吃力地盘旋。

地面八路军军民随即做好了防空和对空射击准备。但是，飞机既没有投弹，也没有低空扫射。第14军

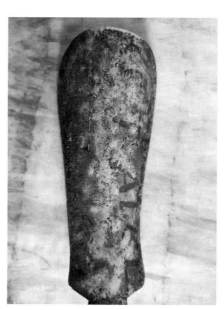

用飞机残骸制成的鞋拔子
（平谷红谷主题教育馆供图）

分区领导根据情况判断，这架飞机不是敌机，可能是受伤的美国盟军的飞机。因为此前延安中共中央和八路军总部、中共中央晋察冀分局曾有过指示，要求根据地的军民注意救护受伤的美国飞行员，而且迁安曾发生过这类事件。

飞机盘旋了一阵之后，挣扎着往高空钻了一下，歪歪扭扭地调平了机身。随后，蓝天上出现了小白点，1个，2个，3个……一共11个。11个小白点在刘家河东北沟口山脚到东长峪一带上空呈现出一条由远近不等、高低不同的曲线，徐徐向下移动。一开始，军民中有的以为飞机在撒传单，但时间不长，降落伞和伞下坠着的人体的轮廓都能分辨了。几乎同时，飞机嗡嗡响着拖起了烟尾巴，继而从东长峪方向传来了飞机坠落的爆炸声。

军分区首长果断下达命令，命军分区警卫连的两个排立即出发，埋伏在山东庄方向，准备堵击平谷县城可能出动的敌人，保证民兵和部队营救全部美国飞行员。驻峨眉山村的军分区第13团一个连也派出一个班的兵力向胡庄据点游动警戒。根据地的军民总动员，投入了紧张的救护工作。

最先跳伞的3名飞行员，分别降落在刘家河村北老和尚洞的石砬、村东北墩占坡的西山腰和黑枣沟内。落在墩占坡和黑枣沟的飞行员被民兵顺利救护下来。另一位飞行员挂在北寨井儿台的一棵树上。民兵爬上树，用绳将驾驶员救下来后，发现他的腿和脸被树枝擦伤，便找了一头小毛驴让他骑上。他个子高腿太长，骑上毛驴两脚还拖着地。这位美国飞行员也许是有生以来第一次骑毛驴，脸上露出害怕又新奇的神色。就这样，民兵们一面笑一面把他送到了军分区所在地刘家河村。

第一批飞行员被救下来时，胡庄据点的日军果然出动，与警戒部队遭遇并交火。为确保救护工作顺利进行，第13团加派兵力，阻击胡庄据点之敌。飞行员们听到激烈的枪声，露出了紧张的神色，要求立即把他们转送后方。因没有翻译人员，语言不通，工作人员只靠简单对话和手势比画，告诉他们敌人来不了，能确保他们安全，飞行员们才安下心来。胡庄据点之敌1944年曾被当地民兵围困数月之久，本来就没有多大战斗力，在警戒部队阻击下，很快就龟缩回去了。

警戒部队与胡庄之敌打响的同时，通往平谷的公路上也发生激烈战斗。

平谷县城的日、伪军也出动了，他们企图搜捕跳伞的美国飞行员。可是刚过西沥津不远，就被预先埋伏在此的部队以猛烈火力阻击不能前进。

军民救护飞行员的工作紧张有序地进行着。飞机的报务员和机长降落在离长城不远的龙潭东沟附近，被第13团供给处的同志和民兵顺利救护。飞机的空中射击员将近两米高，正好落在龙潭东沟悬崖的大树上。降落伞挂在树杈上，他吊在降落伞上，上不着天，下不着地。龙潭东沟两侧峭壁如削，仰首望天，只剩下了窄窄的一条缝。民兵们冒着危险，勇敢攀上悬崖，用绳子把他从树上缒下来。考虑他们身材高大，民兵们便从东长峪村借了几匹骡子，经鱼子山把他们送到了刘家河。

黄昏时刻，其他5名飞行员也陆续从北寨等村转送到刘家河。至此，经过抗日军民的共同奋斗，11名飞行员安然脱险，救护工作胜利完成。机长欧维向军分区首长一再表示感谢，感谢救护他们的抗日军民。

救护工作完成后，由正在军分区的冀热辽军区尖兵剧社略通英语的同志做翻译，靠着中英文简单对话本，配合手势，双方进行了交谈。当他们知道是共产党领导的八路军时，连声说："很好，很好。"并说："我们是盟军。"接着，机长欧维用简单的拉丁字母拼音说出了一连串地名，又用双手做出了飞机飞行的各种动作。这样，人们才终于弄清了一些大体情况。原来，这是一架B29式大型轰炸机（又叫空中堡垒），机上共有11名飞行人员，它从成都起飞，准备去东北轰炸日本在鞍山的"昭和制钢所"。完成任务后，飞机发生故障，不可能再飞回基地。于是，过山海关后直飞正西，到达平三蓟联合县上空时，飞机失去控制，他们全部跳了伞……

吃晚饭的时候，好客的根据地群众特意杀鸡、做面条招待远方来客。美国朋友看着热气腾腾的红烧鸡、长长的面条，惊喜地拿起筷子。他们用惯了西式餐具，用起筷子来非常困难，副机长干脆用手大把抓起面条来吃，把在场的人逗得哈哈大笑。后来，司令部又从山东庄请来一位名厨师，做了宴席招待美国友军。

当晚的刘家河村比往日显得热闹许多。剧社成员演出抗日话剧和歌曲，向美国朋友表示慰问。军分区、第13团的战士们和村里的儿童团、青救会、妇救会在村头打谷场上席地而坐，互相拉歌。美国朋友看到军民团结一致、亲如一家的情景，尽管语言不通，也加入到部队和群众中间一起联欢，喜气洋洋。

救护美国飞行员事件后，村里一个铁匠捡到一片飞机残骸，并做成一个鞋拔子。2021年3月，山东庄镇桃棚村书记符宝森在征集镇域内抗战文物时，收理了这件物品，通过比对型号，确认就是1945年营救美国飞行员时美军坠毁的飞机，便将其征集展出在红谷主题教育馆中。

一片小小的飞机残片，见证了抗战时期中美两国人民并肩作战、保卫世界和平的历史记忆，这段战争年代结下的深厚友谊实属可贵。

（执笔：纪元）

齐白石的《七鸡图》和民族气节

中国人民抗日战争纪念馆的书画藏品中，不乏名家大作，其中有一幅《七鸡图》，便是由国画大师齐白石所作。

齐白石（1864—1957年），近现代绘画大师，治印大家。他出生于湖南湘潭一个贫苦农民家庭，少年时，齐白石因生计学习木雕手艺，后始学画。他以画谱为师，自学花鸟人物等，后相继师从胡沁园、谭荔生、萧芗陔、文少可等人学画。40岁后，他走出家乡，游历西安、北京、上海、南昌、桂林、广州、肇庆等地，遍览名山大川，体味民间疾苦，在绘画上开阔了新境界，画风日臻成熟。他汲取明清创意画法，自创红花墨叶一派，形成笔法凝重、意境奇特、构图拙简、色而不俗的新山水画风格。55岁时，齐白石避乱于北平，两年后在此定居，直至1957年辞世。

从《七鸡图》的题款和题跋中，可以看出《七鸡图》是抗日战争胜利后所作。画中为7只雏鸡，左侧有题款"抚青先生雅属 卢沟有事后无画兴 今秋翻陈案矣 白石"，铭章为白文"齐白石"，压角印为朱文

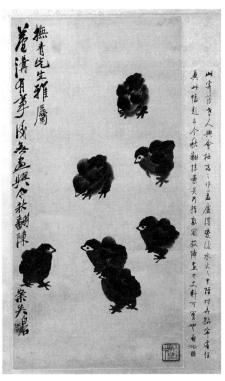

齐白石《七鸡图》
（中国人民抗日战争纪念馆供图）

"吾家衡岳山下"。右侧绫裱上有启功先生题跋:"此寄萍老人兴会极高之作,盖卢沟变后,水火之中,虽时弄翰,宁有佳兴。此幅题云今秋翻陈案矣,乃指敌寇投降,画中史料可实也。"

擅画鸡的画家不在少数,徐悲鸿、李苦禅、王雪涛、唐云、陈大羽等大师风采各异。齐白石以独特构思运笔见长,经过长期观察和探索,形成了自己的独特画法。通过造型和用笔差异及墨色的浓淡,精准地画出不同品种鸡的不同特征,表现出鸡在不同情景下的状态,并通过墨色的浓淡干湿和笔法的不同,呈现鸡的质感和神态。《七鸡图》中的7只雏鸡,疏密浓淡,聚散分明。

在《七鸡图》画作中,齐白石融入了个人情感和家国情怀。画面上,东北方位与正东方位有6只体形健硕、姿态凶狠的雏鸡,它们呈半包围状态,正向西边孤零零的那只雏鸡扑去。西边的这只雏鸡,虽显得势单力薄,但仍昂首挺立,极为戒备地怒视着迎面扑来的那些雏鸡,英勇不屈的神态赫然鲜明。"七鸡"取"七七"谐音,指卢沟桥事变。

北平沦陷时,齐白石已年老体衰,但仍有着中国文人朴素的爱国情怀和坚定的民族气节。面对日伪的威胁利诱和生活的困苦煎熬,齐白石闭门不出,对宴请礼邀一概回绝。他在自家门口贴出告示,上书:"中外官长要买白石之画者,用代表人可矣,不必亲驾到门。从来官不入民家,官入民家,主人不利,谨此告知,恕不接见。"抗战期间,齐白石还画了一幅深水中的虾,画上题曰:"从来画翡翠鸟必画鱼,余独画虾,虾不浮,翡翠奈何?"齐白石自喻为虾,把日本人和汉奸比作翡翠鸟,用以表明自己的心志。

国立艺专想聘请齐白石为教授,他在装聘书的信封上写下"齐白石死了"5个字,原信退回。抗战后期,齐白石以老鼠、螃蟹为题材作画,借以讽刺日本侵略者和汉奸。有个汉奸求画,齐白石画了一个涂着白鼻子、头戴乌纱帽的不倒翁,还题了一首诗:"乌纱白扇俨然官,不倒原来泥半团。将汝忽然来打破,浑身何处有心肝?"朋友劝他明哲保身,平安度日,他深不以为然:"我残年遭乱,留一条老命,还有什么可怕的呢!"

日本宣布投降后,齐白石和亲朋好友举杯相庆,乘兴写了一首诗:

柴门常闭院生苔，多谢诸君慰此怀。
高士虑危缘学佛，将官识字未为非。
受降旗上日无色，贺劳樽前鼓似雷。
莫道长年亦多难，太平看到眼中来。

（执笔：刘岩）

《四世同堂》手稿见证老舍"玩命"

　　《四世同堂》是著名作家老舍于1944年至1948年创作的一部百万字小说。小说以抗日战争为时代背景，讲述了从北平沦陷到日本帝国主义战败投降的整整8年中，发生在北平城里桩桩件件令人哀伤、激愤的故事。《四世同堂》共三部，中国现代文学馆珍藏了它的前两部手稿《惶惑》和《偷生》。手稿墨笔恭楷竖行书于手工纸上，稿纸规格为宽28厘米，长36厘米，每页20行，约400字，洋洋洒洒1252页，并编有页码。老舍亲自将其装订成册，每6章装订成一册，共12册，均用牛皮纸作封面。

　　《四世同堂》前两部创作于抗日战争时期的重庆北碚，由于纸张紧缺，只能找到粗糙的手工纸和草纸，"钢笔一捅就是一个窟窿，后来没办法，只有改回用毛笔写"。手稿字迹工整清晰、涂改极少，偶有涂改，也是用墨笔将错字规规矩矩涂成小方块，在旁边写上正确的字。《四世同堂》初稿，2002年入选首批《中国档案文献遗产名录》，也是入选文献中唯一一部中国现代文学手稿作品。

　　《四世同堂》所反映的北平沦陷期间种种生活情景，其实并不是老舍所亲历目睹的。小说的创意，来自老舍夫人胡絜青对北平沦陷区的描述。

　　1937年7月7日，全民族抗战爆发，改变了老舍的生活。那年冬天，老舍毅然放弃齐鲁大学教授的安适生活，别妻舍子，冒着生命危险只身从济南流亡至武汉，从事筹备组织全国文艺界抗敌协会（简称"文协"）的工作。武汉失守后，老舍随即西迁重庆，坚持文协工作并从事创作。

　　1943年底，在北平隐姓埋名地过了5年亡国奴生活的胡絜青，带着3个年幼的孩子由北平逃到重庆，来到老舍身边，全家人在重庆北碚安了家。朋友们纷纷前来慰问，并不厌其烦地向胡絜青打听北平这几年所发生的一切。胡絜青一次又一次地讲述日本侵略者对沦陷区人民，特别是对北平人民的奴役和蹂躏，老舍总是坐在一旁，吸着烟，静静地听着，思考着。两三个月的时间，胡絜青把四五年间所见、所闻，以及她的感想和愤慨，对着一批批来访的朋友们反复说了几遍。慢慢地，朋友们之间这方面的话题谈得不多了，老舍却开始忙碌起来。

胡絜青回忆："他仔细地询问日本侵略者在北京的所作所为，市民的反映如何，挨着个儿地和我漫谈北京亲友和一切熟人的详细情况。我说某家死了人，大家怎样热心地去帮忙，他就把那家办丧事的一些细节绘声绘色地补充上去；我说某人当了汉奸，他就把那个人吃什么，穿什么，见了什么人说什么的神情，一一表演给我看，好像他也在沦陷区的北京住了四五年似的。我佩服他对北京和北京人的了解，那么深，那么细，那么真。这种漫无边际的漫谈，又谈了很久，终于，有一天他对我说：'谢谢你，你这回九死一生地从北京来，给我带来了一部长篇小说，我从来未写过的大部头。'"全民族抗战爆发以来，老舍身在陪都，心系故园。对北平城和那座城中的父老乡亲，无法释怀。胡絜青的述说，像一束强光，重新照亮了他心中那块最熟知最动情的题材领地，他要开始写这个"大部头"的《四世同堂》了。

老舍选取20世纪40年代北平西城一条普普通通的小羊圈胡同（现为小杨家胡同），作为沦陷后的北平的缩影和悲剧时代的一角。通过复杂的矛盾纠葛，以胡同内的祁家为主，钱家、冠家以及其他居民为辅，刻画了当时社会各阶层众多普通人的形象。反抗与顺从的选择，国家与个人的选择，种种艰难的选择纷繁地交织在一起，深刻展示了普通人在大时代历史进程中所走过的艰难曲折的道路，以及他们缓慢而艰难的觉醒过程。

老舍从来没有做出过这样大的创作计划。一开始，他就确定这部长篇将由三部曲组成，共一百段，约百万字。他决心"照计划行事"，力求用两年左右完成。抗战后期，他在"精神上，物质上，身体上，都有苦痛"，动笔不久，就体会出"在这年月而要安心写百万字的长篇，简直有点不知好歹"。可是，抗战、北平、民族、文化……这些不断涌上心头的概念，鞭策着他，要不辞辛苦地写下去。

由于贫病交迫，时局动荡，写作受到很多干扰。1944年末，他只写了30万字，连第一部《惶惑》还没能完卷。这一年是战局最黑暗的时候，中原、广西屡败，日军一直进攻到贵州。忧虑和担心减低了他的写作速度。更糟糕的是，和其他重庆市民一样，全家人还得躲避日本飞机的轰炸。舒乙回忆："轰炸来了，他拿着一个布包袱就往防空洞里跑，里面装的就是《四世同堂》手稿，这是他最宝贵的财富。"此时作品尚未发表，尤为珍贵，老舍视它如生命般重要。

1945年冬，即抗战胜利这一年岁末，《四世同堂》完成三分之二，第二部《偷生》写完了。"这简直不是写东西，而是玩命！"老舍如此形容。繁重的工作，艰苦的生活，使得老舍的身体每况愈下，贫血、疟疾、痢疾等病症一直折磨着他，乃至只要稍一劳累便头昏，如不马上停止写作，就会由昏而晕。老舍说："我的身上确是出了毛病，而且出在最要紧的地方——脑子。我患了相当厉害的贫血病。""不过头晕并没完全阻止了我的写作。只要能挣扎着起床，我便拿起笔来，等头晕得不能坐立，再把它放下。"

抗日战争期间，老舍非常忙碌。除了抗战宣传外，要给许多报刊写文章，还有不少是朋友约稿。为了专心构思和创作《四世同堂》，为了让第三

《四世同堂》手稿（中国现代文学馆供图）

部《饥荒》早日问世，老舍在林语堂主编的《宇宙风》杂志上发表了题为"磕头了"的安民告示，谢绝各种约稿和小文，他要闭门写这个长篇。

不料，刚"磕了头"，他便接到邀请，于1946年3月应美国国务院之邀赴美讲学。于是，小说的第三部，就只能到大洋彼岸去写了。此次赴美，他随身携带着已出版过的《四世同堂》第一、二部全部手稿，12册，厚厚的一摞。4年之后，又原样带回来。此时又多了一部《饥荒》手稿，虽然比原计划多用了3年时间，但毕竟凭着极大的毅力，完成了宏愿。

《四世同堂》是老舍一生中，花费力气最多、写作时间最长、情节容量最多、描绘人物形象也最多的一部鸿篇巨制。《惶惑》《偷生》手稿历经时代风雨，依然完好保存至今，实属弥足珍贵。它们是20世纪中国文坛觉醒国家意识、呼唤民族主义精神的代表作，是"抗战文艺的一部较大的纪念品"。2001年，老舍的家属将这些珍贵的手稿无偿捐赠给了中国现代文学馆。

（执笔：邱俊平）

西南联大学子卢少忱的报国志

中国人民抗日战争纪念馆珍藏着一组珍贵的文物，有西南联合大学的听课笔记、毕业戒指、毕业证书、中国驻印军的行军床等。这组文物的主人，名叫卢少忱。

卢少忱（1922—2015年），天津人，祖籍广东。他的父亲从清朝宣统年间就在天津铁路局工作，后任北平往返天津火车的列车长。由于父亲收入颇丰，卢家虽然有十余口人，但每个孩子都有学上。卢少忱6岁开始在天津上小学。全家从天津搬到北平后，转到北平私立崇德中学念书。

崇德中学是英国基督教中华圣公会1911年创办的一所男中。该校素以教学质量较好而闻名，著名的诺贝尔物理学奖获得者杨振宁和两弹元勋邓稼先等都是这所中学的毕业生。全民族抗战爆发后，学校的抗日救亡氛围也比较浓厚。一二·九运动中，崇德中学的部分学生曾参加游行。在中山公园举行的一次演讲会上，杨振宁代表崇德中学做了题为《中学生的责任》的演讲。1936年绥远抗战爆发时，崇德中学的住校学生曾节约部分伙食费加以支援。

卢沟桥事变时，卢少忱正好初中毕业放暑假，住在虎坊桥附近的家里。当时北平很乱，卢少忱看到街上很多从卢沟桥等地撤下来的第29军的士兵，有的拿着大刀，有的浑身是血。卢少忱还听说29军将领佟麟阁和赵登禹都壮烈殉国了。日军侵占北平之前，为了家人的安全，卢少忱的父亲率全家去天津躲了一两个月，后来听说北平慢慢安定了，才又搬了回来。卢少忱也继续在崇德中学念高中。

北平沦陷，卢少忱看到街上到处都是日本兵，穿着军装耀武扬威，在路上碰到日本人，还得鞠躬敬礼，亡国奴的滋味真不好受。卢少忱的心情

1938年秋北平私立崇德中学足球场合影，左一为卢少忱
（中国人民抗日战争纪念馆供图）

特别压抑，想离开北平，但因年纪小，始终未得到父母同意。想到在中国的土地上却要靠着外国人的保护，卢少忱倍感屈辱，立下志愿，一定要保卫自己的国家。为此，他不仅认真学习，还特别注重加强体育锻炼，参加了学校足球队，以练就一个强健的体魄，将来才能上战场为国杀敌。

1939年，日本侵略者为推行其奴化中国青少年的计划，向北平各教会中学提出"合作办学"的主张，遭到崇德中学校方拒绝，学校被迫停办。卢少忱当时正上高三，只好转到别的中学。但是日伪强制学校实行奴化教育，必须学习日文，不及格就要退学或留级。卢少忱那时候住校，心里万分憋闷，要和同学一起去南方投奔大后方。父母忧心他的安全进行劝阻，卢少忱坚决要走，说："我在这儿待着将来干什么？给日本人办事？"家里只好同意了。

1939年底，卢少忱跟同学借了点钱，和另外几个同学一起离开了北平。他们先是坐车到天津，再从天津塘沽坐船到上海。日军在塘沽设有检查站，学生是严查的对象，发现就要扣留。卢少忱他们早有准备，提前剃了光头，穿上布鞋，穿上中式的长裤和蓝大褂，扮成苦力伙计的样子，日军问他们干什么去，卢少忱说他到上海投奔亲戚，当伙计。日军查看箱子里没什么东西，就放行了。卢少忱他们到上海后，转船去香港。卢少忱的舅舅在香港，帮他们办了手续，买到船票，坐船去往越南海防。在海上航行了很多天，终于到达海防。在海关核验手续后，又坐滇越窄轨火车，从海防转回昆明。

1940年3月，经过3个月的颠沛流离，他们终于来到祖国的大后方昆明。再也看不到日本的旗子了，卢少忱激动地流下了热泪。他们找到专门救济沦陷区学生的"沦陷区来昆就学指导处"。7月，卢少忱参加考试，9月考上了西南联大文学院历史系。当时日军进攻缅甸，滇西局势紧张，相关部门令西南联大"作万一之准备"。西南联大决定在四川省叙永县设立分校，1940年入学的文法理工4个学院大一新生在叙永分校上课。卢少忱等师生又由昆明赶赴叙永，12月底到达后才开学。因为时间紧张，取消了寒暑假，抓紧上课。

1941年10月底，昆明趋于稳定，叙永分校回迁昆明，卢少忱才在昆明安定下来，继续念大二。4年大学学习中，卢少忱半工半读先后找了4份工作，一般是下午工作，晚上自习。他做过磨豆腐、刻板和印刷讲义等工作补贴生活，大三时在中华职业补习学校兼职教英文，最后去云南日报社做校对。

1943年，盟军反攻缅北，印、缅、滇的中国军队都急需大批英语翻译。年底，学校动员学生参军，还差半年即将毕业的卢少忱和几位同学毅然投笔从戎。1944年2月，历史系学生许寿谔（又名许师谦）设计了两种戒指，提前作为毕业纪念品，由同学们选择一种方案。同学们认为戒指正面以手执笔图案为佳，遂以此版本制作了毕业纪念戒指。戒指正面中间为天平上以手执笔的图案，意思为作史应秉笔直书不能有所偏袒；上部为"H D 1944"字样，意为"History Department 1944"即历史系1944级；下部为"N S W A U"字样，意为"National Southwest Associated University"即国

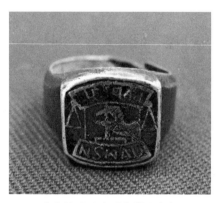

卢少忱的西南联大毕业戒指
（中国人民抗日战争纪念馆供图）

立西南联合大学。卢少忱的戒指背面为：A3082字样，为联大3082号，也就是他的学号。

1944年3月中旬，卢少忱等经驼峰航线飞至印度汀江。后来，卢少忱被分配到印度利多48医院，任三级翻译，少校军衔，负责给美国医生当翻译，救助中国伤兵。卢少忱不愿总是待在后方，多次申请上前线。6月，乘运输机至缅甸密支那前线，在第30师90团2营任翻译。初到缅甸，卢少忱一时难以适应当地湿热的天气，还要克服热带疾病、蟒蛇、蚊虫的困扰以及日军偷袭。密支那战役胜利后，卢少忱被调回印度，在中美混合战车指挥组战车1营任二级翻译官，享受中校待遇，主要协助美国军官训练中国士兵学习使用各种战车及器械。1945年8月15日，卢少忱正在进行坦克训练，通过收音机听到了日本投降的消息。他欣喜若狂，找到了部队里西南联大的同学，大家相拥而泣，一起高唱起西南联大校歌。

1945年10月10日，服役一年半之后，卢少忱复员回到昆明。10月16日，他在西南联大领到了毕业证明书，后补发毕业证书。11月，辗转回到北平。自1940年离开北平，卢少忱已经6年没见家人了。全家人紧紧抱在一起，热泪盈眶。父母感叹："咱家也出了同侵华日军血战的好汉！咱家光荣啊！"

2010年，中国人民抗日战争纪念馆举办"抗战时期的西南联大"专题展览，卢少忱将他保存多年的抗战时期的珍贵物品捐赠中国人民抗日战争

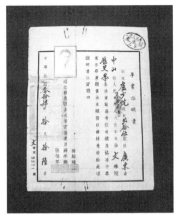
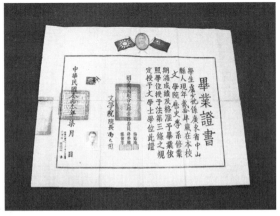

卢少忱的西南联大毕业证明书、毕业证书（中国人民抗日战争纪念馆供图）

纪念馆。2014年7月7日，卢少忱应邀参加纪念全民族抗战爆发77周年活动。

卢少忱等西南联大学子的从军运动，是祖国危殆时期大学生保家卫国的伟大壮举，是抗日战争时期全国民众救亡图存的组成部分，为历史所铭记。

（执笔：陈亮）

后　记

　　"北平抗日斗争历史丛书"是北京市红色资源保护传承利用工程的重要组成部分。丛书以北平抗日斗争为主题，全景式展现了北平军民14年不屈斗争的历史画卷，深刻揭示了北平在全国抗战中的重要地位和作用。

　　丛书项目由中共北京市委党史研究室、市地方志办主任李良统筹策划，经专家团队反复论证，室务会研究确定，并报请市委批准。市委高度重视，市委常委、组织部部长孙梅君全程关注，并就打造精品力作多次做出指示。为优质高效推进编写工作，专门成立编委会和编委会办公室，并进行了明确分工。经过一年多艰苦努力，顺利完成丛书编写任务。

　　丛书主编杨胜群、李良从确定选题到谋篇布局，从甄别史实到提升质量，全面指导、严格把关；陈志楣负责丛书组织编写工作，并审改全部书稿；张恒彬、刘岳、运子微、姜海军对书稿提出宝贵意见。

　　《北平抗日斗争文物故事》作为这套丛书其中一部，主要由中国人民抗日战争纪念馆、北京市档案馆、清华大学档案馆、清华大学校史研究室、北京大学校史馆、房山区史志办公室、昌平区委党史办、密云区委党史研究室、平谷区委党史办、中国现代文学馆、门头沟区档案史志馆、平北抗日烈士纪念园、平西抗日战争纪念馆、北京焦庄户地道战遗址纪念馆、永定河文化博物馆、北京史地民俗学会、中国收藏家协会17家单位相关同志负责撰写。

　　中国人民抗日战争纪念馆作为本书牵头单位，由罗存康、李志东总体协调，李鑫、李庆辉具体指导。专责编辑赵迪立、林云伟、王蕾全程统稿，马兴达、李君娜参与专篇修改，鲁晓宁、刘鑫具体负责组织协调等工作。李良、陈志楣、夏燕月、谢荫明、李蓉、孙翊、李树泉、戴有山、王可山、高诚等专家对书稿逐一审改并提出修改意见。联络员贾变变具体负责组织协调等工作。

北京出版集团所属北京人民出版社全程参与本书策划论证和审校出版工作。本书参阅了许多公开出版或发表的文献资料和研究成果，在此，谨向所有为本书编写工作做出贡献的单位和同志表示诚挚感谢！

由于时间仓促，加之编写水平有限，本书难免存在不足之处，敬请读者批评指正。

丛书编委会

2022 年 12 月